Altération constatée avant typogr.
12 juillet 1924
[signature]

M
©.

23619

LA TRANSYLVANIE
ET
SES HABITANTS.

TOME I.

DU MÊME AUTEUR, A LA MÊME LIBRAIRIE :

ESSAI HISTORIQUE
SUR L'ORIGINE DES HONGROIS.

1 VOL. IN-8º.

SOUS PRESSE :

DE L'ESPRIT PUBLIC EN HONGRIE
DEPUIS LA RÉVOLUTION FRANÇAISE.

IMPRIMERIE DE GUIRAUDET ET JOUAUST,
315, rue Saint-Honoré.

GABRIEL BETHLEN
PRINCEPS TRANSSILVANIÆ.

LA
TRANSYLVANIE

ET

SES HABITANTS

PAR A. DE GERANDO.

PARIS
AU COMPTOIR DES IMPRIMEURS-UNIS
QUAI MALAQUAIS, 15.

1845

PRÉFACE.

L'auteur de ce livre a habité le pays qu'il décrit. Amené dans une contrée nouvelle, il en a observé les mœurs, étudié la civilisation : il a recherché les événements historiques dont elle avait été le théâtre, tous les titres, en un mot, qui pouvaient la rendre digne d'être connue. Il lui a semblé que la Transylvanie, si petite sur la carte de l'Europe, méritait de fixer l'attention par la richesse extraordinaire du sol, la physionomie et le caractère des habitants, aussi bien que par les souvenirs qu'elle rappelle et les institutions qui s'y sont conservées.

Il lui a semblé aussi que nul moment ne comportait mieux un ouvrage de ce genre. A cette heure la Hongrie et la Transylvanie sont en marche. Elles sont entraînées dans le mouvement qui pousse aujourd'hui tous les peuples vers un but commun. On ne peut qu'applaudir sans doute à ce mouvement ; mais il ne s'accomplira qu'à la condition de les rapprocher, de les assimiler. Peut-être est-il bon de marquer le point de départ ; de décrire, alors qu'il fait le premier pas, un pays qui a de l'originalité.

L'auteur se plaît à reconnaître qu'il a été singulièrement aidé dans la tâche difficile, qu'on lui permette de le dire, qu'il s'était imposée; en effet, il avait à connaître un pays dont on ne sait guère en France que le nom, et dont les nombreux idiômes ne pouvaient lui être à la fois familiers. Toutes les personnes auxquelles il s'est adressé ont été pour lui d'une parfaite obligeance. Dans la maison studieuse et hospitalière qui l'a reçu, et durant les excursions qu'il a dû faire en Transylvanie, il a été au besoin secondé par une intelligente interprète, qui fut son compagnon d'étude et de route, et dont le secours était pour lui inappréciable.

Cette préface contient l'excuse du livre. Si l'auteur n'a pas su profiter des ressources plus qu'ordinaires qui s'offraient à lui, on comprendra qu'il ait tenté de le faire, quelque conscience qu'il eût d'ailleurs de son insuffisance.

LEGENDE.

Blanc, HONGROIS-*Valaques*.
Rouge, SICULES.
Vert, SAXONS-*Valaques*.

Comitats hongrois.	Siéges sicules.	Siéges saxons.
1 Also Fejér.	14 Udvarhely.	19 Hermannstadt.
2 Felső Fejér.	15 Haromszék.	20 Shœsbourg.
3 Kűkűllő.	16 Csik.	21 Cronstadt (District).
4 Thorda.	17 Maros.	22 Megyes.
5 Kolos.	18 Aranyos.	23 Bistritz (District).
6 Doboka.		24 Műllenbach.
7 Belső Szolnok.		25 Gross Schenck.
8 Kőzép Szolnok.		26 Reussmarckt.
9 Kraszna.		27 Reps.
10 Hunyad.		28 Leschkirch.
11 Zarand.		29 Szászváros.
12 Kővár (District).		
13 Fagaras (id.).		

À

M. le comte Emeric Teleki,

Seigneur de Szék,

Son Gendre.

Nous avons écrit les mots et les noms hongrois comme ils sont écrits par les indigènes.

Les mots valaques sont écrits d'après l'orthographe italienne, qui est aujourd'hui adoptée par les Valaques de Transylvanie.

Explication de l'orthographe hongroise.

a se prononce entre l'*a* et l'*o*.

á a le son de	a.
cs . . .	tch.
cz . . .	tç.
gy (magyar)	di (mádiár).
j . . .	i.
ly (medály)	ll mouillées (médaille).
ny (Czigány)	gn (Tçigagne).
o . . .	o (or).
ó . . .	ó.
ö . . .	eu.
s . . .	ch.
sz . . .	s.
ts . . .	tch.
tz . . .	tç.
u . . .	ou.
ü . . .	oü.
ű . . .	u.
zs . . .	j.

LA TRANSYLVANIE
ET
SES HABITANTS.

CHAPITRE PREMIER.

A travers la Hongrie.

Le voyageur qui passe la frontière d'Autriche pour entrer par terre en Hongrie ne trouvera pas de prime abord la ligne de démarcation qui sépare ces deux pays, si différents d'idées, de mœurs, de races et de langages, bien que gouvernés par le même souverain. A l'ouest, la Hongrie a un reflet allemand assez prononcé. Des paysans amenés de la Souabe ont été implantés là pour combler les vides faits par les guerres des Turcs ; peut-être aussi, dans la pensée des empereurs, devaient-ils à la longue germaniser le pays. Mais ce dernier but n'a pas été atteint : la race hongroise est douée d'une prodigieuse énergie, et les colons allemands subissent de plus en plus son influence au lieu de lui imposer la leur.

A mesure que l'on s'avance en suivant le cours du Danube, on voit le pays changer d'aspect. Il devient original et sauvage. Les habitations sont rares, les villages plus éloignés les uns des autres. Les routes ne sont plus, il est vrai, comme aux portes de Vienne, sablées et droites, pareilles à des allées de jardins; mais aussi vous n'êtes plus arrêté à chaque pas par les receveurs des péages, par les douaniers, par les gens de police, par tous ces personnages enfin qui vous rappellent que l'on vit en Autriche sous le gouvernement le plus paternel du monde, et insensiblement vous vous surprenez à respirer aussi librement que si vous n'aviez pas quitté, le matin même, la capitale de Sa Majesté apostolique. Tout à coup l'on arrive dans un village hongrois. Un jeune garçon aux cheveux noirs, à la physionomie caractérisée, amène son attelage et vous entraîne au galop, tandis que le dernier représentant de la blonde Allemagne regagne paisiblement ses foyers.

Il peut sembler étrange parmi nous que tous les villages de Hongrie ne soient pas proprement des villages hongrois. Mais il faut se souvenir que les différentes nations qui tour à tour ont dominé cette contrée ne s'y sont pas fondues. La Hongrie, qui porte le nom des derniers conquérants, est également habitée par des Valaques, par des Slaves, et par diverses peuplades peu nombreuses. Pour peu que l'on jette les yeux sur une carte ethnographique du pays, on voit de suite quel a été le résultat de la conquête. Fixés à l'est, aux confins de l'ancienne Dacie, les Valaques ont été domptés, mais non déplacés, par les Hongrois, qui, faisant une trouée au milieu des Slaves, les ont refoulés au nord et au sud, tandis qu'eux-mêmes s'emparaient des riches plaines situées au centre.

En France, la race victorieuse et la race vaincue se sont réunies pour former un peuple nouveau. Le même fait ne pouvait se reproduire en Hongrie. Les Hongrois ne s'établirent pas dès l'origine dans le pays dont ils s'étaient rendus maîtres. Après une halte en Pannonie, ils poussèrent plus avant, et vinrent, pendant plus d'un siècle, ravager nos contrées. Repoussés par les Occidentaux, ils gardèrent définitivement les grandes plaines qui leur servaient de quartier général; mais les Slaves, qui s'étaient ouverts pour laisser passer l'armée nomade, ne descendirent plus de leurs montagnes. L'étendue et la dépopulation du pays favorisaient cette dispersion des habitants : le vaincu cédait la place au nouvel arrivant, trouvait plus loin un lieu désert et y bâtissait sa demeure. Chaque race a grandi sur son propre sol, en conservant à un très haut degré le sentiment national; si bien que cet état de choses, qui subsiste depuis mille ans, semble ne dater que d'hier.

Le Danube coule entre deux rives hongroises à partir de Presbourg. Mais déjà avant cette ville la rive gauche appartient à la Hongrie. Aussi, dès que le bateau à vapeur l'atteint, dès qu'on aperçoit les ruines du château de Déven, qui marquait au moyen âge les limites des deux états, on abaisse le pavillon autrichien, et l'on hisse le drapeau hongrois, vert, blanc et rouge, en sorte que le bâtiment aborde à Presbourg paré des couleurs nationales. Cette manœuvre, que les gens de l'équipage ne manquent jamais d'exécuter, vous rappelle que le royaume de Hongrie forme, dans la monarchie autrichienne, un état à part. Du 11e au 16e siècle, il fut l'un des plus puissants de l'Europe, et compta souvent entre les alliés de la France. Un jour les Hongrois appelèrent au trône les princes de la maison d'Autriche : dès lors leur grandeur s'évanouit, mais ils n'en gardèrent pas moins leur nationalité ; et ce pays, qui s'était donné volontairement aux empereurs, conserva sa langue, ses lois et son administration. Le prince qui règne à Vienne en maître absolu ne gouverne à Presbourg qu'avec le concours de la Diète. L'aigle à deux têtes est l'emblème fidèle de cette monarchie double.

Les empereurs ont fait de Presbourg, située aux portes de l'Autriche, la capitale du royaume ; mais les Hongrois n'affectionnent guère cette ville, bien que depuis trois siècles la Diète y tienne ses séances. Sur la rive du fleuve on voit le monticule qui sert au couronnement des rois de Hongrie. C'est un tertre peu élevé, avec une balustrade en pierre. Au sortir de l'église, le prince, à cheval, en uniforme de hussard, portant la couronne et le manteau de saint Etienne, s'élance sur la plateforme, et, pour indiquer qu'il défendra le royaume envers et contre tous, frappe l'air de son sabre dans les quatre sens. *Le roi* Marie-Thérèse, qui sut si bien captiver les Hongrois, franchit la colline royale au galop, l'épée à la main, aux applaudissements enthousiastes des magnats qui l'escortaient.

De Presbourg à Gran, le Danube arrose des rives plates et basses. Des îles vertes, à demi-inondées, surgissent du sein de cette immense nappe d'eau. On passe devant Komorn, ville forte bâtie par Mathias Corvin; on aperçoit de loin en loin un clocher qui se dresse à l'horizon et signale la présence d'un village. Le fleuve tourne brusquement à Gran, et, par l'effet de la courbe qu'il décrit, il prend un développement tel, que l'on croit voir son embouchure. Peu à peu apparaissent des montagnes boisées dont les dernières ondulations viennent mourir près du rivage. Des files de moulins attachés les uns aux autres occupent le milieu du Danube. Des paysans hongrois revêtus de leur costume flottant s'approchent du bord, arrêtent leurs montures et vous regardent passer. De nombreux troupeaux de bœufs blancs aux cornes formidables sont couchés près du fleuve, ou le traversent à la nage pour chercher un pâturage nouveau. Çà et là est une petite église ou une cabane de pâtre perdue entre les rochers. Des débris de forteresses féodales se reflètent dans les eaux du fleuve : on remarque entre autres ces ruines romantiques, consacrées par la légende, qui portent le nom slavon de Vissegrad, « château élevé ». Enfin de hautes collines couvertes de ces vignes qui donnent le fameux vin de Bude annoncent l'approche de la capitale. On longe l'île Sainte-Marguerite, et l'on voit se développer les deux villes rivales entre lesquelles le Danube, que Napoléon appelait le roi des fleuves de l'Europe, roule majestueusement ses flots jaunes comme ceux du Tibre.

Bude est la ville du passé et des traditions merveilleuses. Cité romaine, résidence bien-aimée du grand Mathias, ville sainte des Turcs, qui y ont encore une mosquée et y font des pèlerinages, le vieux Bude élève ses étages de remparts, au haut desquels on a créé de délicieux jardins. On ne parcourt cette rive qu'en songeant au temps qui n'est plus. Ces places aujourd'hui désertes retentissaient au moyen âge d'un bruit d'armes et de chevaux lorsque les nobles choisissaient leur roi. Ces carrefours où s'élèvent des fontaines de marbre rouge, ce sont les pachas qui les ont ornés. Les souvenirs qui surgissent sous vos pas, dans les rues montueuses de Bude, contrastent avec les idées qu'inspire la vue de Pesth, dont le superbe quai s'étend sur la rive opposée. Là, tout atteste le mouvement et la vie. Des constructions nouvelles, qui portent un caractère de grandeur, indiquent le développement de la population : des palais, des monuments publics, s'échelonnent le long du fleuve, et pour que rien ne manque à la splendeur de cette capitale de l'avenir, le plus beau pont de fer que l'on ait encore construit réunira bientôt les deux villes. C'est en peu d'années et comme par enchantement que se sont élevés tous ces édifices, magnifiques témoignages de l'activité d'un peuple qui se réveille.

Après Pesth commencent les *Puszta*. Les Hongrois appellent ainsi les steppes situées au centre de leur pays. Elles s'étendent de Pesth à Debreczin, de Szegedin à Erlau, dans une circonférence de près de deux cents lieues. Généralement fertile, la terre présente l'aspect d'une mer de blé qui ondule sous le vent ; parfois sablonneuse, elle offre l'image du désert ; ailleurs ce sont de riches prairies et des chevaux qui paissent. Pas de routes, pas de chemins ; seulement des traces de roues, çà et là, indiquent par où passent le plus de voitures. Autour de vous, à l'horizon, le mirage, dans l'eau duquel se baigne un clocher renversé. De loin en loin un puits : un simple trou en terre, une perche que l'on y fait descendre pour en tirer de l'eau, et un tronc creusé qui sert d'abreuvoir. Souvent aussi un monticule, tombeau de quelque héros d'un autre âge. Au ciel, des cigognes qui volent. Puis, vers le soir, de tous côtés, brillent des feux allumés par des bergers ou des marchands en route, qui rappellent les haltes des caravanes d'Egypte.

Le spectacle continuel d'une plaine sans bornes peut paraître monotone ; mais c'est la monotonie de l'Océan.

On ressent au contraire une vive et profonde impression lorsqu'en sortant des bateaux du Danube, après avoir quitté la bruyante société française, anglaise ou allemande, qui animait la traversée, on se trouve tout à coup sur cette terre étrange et silencieuse, emporté par quatre chevaux tatars, qui galopent sous le fouet d'un homme sauvagement vêtu. A l'étonnement se joint l'admiration. Il y a de la majesté dans cette étendue, quelque chose qui recueille et vous fait penser. Cette plaine sans limites, où le regard n'a pas d'obstacles, est une belle image de la liberté, si chère aux Hongrois.

Dans les *Puszta*, le lever et le coucher du soleil sont d'un magnifique effet. Le matin la terre est inondée d'une mer de vapeur rose, qui s'illumine quand le disque de feu paraît à l'horizon : à la fin du jour, lorsque le soleil trace sa route ardente, la moitié du ciel est enflammée. On a comparé les nuits des Steppes à celles de Venise, pour la sérénité, la fraîcheur, et la clarté des étoiles. Il faut encore voir les *Puszta* par un temps d'orage, quand d'un horizon à l'autre le firmament est déchiré par la foudre; le vent balaie en maître cette immense surface, et les monticules de sable qui hérissent çà et là le désert tourbillonnent, se déplacent et vont se reformer ailleurs.

Si cette solitude vous pèse, frappez du pied le sol, évoquez les souvenirs d'un âge héroïque, ils viendront en foule assaillir votre esprit. Représentez-vous une innombrable armée de Turcs et de Tatars, traversant tumultueusement les Steppes, et poussant devant elle, comme en 1526, deux cent mille captifs chargés de chaînes. Ou bien encore assistez par la pensée à l'une de ces diètes bruyantes, comme il s'en tenait sur la plaine de Rákos, qui s'étend aux abords de Pesth, et où des milliers d'hommes à cheval délibéraient sur les affaires du pays. Souvent le choc des armes, le hennissement des chevaux, l'odeur du combat, enivraient cette foule; une fièvre de guerre la saisissait, et les discussions aboutissaient à de sanglantes batailles. Si quelque expédition était résolue, on partait sur-le-champ, et le nuage de poussière qui enveloppait l'armée délibérante ne s'était pas dissipé que déjà l'armée avait disparu.

C'est dans les *Puszta* qu'habitent les vrais fils des compagnons d'Arpád. Ils n'ont pas changé depuis dix siècles. Les voilà tels qu'étaient leurs pères, avec la longue moustache, et la botte armée de l'éperon. Reconnaissez-vous le paisible laboureur dans cet homme au mâle visage, à l'allure décidée? Le Hongrois est resté soldat sur le sol qu'il a conquis. Ses chevaux paissent près de lui; ils se reposent maintenant après les travaux de la journée, comme autrefois après la bataille. L'aspect seul du village indique l'origine de ceux qui l'habitent; on sent que c'est un peuple nomade qui s'est fixé là: une longue et large rue, formée d'une file de maisons bâties de côté, séparées par un espace égal, et qui, présentant de profil leurs toits uniformément élevés, donnent au village la physionomie d'un camp. Il semble qu'au premier signal ces tentes vont être pliées, et que la bande montera à cheval pour aller chercher plus avant la terre où elle campera demain. Entre les habitations, au centre du village, s'élève aujourd'hui l'église : à cette place était dressée la tente du chef. Rarement une double rangée d'acacias s'épanouit dans cette unique rue. La plupart du temps c'est en vain que vous chercherez l'ombre. Il semble, a écrit un voyageur, que les Hongrois aient apporté de l'Asie cette haine héréditaire des Orientaux pour les arbres. Le cimetière est placé à l'entrée du village. Il est ouvert, sans barrière ni enceinte. Les tombes sont surmontées de poteaux inclinés, et les morts sont couchés le visage tourné vers l'Orient.

Les villages hongrois qui subsistent aujourd'hui ne sont pas autre chose que les lieux de halte où s'arrêtèrent, au moment de la conquête, les divers détachements de l'armée envahissante. Voilà pourquoi ils sont séparés par de grandes distances, et contiennent souvent une population nombreuse. Outre que les invasions des Turcs empêchaient les habitants de se répandre dans la campagne, les paysans continuèrent, par tradition, à vivre sur le sol où leurs pères s'étaient fixés. Rien ne changea, pas même l'aspect du camp. Aussi ce peuple de laboureurs et de soldats n'a-t-il pas élevé une seule ville. Si l'on excepte Bude, la capitale de la noblesse, toutes ces agglomérations de dix, vingt et trente mille hommes, que l'on rencontre sur le territoire des Hongrois, ne sont, à vrai dire, que des villages. Ils consistent, comme les hameaux de moindre importance, en larges rues sablées, où cent chevaux galopent à l'aise ; seulement, les rues sont multipliées. Debreczin, qui compte soixante mille habitants, est en grande partie formé de petites maisons régulièrement blanchies et construites en forme de tentes. Aussi, malgré les élégantes boutiques de quelques marchands étrangers, Debreczin est-il un véritable village hongrois.

Les paysans *magyars*, pour me servir de l'expression hongroise, portent une chemise à manches flottantes, qui s'arrête au bas de la poitrine, et, en se soulevant, laisse voir le dos hâlé par le soleil. A partir des reins ils ont un large pantalon de toile appelé *gagya*, frangé à son extrémité, en dessous duquel sort la botte. Le *gagya* est assujetti par une courroie ou un mouchoir, de telle façon que le ventre s'efface, et la poitrine ressort fortement bombée. Ils jettent sur l'épaule une *bunda* de peaux de mouton. Leur tête est couverte d'un bonnet noir (*suveg*) en forme de shako, ou d'un chapeau à larges bords comme en ont nos montagnards de l'Auvergne. Les paysans riches et les petits gentilshommes roulent le *gagya* autour de la jambe, et mettent une culotte de drap galonnée, qui entre dans des bottes à la hussarde. Ils endossent le dolman et portent aussi la pelisse. De ce costume on a fait l'élégant uniforme des hussards : la courroie s'est changée en une riche ceinture, et la *bunda* s'est transformée en pelisse brodée d'or.

La *bunda* ou pelisse traîne presque à terre. Elle est intérieurement garnie de peaux de mouton. A l'extérieur, le cuir est décoré de fleurs brodées. L'ornement le plus bizarre de ce vêtement est une peau d'agneau placée sous le collet, les jambes étendues et la queue pendante. La fourrure intérieure ne s'arrête pas au bas de la pelisse : elle ressort sur le cuir, et forme un rebord d'un pied de haut, qui est attaché par des boutons. Lorsque le paysan couche sur la terre, il détache ce rebord et se couvre ainsi les pieds. Dans quelques contrées on porte, au lieu de pelisse, d'épais manteaux de drap blanc. Les manches, que l'on laisse flotter, sont cousues au bout et servent de poches.

L'habit de toile a été apporté de l'Orient, et il était adopté dès le 5e siècle par les Huns. C'est un costume excellent pour des laboureurs, surtout pendant les chaleurs excessives des étés de Hongrie. La pelisse, sans laquelle le paysan ne sort jamais, le garantit de la fraîcheur pernicieuse des soirées et des rigueurs du froid d'hiver. D'ailleurs ce large vêtement répond aux goûts de celui qui le porte. Il faut au cavalier hongrois la liberté de ses mouvements, comme il demande aux rues de son village l'espace et le grand air.

S'il faut en croire les historiens, les Magyars portaient dans l'origine les cheveux nattés et ornés de bandelettes. L'habitude sarmate de se raser la tête, introduite par les rois polonais, cessa entièrement avec la domination autrichienne. Alors les Hongrois tressèrent de nouveau leurs cheveux et les firent pendre en longues nattes : coutume que les hussards appelés en France par Louis XIV conservèrent encore quand elle avait presque disparu en Hongrie. Aujourd'hui les uns ont les cheveux coupés en rond sur le cou, d'autres les laissent flotter sur leurs épaules. Quand on demande à ceux-ci pourquoi ils conservent leur longue chevelure, « Dieu l'a donnée, disent-ils, pourquoi la couper? »

Les femmes sont chaussées, comme les hommes, de bottes noires ou rouges. Elles portent une courte jupe, un corsage de couleur, et dans l'hiver une petite pelisse de peaux de mouton. Leurs cheveux, qui forment une seule natte sur le dos lorsqu'elles sont jeunes filles, se réunissent sur le sommet de la tête quand elles sont mariées. De là le dicton *A' konty parantsol*, « Le chignon commande », pour désigner une femme impérieuse. Toutefois ce proverbe ne reçoit guère d'application. Le paysan magyar exerce chez lui une autorité non contestée. Sa chaumière, et l'espace de terre qui l'entoure, constituent ce qu'il nomme fièrement *joszágom*, « mon bien », l'enclos eût-il dix pieds. Il appelle sa femme et ses enfants *cselédem*, « mes gens ». De son côté, la femme dit, en parlant de lui, *uram*, « mon seigneur », et ne le tutoie jamais.

La maison du paysan magyar est blanchie à certaines époques de l'année : usage que conservent encore aujourd'hui les tribus hongroises du Caucase. Suivant la coutume orientale, le mur extérieur est complétement fermé ; il est rare qu'une petite fenêtre soit percée sur la rue. Les siéges sont de bois et toujours fort élevés. Deux enfants, trois au plus, déjà bottés et éperonnés, jouent près du foyer. Le Hongrois ne trouve pas digne de lui de remplir sa maison de marmots, comme l'Esclavon ou le Valaque. La noble jument n'a par an qu'un poulain : c'est l'ignoble truie qui met bas une multitude de petits.

A quatre ans l'enfant est placé sur un cheval. Il se cramponne de ses petites mains à la crinière de l'animal, et dès qu'il se sent bien assis, il n'hésite pas à l'exciter de la voix. Le jour où il galope sans tomber, son père lui dit gravement : *Ember ragy*, «Tu es un homme». A ce mot, l'enfant croît d'une coudée. Il grandit avec l'idée qu'il est homme et Hongrois, deux titres qui l'obligent. Homme, il est appelé à l'honneur d'être cavalier et de porter les armes ; Hongrois, il se souviendra qu'il est supérieur à tous et qu'il ne doit point déroger. Le sentiment d'orgueil qui animait ses aïeux a subsisté, comme tous les résultats de la conquête. Aussi a-t-il conscience de sa valeur et de sa dignité. Pour s'en convaincre, il suffit d'entendre son langage. Le mot « honneur », *becsület*, revient souvent dans ses paroles. Tout ce qu'il fait est *becsületes*, « digne d'un homme d'honneur ».

Lorsqu'il vient de vous mener au galop pendant tout un relais, ne croyez pas qu'il demandera son pourboire. Il détèle ses chevaux, se découvre poliment, et, vous adressant la parole dans sa langue figurée, vous souhaite bon voyage. Il faut le rappeler pour lui remettre la monnaie qu'il a gagnée, et, si peu que vous lui donniez, il ne réclamera point. Cela ne serait pas *becsületes*, et il laisse le soin de tendre la main à l'Esclavon, qui, en effet, s'en acquitte fort bien. Il entre dans les idées d'honneur du paysan magyar de n'être ni avide de gain comme l'Allemand, ni paresseux comme le Valaque. Il travaille honorablement, comme un homme qui a une maison à soutenir. Il apporte au village le grain dont sa femme fera le pain, le chanvre avec lequel elle tissera ses vêtements. Le soir, quand il a bien rempli sa journée, il fume devant sa porte en caressant sa moustache.

S'il est le maître au logis, il n'en traite pas moins avec bonté ceux qu'il appelle ses gens. Il est doux, comme tous les forts. Il ne maltraite jamais sa femme : jamais il ne l'astreint à des travaux pénibles. Elle sait qu'elle a en lui un appui, un protecteur ; et elle reçoit de lui les noms les plus tendres, *rozsám*, « ma rose », *csillagom*, « mon étoile ». La langue magyare, pleine de métaphores comme toutes les langues de l'Asie, contient une foule d'expressions de ce genre. Elle renferme en outre une quantité de formules polies, que l'on adresse aux voisins, aux amis, aux hôtes. Si vous vous arrêtez dans quelque village, vous verrez un des habitants, celui devant la maison duquel vous stationnez, s'avancer vers vous, ôter son chapeau et vous offrir l'hospitalité ; quand vous le quitterez, il vous adressera pour vous remercier un discours, où il appellera sur vous les bénédictions du Ciel : tout cela avec une aisance prodigieuse et cette dignité qui n'appartient qu'aux Orientaux.

Les hommes de cette race privilégiée ont une noblesse naturelle qui les met au niveau de l'étranger, quel qu'il soit, qui vient leur parler. Ils ont une réserve de langage qui frappe chez des hommes sans culture : une plaisanterie grossière ne leur viendrait pas à l'esprit. La nature les a doués d'une éloquence facile, qui les entraîne à manifester leurs sentiments avec vivacité. Qu'ils expriment la joie ou qu'ils exhalent la colère, les mots sortiront sonores de leur bouche. Pour accueillir un hôte et maudire un ennemi, ils sauront trouver en foule les comparaisons, les épithètes, les phrases les plus polies ou les plus énergiques paroles. Il est vrai que leur langue les sert merveilleusement. Poétique et mélodieux, l'idiôme magyar se prête également aux sentiments les plus mâles. Certaines terminaisons, qui marquent le pluriel, lui donnent parfois un caractère de rudesse, tandis que par l'abondance des voyelles il est d'ordinaire fort doux. Suivant ce qu'il veut exprimer, le Hongrois emploie à volonté un langage dur ou harmonieux.

Un fait remarquable, c'est que cette langue, qui, par sa syntaxe, se rapproche du turc, n'a pas de patois. Le paysan la parle aussi purement que le magnat, plus purement même, car il ne connaît pas, comme celui-ci, les langues de l'Occident, et il n'altère pas le caractère poétique et figuré de l'idiôme national. Si un mot allemand qui répond à une idée nouvelle est introduit dans la langue, le magnat le prononcera tel qu'il est écrit à Vienne; mais le paysan aura soin de glisser des voyelles qui adouciront l'expression étrangère. Le paysan n'a pas cessé de parler le magyar, même lorsque la noblesse, un moment entraînée par Marie-Thérèse, semblait dédaigner cet idiôme. L'habitude de parler latin ne fut jamais adoptée que par les procureurs et les gens d'église. Cependant, dans leur conversation, les nobles hongrois se servent quelquefois d'expressions latines, par exemple en se saluant. On dit *Domine illustrissime* à un magnat, à un ecclésiastique *Domine spectabili*. D'autres fois on accouple un mot latin et un mot hongrois, comme lorsqu'on tend la main à son ami : *Servus barátom*. Une noble dame atteinte d'une maladie cruelle prononçait au milieu de ses souffrances le nom de Dieu.

Elle parlait allemand. « Comment voulez-vous que Dieu vous entende? lui dit celle qui la servait, vous l'invoquez dans une langue étrangère ! »

La bienveillance du paysan magyar pour l'hôte, pour l'étranger même, va fort loin. Je me souviens que, me trouvant dans une boutique, à Debreczin, je liai conversation avec une vieille villageoise qui faisait ses emplettes. Me reconnaissant pour un étranger, elle me demanda si mon pays était éloigné, si les miens pleuraient mon absence, si j'avais souvent regretté la patrie; puis, me voyant en deuil, elle m'adressa des paroles de consolation et ne me quitta pas sans me bénir. J'avoue que je me séparai d'elle avec quelque émotion. Au reste j'ai plus d'une fois admiré l'élévation d'idées et de sentiments manifestée par ces hommes que leur seule nature inspirait. Le paysan hongrois est sobre de paroles, il ne devient jamais familier; mais il est franc et loyal, et, s'il reconnaît en vous un ami, il s'ouvrira avec sincérité. Vous serez frappé alors de certaines sentences qui lui échapperont, de certaines pensées qu'il formulera sans se douter qu'il captive fortement votre intérêt, et il vous sera facile en retour de faire naître en lui de vives émotions. C'est qu'il y a dans le cœur de cette nation de nobles cordes qui vibrent au premier contact d'un sentiment élevé ou d'une idée généreuse.

La dignité du paysan magyar est celle des Orientaux. Il est grave comme le Turc. Il faut qu'il danse au son de la musique nationale ou qu'il boive quelque peu des excellents vins de son pays pour qu'une bruyante gaîté l'entraîne. Toutefois cette gravité ne lui vient guère qu'après le mariage, lorsqu'il est le chef d'une maison. Jeune homme, il a beaucoup de vivacité et de joyeuse humeur. J'eus un jour pour postillon un garçon de quinze ans dont les saillies me charmèrent. Il me chantait, tout en conduisant, des airs nationaux. Au relais suivant vint un paysan, dont les longues moustaches annonçaient un homme fait. Songeant aux chansons que je venais d'entendre, je le priai de me dire celles qu'il savait. A ma demande, il se retourna sur sa selle, toujours en galopant, et me lança un coup d'œil sans rien dire. J'aurais dû comprendre ce regard, qui signifiait qu'un homme qui se respecte n'ira pas se donner en spectacle à un étranger, comme un Bohémien ambulant. Mais mon étourderie française et ma curiosité l'emportèrent. Je hasardai une seconde fois ma question ; alors il se retourna de nouveau, me fixa quelques secondes, et dit en murmurant : Est-ce que je suis ivre ?

Cette dignité des Hongrois sied parfaitement à leur physionomie, laquelle accuse leur origine asiatique. Grands et musculeux, ils ont le type purement oriental, le nez aquilin, les moustaches noires, le visage plein et le front dégagé. Leur démarche est à la fois grave et ferme, et leurs gestes, en raison même de cette gravité, ne manquent jamais de noblesse. Il faut voir le paysan hongrois lorsqu'il conduit ses denrées au marché voisin. Monté sur son cheval favori ou assis sur le devant d'une petite voiture basse, dont les quatre roues sont de hauteur égale, il mène, en les appelant par leurs noms, quatre chevaux qui vont comme le vent. Il attache une vannette sur le côté de la voiture, et à moitié chemin leur distribue leur pitance. Si une jument se trouve dans l'attelage, le poulain est emmené, et trotte librement, aux côtés de sa mère, une clochette au cou. Le cavalier adresse à ceux qu'il rencontre le salut d'usage en leur jetant un regard bienveillant, intelligent et digne.

C'est abusivement que j'emploie l'expression de « paysan » magyar, comme j'ai appelé villages ce que les géographies nomment des villes. Je donne ici le nom de paysans à des hommes qui vivent de la vie de laboureurs, mais qui, aux yeux de l'administration, sont désignés par le titre de gentilshommes, ce qui est fort différent. Un mot d'explication. En s'emparant du sol, les Hongrois ont asservi les anciens habitants. Aujourd'hui ceux-ci sont émancipés et libres, mais ils forment par excellence la classe des paysans, celle des nobles étant en grande partie composée de Hongrois. En effet, chaque soldat de l'armée conquérante fut noble par suite de la conquête même. Les hommes de certaines tribus se soumirent particulièrement au roi, et en reçurent des terres comme francs tenanciers. Un certain nombre de guerriers perdirent leur noblesse en encourant des peines infamantes. Mais une foule d'autres restèrent indépendants et nobles, tout en cultivant eux-mêmes leurs champs. Cette noblesse rustique s'est fidèlement transmise, et on rencontre dans les campagnes une foule de villageois aussi privilégiés que le roi. Ce sont eux qui se rendent par centaines, quelquefois par milliers, aux élections, lors de la convocation de la Diète, et discutent, dans leurs costumes de paysans, le vote qu'ils prescriront à leurs représentants.

Un jour un de ces gentilshommes vint adresser une réclamation à un magnat son voisin. Il ôta son chapeau, qu'il garda à la main pendant que le seigneur l'écoutait. Celui-ci engagea le gentilhomme à se couvrir, car le froid était vif. « Je n'en ferai rien, dit l'autre, je sais quel respect je vous dois. — Comment! reprit en souriant le magnat, qui était homme d'esprit, ne sommes-nous pas égaux, nobles tous deux? — Sans doute, mais je suis un simple gentilhomme, et vous êtes un puissant seigneur. — Je ne puis être plus puissant que toi, nous avons les mêmes priviléges. Je ne suis que riche. — Cela est vrai. — C'est donc devant ma bourse que tu t'inclines? — Au fait, vous avez raison : vous êtes riche et je ne le suis pas; il n'y a pas d'autre différence. » Et il remit fièrement son chapeau.

Chez les Hongrois, ce sont des Allemands et des Juifs de passage qui sont marchands, aubergistes, et exercent les différents métiers. Comme ils ne s'expatrient pas sans d'excellentes raisons, et se proposent de quitter le pays dès qu'ils ont suffisamment gagné, ils ne se font pas une loi d'être probes. De là leur réputation. J'avais oublié dans une auberge une bague à laquelle je tenais fort. Le postillon détela un cheval, partit au galop et revint avec l'objet que je croyais perdu. Je lui demandai comment il s'y était pris pour les retrouver. Il n'y avait dans l'auberge, répondit-il, que des paysans; voyant que le bijou n'était pas sur la table où vous l'aviez laissé, j'ai dit à l'aubergiste, qui jouait la surprise : « Tu es le seul Allemand ici, donc c'est toi qui as pris la bague. »

L'avidité et la ruse de ces étrangers qui inondent le pays dégoûtent à l'excès le Magyar, et il croirait se déshonorer s'il était autre chose que laboureur, berger ou soldat. Il a un respect profond pour la terre, et la cultive avec orgueil. Berger, il passe des mois entiers hors de son toit : on le voit, enveloppé dans son grand manteau blanc, assis à la manière tatare sur le bord des chemins, le regard perdu dans l'immensité des steppes, mener par excellence la vie contemplative. Bien qu'il aime peu le gouvernement autrichien, — il appelle le souverain *a' német császár*, « l'empereur allemand », comme s'il s'agissait d'un prince étranger, — le Magyar est volontiers soldat, car il obéit à ses instincts belliqueux.

Quelquefois le son d'une musique militaire éclate tout à coup dans le village. Des hussards, revêtus de leur élégant costume, exécutent sur la place une danse animée en choquant leurs éperons. Le paysan accourt et contemple ce brillant spectacle. Ses yeux suivent les danseurs; il épie chaque pose, chaque geste : la musique et le bruit du sabre l'exaltent; fasciné et comme hors de lui, il quitte le cercle des spectateurs, frappe ses éperons et se mêle aux hussards. Il admire leur uniforme. On lui attache un sabre : il prend un shako orné d'un panache flottant. Dans son ivresse, il a vite marqué une croix ou signé son nom au bas d'un méchant papier qu'on lui présente. N'aura-t-il pas à son tour de belles armes, un bon cheval, et ne viendra-t-il pas, en brillant costume, danser devant les femmes de son village? Hélas, le rêve ne dure pas long-temps. Devenu soldat au service de « l'empereur allemand », il est soumis à une discipline qu'il ne soupçonnait pas. Que n'a-t-il du moins le beau cheval que son imagination lui peignait! Mais la plupart du temps il est incorporé dans l'infanterie, et il ne lui reste d'autre consolation que de porter les bottines et l'étroit pantalon galonné qui distinguent les régiments hongrois des corps allemands. Il est envoyé en Lombardie, en Bohême, commandé par un officier autrichien, et, dans l'éloignement, songeant à la belle vie qu'il a abandonnée et qui s'embellit encore de toute la poésie des souvenirs, il regrette l'*áldott*

Magyarország, « la Hongrie bénie ». Au retour, quand, après de longues années d'exil, il foule pour la première fois cette terre bien aimée, il se prosterne et la baise.

Le soldat hongrois est intrépide sous le feu. Comme le Français, il est meilleur pour l'attaque que pour la défense ; c'est à cheval qu'il préfère combattre. Avec quel enthousiasme il prenait les armes lorsqu'à l'ombre des bannières nationales il marchait aux Turcs! La chrétienté doit une reconnaissance éternelle à ce peuple héroïque, qui fut son plus solide rempart. Avant-garde de l'Occident, il arrêta le flot de l'irruption musulmane qui eût englouti cette civilisation dont nous sommes si fiers. Bien que l'Europe, pour la défense de laquelle il s'épuisait, l'ait trop souvent abandonné, ce noble peuple n'en a pas moins conservé les idées de généreux dévoûment qui l'animaient dans ces luttes acharnées, et le jour n'est pas loin peut-être où, reprenant l'épée de Jean Hunyade, il combattra à notre tête une barbarie nouvelle. Lorsque l'empire russe domine comme un colosse une grande partie de notre continent, il faut du courage à ceux qui sont placés dans l'ombre qu'il projette pour lui jeter en face un regard menaçant; et ce n'est pas sans une émotion profonde que nous nous rappelons les paroles que nous avons entendues en Hongrie. Un écrivain de ce pays, M. Barthélemy de Szemere, s'écriait dernièrement : « Les Magyars, qui ont défendu la chrétienté contre les Osmanlis, leurs propres frères, sont prêts à défendre la liberté de l'Europe contre la tyrannie moscovite. Le peuple hongrois aura donc, par deux fois, servi la cause de l'humanité, sinon en la sauvant comme un héros, du moins en souffrant pour elle comme le Christ.... Peut-être, ajoutait-il, dans la chaîne des Carpathes le Destin a-t-il déjà marqué les Thermopyles où notre petite nation, victorieuse ou victime du géant, grandira dans l'histoire par la victoire ou par la mort ! »

Depuis la domination autrichienne, le soldat hongrois sert des causes qui lui sont étrangères. Cependant, en face de l'ennemi, il met son honneur à se battre vaillamment. Dans les guerres qui ont marqué le commencement de ce siècle, les Hongrois se sont signalés par des actes de bravoure que rehaussait un magnifique élan. Je cite entre mille deux traits qui me reviennent en mémoire. Le prince Lichtenstein a fait élever un mausolée, dans le parc qu'il possède près de Vienne, à cinq hussards qui le sauvèrent. Il allait être pris, lorsque ces cavaliers, faisant volte-face, se mirent en travers des chasseurs ennemis et se firent tuer. Après une chaude journée sur les frontières de la Suisse, les Impériaux reculaient devant les troupes de la république française. Le général Kienmayer, suivi d'une escorte de hussards hongrois, fut au moment de tomber au pouvoir de nos grenadiers. Cerné de toutes parts, il s'élança vers une rivière profonde, et, donnant l'exemple aux siens, se précipita d'une hauteur de soixante pieds. Tous les Hongrois le suivirent. Cette action était si audacieuse, qu'un cri d'admiration partit des rangs de la colonne française : « Ne tirez pas sur ces braves » ! et les fusils se relevèrent.

Le proverbe dit : *Lóra termett a' Magyar*, « Le Hongrois est né cavalier », littéralement « à cheval ». Jamais proverbe ne fut plus vrai. Les gens de cette nation passent leur vie à cheval, et ils croient qu'un homme n'est pas un homme s'il n'est cavalier. Les chevaux des paysans, de race tatare, sont petits et maigres ; ils semblent n'avoir que le souffle, et courent avec une rapidité incroyable. Sans fer, souvent sans mors, sans autre harnais qu'une corde qui fait le tour du poitrail, ils frappent impatiemment le sol de leurs sabots. Dès que se fait entendre le *né!* sacramentel par lequel tout cavalier hongrois commence sa conversation avec ses chevaux, ils partent bravement, levant la tête et agitant les oreilles chaque fois que le maître leur parle. Rarement il les frappe : il se contente de décrire un cercle continuel avec son fouet, qu'il fait tourner lentement au dessus de lui.

Les troupeaux de chevaux qui peuplent les steppes vivent constamment au grand air. Ils sont sous la garde des *csikós*, c'est-à-dire des plus hardis cavaliers qui existent. L'animal reste plusieurs années à demi-sauvage jusqu'à ce que le jour où il doit être dompté soit venu. Un matin le *csikós*, qui connaît son haras comme d'autres connaissent leur famille, se dit qu'il dressera tel cheval qu'il aperçoit. Il s'approche de lui en parlant et en lui montrant une main prête à le caresser. L'animal tourne vers l'homme un regard oblique. Sa longue crinière est hérissée de ronces enlevées aux prairies. Ses naseaux s'enflent dès qu'il sent une main se poser sur son cou. Il est inquiet comme s'il s'attendait à un danger, il va fuir. Mais le *csikós* a enfoncé son bonnet; il a serré les dents en avançant la mâchoire inférieure, de façon à relever sa pipe, et il se trouve tout à coup sur le cheval au moment où celui-ci croit s'échapper. Alors commence entre le cavalier et l'animal une lutte terrible. Éperdu, consterné, le cheval fait des efforts désespérés pour se délivrer de son fardeau. Il se cabre, il se redresse, il fait des bonds de tigre. Rien n'y fait. Le *csikós* lance périodiquement de magnifiques bouffées de tabac, attendant qu'il plaise à sa monture d'en finir. L'animal se jette à terre; mais au moment où il se baisse, le cavalier écarte les jambes, se retrouve d'aplomb sur le sol, et le cheval, en se relevant, le porte encore. Enfin il part comme le vent; il veut fuir ce poids incommode, et il emploie le reste de sa force à courir. C'est ce que l'homme attendait. Il regarde le soleil, observe la direction que prend sa monture à travers la steppe nue, et se laisse emporter. Quand le cheval est rendu, il tombe ; alors le cavalier lui passe le mors qu'il tenait au bras, le laisse reprendre quelques forces et le ramène dompté.

Le *csikós* est un jeune et joyeux garçon, leste, adroit et vigoureux. Il sait par cœur les légendes, les traditions, les histoires de bandits. C'est lui qui vous expliquera le mirage. « Vous croyez voir un fleuve là bas? dit-il; détrompez-vous : c'est la fée du midi *a' Délibába*, qui veut s'amuser des hommes. Pourtant, ajoute-t-il, elle ne peut le faire qu'avec la permission de Dieu, et comment Dieu le permet-il? » Et le voilà qui disserte en théologien. Il ne rêve pas de meilleure vie que la sienne : ses chevaux hennissent près de lui; la steppe s'étend infinie à ses yeux, il ne demande rien de plus au monde. Quand gronde l'orage, il tourne sa pelisse du côté de la pluie. S'il rencontre une source, il boit en se servant, comme d'un verre, du bord de son chapeau. Une *kulats* ou gourde pleine d'un vin généreux est attachée derrière sa selle. Enduite de cire, suivant la coutume tatare, et recouverte de peau de poulain, la *kulats* est quelque chose de national, et a inspiré à un poëte hongrois, Csokonai, des vers dignes d'Anacréon. Les éperons du *csikós* sont toujours brillants et sonores. A son fouet, dont le manche est fort court, et la lanière démesurément longue, il attache des rosettes de cuir de toute couleur, et des fleurs de soie sont brodées sur la bourse de peau où il met son tabac.

Une nuit je me rencontrai, dans une auberge écartée, avec quelques *csikós* qui buvaient ensemble. Ils étaient assis sur leurs talons, autour d'une chandelle placée par terre. L'hôtelier, vieux juif à figure de renard, n'entrait dans la salle que pour emporter les bouteilles vides et en servir d'autres. La conversation s'anima par degrés entre les buveurs. De temps à autre ils chantaient un de ces airs populaires comme on en entend sur les bords de la Theïss; quelquefois ils s'interrompaient pour s'envoyer des plaisanteries, qui étaient à l'instant relevées avec verve. L'un d'eux s'était un jour avancé jusqu'à peu de distance de Bude, et avait aperçu des montagnes. Il expliqua aux autres l'impression qu'il avait ressentie à la vue de ces murs gigantesques. Les montagnes pesaient sur sa poitrine, et il les avait fuies comme on fuit une prison. « *Teremtette!* disaient les autres, Dieu me préserve d'aller là, j'étoufferais! »

Perdu dans sa puszta déserte, le *csikós* a gardé des idées primitives qui contrastent avec les lois de notre société européenne. Selon lui, ce qui vient et croît seul sur la terre n'a pas de maître, et il ne se fera pas scrupule de braconner, de s'emparer d'un bœuf, d'un cheval. A ses yeux, le voleur est celui qui prend à autrui ce qui est en sa légitime possession, les objets fabriqués, par exemple, qui ne se trouvent pas sur la route et qu'il faut acheter. Mais il est des choses que Dieu a créées pour tous et qui appartiennent à tous. Voici une forêt pleine de gibier. Vous voulez faire entendre au *csikós* qu'un seul homme a des droits sur les cerfs qui la parcourent librement, sur ces arbres que la main de la nature a plantés? Vous êtes un mauvais plaisant! Le *csikós* a le droit d'abattre cet arbre, comme il a le droit de s'asseoir à l'ombre. Passe-t-il près d'un haras renommé, il n'hésite pas à faire son choix sans façon. Ces chevaux, en effet, ne paissent-ils pas, depuis leur naissance, dans des prairies ouvertes à tous, sur le grand chemin du monde; et par quel hasard seraient-ils nés pour l'avantage particulier de tel individu, qui, en ce moment peut-être, est à quatre cents lieues de là? Défendra qui voudra cette théorie; mais le moyen d'en vouloir à des gens qui, si vous êtes leur hôte, iront voler pour vous bien recevoir, et qui, sans vous connaître, risqueront demain leur vie pour sauver la vôtre?

Les statistiques impériales font régulièrement un relevé consciencieux des crimes commis en Hongrie. Il est facile de comprendre que les vols doivent être fort nombreux, et comme celui qui a à se plaindre de quelque délit ne manque jamais d'avertir l'administration, ils sont toujours connus. Après avoir constaté, en observateurs fidèles, que les Hongrois ont l'habitude patriarcale de ne jamais fermer leurs portes, les écrivains officiels disent avec sang-froid que ce peuple est éminemment voleur. Je me demande ce que peuvent conclure ceux qui lisent de pareilles choses. Toutefois il existe en

Hongrie, comme partout, des voleurs de grande route. Ce sont presque toujours des déserteurs qui, mis hors la loi, vivent dans les forêts à la façon des bandits corses. Ils viennent chercher leur nourriture dans les maisons solitaires, mais n'assassinent pas. Quelquefois il est arrivé qu'ils se réunissaient par bandes, sous un chef audacieux, et, en se battant contre les régiments autrichiens, donnaient à leur résistance le caractère d'une insurrection. On fait sur le fameux Sobri, tué il y a peu d'années dans une rencontre avec les houlans de Schwarzemberg, des récits dignes des Asturies et des Abruzzes. Les habitants ne leur donnent pas même le nom de voleurs. Le terme *szegény legény*, « pauvre garçon », est l'expression consacrée. Un postillon me montrait un champ de maïs, où il avait vu la veille se cacher quelques pauvres garçons. « Où crois-tu qu'ils soient aujourd'hui? lui demandai-je innocemment. — Pensez-vous, répliqua-t-il, que je veuille les trahir? »

Le *csikós* redit leurs exploits, car il tient à la fois du pauvre garçon et du berger. Voyez-le passer comme un trait sur la puszta d'Hortobagy, en jetant aux passants ces vers d'une chanson de voleur :

> Je suis un pauvre garçon
> Qui fréquente les foires,
> Je vole les génisses, les poulains,
> Voilà comme je vis!

Chante, chante, brave cavalier, ta voix est celle d'un

homme de cœur. Galope à travers les steppes, fends gaîment l'espace, soudé à ton cheval à longue crinière, tandis que le vent fait flotter autour de toi tes larges vêtements de toile. Ah! quand viendront ceux qui civilisent, puisses-tu, en acquérant des vertus que tu ne connais pas encore, conserver celles que tes pères t'ont transmises! Que le voyageur qui fuit nos villes se rajeunisse toujours à ton foyer, et que son cœur batte, long-temps encore après moi, quand il te fera le dernier signe d'adieu!

CHAPITRE II.

La Transylvanie (1).

La chaîne de montagnes connue sous le nom de Krapaks ou Carpathes, après avoir séparé la Hongrie de la Gallicie en suivant une direction du nord-ouest au sud-est, descend en droite ligne vers le midi, perpendiculairement au Danube, puis tourne subitement vers l'ouest, parallèlement à ce fleuve, et vient rejoindre le territoire hongrois. Le pays compris entre cette courbe des Carpathes forme la Transylvanie. Ouverte au nord

---

(1) On sait que les Romains nommaient *Dacie* la vaste région comprise entre les Carpathes, la Theïss, le Danube et la mer Noire. Ils la divisaient en trois provinces, dont l'une, placée au cœur de la Dacie et entourée d'une ceinture de montagnes, était dite *Méditerranéenne*.

Au moyen âge les Magyars appelèrent *Silvana regio* le pays boisé situé à l'est de la Hongrie. La contrée qui se trouvait au delà, et qui formait autrefois la Dacie méditerranéenne, reçut le nom de *Ultra Silvana* ou *Trans Sylvana*. En hongrois on l'appela *Erdély* (erdö̋, forêt).

A la même époque les Saxons élevèrent dans ce pays sept villes fortifiées : de là le nom qu'ils lui donnèrent, et qui a été adopté par les Allemands, *Siebenbürgen* (Sept Forts).

et à l'ouest, c'est-à-dire vers la Hongrie, elle a pour voisines, au delà des Carpathes, à l'orient la Moldavie, au midi la Valachie. Une seule rivière, l'Aluta, perce cette ceinture de montagnes pour aller se jeter dans le Danube. Toutes les autres prennent leur direction vers la Hongrie, dont le sol est plus abaissé. La situation de la Transylvanie, bornée par les mêmes montagnes qui forment la frontière de la Hongrie, la rattache naturellement à ce royaume, dont elle est, à cause du rempart qui l'entoure, une sorte d'ouvrage avancé. On l'appelait au moyen âge la citadelle de la Hongrie, *arx Hungariæ*.

La Transylvanie se rattache également à la Hongrie par sa population : on retrouve les mêmes races dans les deux pays. Aussi les Hongrois, pour consacrer cette fraternité, appellent-ils la Hongrie et la Transylvanie « deux sœurs patries », *a' két testvér haza*. Toutes deux ont constamment suivi les mêmes voies et subi les mêmes destinées.

Bien qu'en réalité ces deux contrées n'en fassent qu'une, le voyageur peut établir entre elles une différence marquée s'il considère l'aspect et les produits du sol. A vrai dire, la Transylvanie se distingue des autres pays de l'Europe, en ce sens qu'elle emprunte quelque chose à chacun d'eux et qu'elle les rappelle tous. Vous retrouvez la nature septentrionale dans les montagnes des Sicules, ombragées de forêts épaisses, où l'ours se

promène en souverain, tandis qu'à deux jours de là vous rencontrez, comme aux portes de Rome, des champs calcinés où le buffle sommeille paresseusement. Ici les chênes et les sapins ; là du maïs où disparaissent cheval et cavalier ; ailleurs de vertes campagnes, de fraîches vallées, des prairies odorantes ; partout des fleuves qui roulent l'or. En quelques heures on parcourt successivement les montagnes déchirées de Torotzkó, qui donnent du fer, la vallée de la Maros, d'où l'on tire du sel, et le district de Zalathna, où l'or brille dans la boue du chemin (1). Si on quitte la contrée où abondent les sources minérales, c'est pour en trouver d'autres où l'on extrait l'argent, le cuivre, le plomb, le mercure, le zinc, l'antimoine, l'arsenic, le cobalt, le bismuth. A tous ces métaux joignez-en un autre qui ne se trouve pas ailleurs, le tellure. Parlerai-je de ces mille pierres précieuses qui n'attendent que la main de l'artiste ? Ajoutons que le botaniste, aussi bien que le minéralogiste, trouverait ici matière à écrire tout un livre.

La richesse extraordinaire de ce pays a frappé de tout temps l'imagination de ses habitants. Une antique fable représente la Dacie sous la forme d'une « jeune fée »,

(1) D'après les calculs de M. de Humboldt, l'Europe produirait annuellement de 4200 à 4250 marcs d'or, sur lesquels la Hongrie et la Transylvanie figureraient pour 4100 marcs. En 1836 la Transylvanie seule produisait 3367 marcs d'or.

tünder szüsz léany, douée de la plus grande beauté et ornée de longs cheveux d'or. Après de nombreuses vicissitudes, un jeune homme nommé Argyre, qui s'était pris de passion pour elle, pénètre jusqu'à sa demeure et l'épouse. Suivant l'explication probable, ce vieux conte est une allusion à la conquête de la Dacie par Trajan. L'histoire de la jeune fée est toujours populaire, et bien d'autres récits du même genre se transmettent encore dans les campagnes. Il y a telle contrée de la Transylvanie où le paysan est persuadé qu'il marche sur des trésors enfouis : s'il ne les trouve pas, c'est qu'une fée les cache. Ce sont les merveilleuses découvertes qui ont été faites de temps à autre dans le pays qui lui inspirent cette conviction. Sans parler des trésors de Hunyad et de Korond, sur lesquels je reviendrai, on peut citer les magnifiques plats d'or natif qui furent trouvés dans la terre en 1566, et que Jean Zápolya apporta à Soliman, alors campé près de Belgrade. Avant cette époque on avait déterré un monceau d'or du poids de 1600 ducats. En 1591 on découvrit, sous Sigismond Báthori, une masse d'or de 800 ducats, qui avait la forme d'un casque. Le prince le remplit de pièces d'or, et en fit présent au duc de Toscane, qui lui donna en retour des parfums exquis, et lui envoya une troupe de chanteurs et de baladins.

Le Transylvain Köleseri, auquel j'emprunte ces détails, après avoir fait une description de sa patrie, énuméré les beautés et les richesses du sol, ajoute : « Faut-il donc s'étonner que dans ce grenier d'abondance, où Dieu lui-même avait dressé la table, se soient rencontrées tant de nations diverses, venues de l'Europe et de l'Asie ? »

Par un de ces contrastes qui se retrouvent souvent dans l'histoire, cette belle et riche contrée a été malheureuse entre toutes. Pendant une suite de siècles elle n'a fait que passer d'une calamité à l'autre. Ici quelques détails sont nécessaires, et le lecteur nous permettra de lui rappeler en peu de mots l'histoire de la Transylvanie.

Les anciens rois de la Dacie sont à peine connus. Leurs figures occupent peu de place dans l'histoire. On en voit paraître plusieurs, d'un siècle à l'autre, quand ils se heurtent contre quelque grand homme ou quelque puissant empire. Ceux dont les noms ont survécu sont, après Sarmis, qui fut battu par Alexandre le Grand, Dromichœtes, qui résista à Lysimaque, lieutenant d'Alexandre, lequel avait eu la Thrace en partage; Orole, qui fut l'allié de Persée, roi de Macédoine, contre les Romains; Berobista, qui inquiétait Jules César; Cotyson, dont les succès et les revers occupèrent Horace (1), et enfin Décébale. Celui-ci imposa d'abord un tribut à Domitien; mais il dut céder à la fortune de Trajan, et

(1) Liv. III, ode 6, ode 8.

vit la Dacie définitivement réduite en province romaine. Pour éterniser la gloire de cette conquête, Trajan éleva à Rome la colonne triomphale qui porte son nom.

Les Daces choisissaient leurs rois, dont le pouvoir était limité par un grand prêtre. Ils regardaient la mort comme un passage à une meilleure vie, où l'on était réuni à Dieu, et s'exposaient avec joie dans la bataille. Nul peuple n'inspira plus de terreur aux Romains de l'empire. Leur langue, qui paraît s'être rapprochée de celle des Sarmates, était mêlée de mots grecs (1).

Les souvenirs de cette première époque sont maintenant assez rares en Transylvanie. Les Daces, peuple pasteur et agriculteur, avaient bâti des villes; les colons grecs en avaient aussi élevé. Quelques noms de ville nous sont connus (2); l'on peut même croire que plusieurs villages ou bourgades occupent l'emplacement de cités daces : Várhely, par exemple, et peut-être aussi Carlsbourg et Veczel. On a découvert près de Thorda, en 1826, deux monnaies d'or qui furent frappées sous le roi Sarmis, comme le montrait l'inscription grecque

(1) Ovide, *Trist.*, el. 2, el. 7.
(2) Decidava, Sergidava, Marcidava, Sandava, Ramidava, Singidava, Utidava, etc. La terminaison *dava* signifie, selon les uns, « montagne », et, selon d'autres, « forteresse ». Il est probable que ces deux opinions sont vraies, puisque alors on se fortifiait toujours sur des hauteurs.

abrégée ΣΑΡΜΙΣ ΒΑΣΙΛΕΥΣ. La première portait d'un côté l'effigie du monarque, et de l'autre l'image de sa capitale ; on voyait sur la seconde une double tête, qui a été diversement expliquée. Ces monnaies sont les plus rares et les plus anciennes. On en a trouvé encore d'autres en grand nombre, qui portent ou le nom de ΚΟΣΩΝ ou celui de ΛΥΣΙΜΑΧΟΣ (1). Il faut encore faire remonter

(1) En 1543 des pêcheurs tirèrent du Sztrigy, ou, selon d'autres, un arbre, en s'abîmant, mit à jour une quantité de lysimaques, que le gouverneur Martinuzzi s'appropria, et dont il envoya deux mille pièces à l'empereur Maximilien. Quand son château d'Alvintz fut pillé (V. chap. IX), on y trouva quatre mille lysimaques, qui pesaient chacun quatre ducats. Il y a un demi-siècle, on découvrit dans la colline de Muntsel (comitat de Hunyad), près de la Maros, beaucoup de lysimaques et de cosons : ces dernières monnaies étaient les plus nombreuses, car sur cent pièces se trouvaient seulement quatre lysimaques. Comme, en vertu d'une loi *approbatiale*, ce trésor revenait au fisc, sur le terrain duquel il avait été trouvé, on fondit les pièces et on porta les lingots en Valachie. Les cosons qui subsistent aujourd'hui proviennent de la découverte faite en 1543.

Ces monnaies, qui sont évidemment barbares, ont été frappées, assure-t-on, dans la ville de Cosa, qui était située non loin de la mer Noire. Ce qui nous paraît certain, c'est qu'elles firent partie des richesses de Lysimaque, que Plutarque appelle (*in Demetrio*) le trésorier d'Alexandre. On sait que Lysima-

au temps des Daces plusieurs monnaies de Philippe et d'Alexandre, qui figurèrent, ainsi que les précédentes, dans la rançon payée par Lysimaque à Dromichœtes, et quelques statues représentant un homme décapité et enchaîné, dans lequel on croit reconnaître Décébale. Nous voici déjà aux Romains. Je parlerai plus tard des Valaques, fils des Daces vaincus et des colons implantés par Trajan.

La conquête de la Dacie était précieuse pour les Romains. Elle relevait le prestige de leurs armes, qui s'effaçait après des revers nombreux. Elle refoulait les Barbares qui inquiétaient la Mœsie et les autres provinces de l'empire, et faisait une citadelle romaine du pays même qui jusque là avait nourri ses plus fiers ennemis : car Trajan, après ses victoires, trouva la Dacie presque déserte ; il dut la repeupler, et les colons qu'il y amenait furent à la fois laboureurs et soldats. Enfin elle leur livrait une contrée fertile, dont la richesse dépassait tout ce que l'imagination pouvait rêver, et qui leur fournit tant d'or, que les colons qui l'habitèrent furent

que, qui avait eu la Thrace en partage, entreprit la conquête de la Dacie. Vaincu et pris par le roi Dromichœtes, il obtint la vie moyennant rançon. C'est pourquoi les monnaies à l'effigie de ce prince se trouvent dans l'ancienne Dacie, et, si on considère ce fait qu'elles sont toujours mêlées aux cosons, on en conclura que les monnaies de Cosa figuraient dans son trésor.

appelés collecteurs d'or, *aurileguli.* Ils donnèrent à la Dacie l'épithète d'heureuse, *felix*, et frappèrent une médaille où l'on voyait Cérès, tenant de la main droite une corne d'abondance, et de la gauche une table, avec ces mots : *Abvndatia Daciae.*

Trajan installa dans le pays l'administration romaine. Un propréteur gouvernait la province, lequel avait le commandement civil et militaire, et ne rendait compte qu'à l'empereur. Venait ensuite le cortége ordinaire des fonctionnaires et des magistrats. Des colonies furent fondées. La plupart des villes daces furent relevées, agrandies, ornées de cirques, de bains, d'aqueducs et de monuments publics. La treizième légion (1) resta dans la province : les inscriptions font mention de la bravoure que ce corps déploya plus tard dans la guerre des Marcomans. On créa des routes superbes : deux voies partirent d'*Ulpia Trajana*, se dirigeant, la première vers la Pannonie, la seconde vers la Dacie Alpestre (2). En outre d'autres chemins furent tracés, dont on retrouve encore les restes, notamment près de Szamos Ujvár, Nyaradtő, Maros Vásárhely, Mikeháza et Véts. Les inscriptions prouvent l'importance qui était attachée à l'emploi d'inspecteur des routes, c'est-à-dire à l'entretien des routes mêmes. Elles donnent encore les

(1) *Gemina Pia Fidelis.*
(2) Valachie.

noms des dieux romains qui furent introduits : elles en signalent plusieurs, tels que Sarmandus et Sirona, qui ne faisaient point partie de l'Olympe.

Parmi les restes les plus intéressants de la domination romaine qui subsistent en Transylvanie, il faut citer les bas-reliefs mithriaques. On en a découvert douze ou quinze. C'est une femme qui a le mérite de les avoir fait connaître. Mme la baronne Josika a envoyé à M. Lajard les copies de plusieurs bas-relifes à mesure qu'on les déterrait, ce qui a fourni l'occasion au savant académicien d'écrire un mémoire lu à l'Institut en 1839 (1). Il y a à peine un siècle qu'on s'est occupé de rechercher les traces de l'époque trajane. Seivert (2) a compté et copié les inscriptions qu'il a rencontrées ; mais combien de maisons, de bourgades, de villes entières, ont été construites au moyen âge, avec des pierres romaines ! Combien d'armes, de bagues, de monnaies, d'objets de toute sorte, ont été dispersés ou fondus ! On eût dit, écrit Benkö, qu'on les avait semés dans les plaines et les montagnes, et qu'ils croissaient de jour en jour.

Et aujourd'hui encore combien d'antiquités curieuses tombent entre les mains de gens qui en ignorent la

---

(1) *Mémoires sur trois bas-reliefs mithriaques qui ont été découverts en Transylvanie*. Imprimerie royale, 1840.

(2) *Inscriptiones monumentorum romanorum in Dacia mediterranea*. Viennæ, 1773.

valeur! Les paysans, c'est-à-dire ceux qui en découvrent le plus, ne savent pas, comme ailleurs, que les objets enfouis dans le sol ont du prix. J'ai traversé le bourg de Reisemarck juste au moment où un villageois saxon faisait badigeonner un groupe antique placé en manière de borne devant sa maison. J'ai vu un paysan apporter une bague sur laquelle se trouvaient des lettres grecques presque entièrement effacées, s'excusant de n'avoir pu enlever toute la rouille. Beaucoup de particuliers possèdent en Transylvanie de curieuses collections. Elles se composent de monnaies, d'armes, de statues, de bas-reliefs, de pénates, d'urnes et de vases de toute forme. En général les statues et les autres objets d'art sont sans valeur : ce qui s'explique par l'éloignement de la Dacie et la date de la conquête. Les pénates, que l'on apportait de Rome, ont seuls quelque prix.

Personne n'a passé par Vienne sans visiter les antiquités rapportées de Transylvanie. Ce musée a été formé avec une négligence déplorable. L'empereur Charles VI, en 1723, fit transporter à Vienne toutes les curiosités que l'on put trouver en Transylvanie. On employa à cet effet les paysans de corvée, qui, pour plus de commodité, brisaient les statues, les urnes et les pierres. Ces débris furent placés sur des bateaux qui descendirent la Maros, la Theïss, et remontèrent le Danube. Un des bateaux s'engloutit.

Il ne reste guère en Transylvanie de monuments romains (1). Ils ont été détruits dans les guerres des Turcs, car les habitants s'en servaient comme de forteresses. Cependant on peut voir près de Várhely des champs couverts de fondements antiques, et, non loin de là, l'église de Demsus, qui est évidemment de l'époque romaine. Plusieurs villages et rivières portent des noms dont on reconnaît l'origine latine. Au reste les traditions montrent les lieux où s'élevèrent jadis des villes, qui ne sont plus indiquées aujourd'hui que par quelques pierres. Cependant il faut se défier quelquefois des traditions : car ce sont les Valaques, comme les plus anciens habitants, qui les ont transmises, et ils aiment à retrouver partout les souvenirs de leurs ancêtres.

On a peine à comprendre que les Romains aient pu laisser en Dacie des traces ineffaçables, si on se rappelle qu'ils s'attachèrent à tirer des richesses de cette contrée plutôt qu'à y fonder ces grands établissements dont ils dotèrent les autres provinces. On retrouve aujourd'hui dans l'ancienne Dacie des restes de leur domination, que l'on chercherait vainement

(1) Des ruines romaines se voyaient il n'y a pas bien longtemps, et quelques unes se voient encore, près de Aranykút, Héviz, Veczel, Zalathna, Abrud Bánya, Carlsbourg, Torda, Clausenbourg, Zernyest, Balamir, Sárd, Tótfalu, Szászváros, Birbatzfalva, Sebesély, Boldogfalva, Oltszeme, Pétrosz, Pestyen, etc.

dans les pays où ils fondèrent leurs plus chères colonies, des traces romaines qui n'existent ni en Espagne, ni dans les Gaules, ni même en l'Italie : on retrouve un peuple, qui, dans sa langue, s'appelle Romain, qui a conservé non seulement l'idiôme et la physionomie des conquérants, mais encore qui de tous les peuples de l'Europe a gardé le plus fidèlement leurs idées et leurs usages. Et pourtant la Dacie ne resta province romaine que cent soixante-dix ans.

Les Barbares avaient pressé sans relâche les frontières de cette contrée tant que dura l'occupation ; et, malgré les sanglantes victoires de Claude, ils devinrent si formidables, que les Romains l'abandonnèrent volontairement. Aurélien emmena les légions, les principaux colons et les fonctionnaires, et se consola en appelant Dacie le territoire qui séparait les deux Mœsies. Par un rapprochement singulier, Aurélien était né précisément en Hongrie (à Syrmium). Les noms des deux empereurs Trajan et Aurélien, de celui qui conquit la Dacie et de celui qui l'abandonna, se trouvent encore dans la bouche du peuple valaque. En Moldavie, Valachie et Transylvanie, bien des plaines sont appelées *pratul lui Trajan*, *campul lui Trajan*, et on entend parler encore de *Lerum Doamne* (1).

A partir de cette époque (274) la Dacie est en proie

---

(1) *Aurel Dominus.*

à des irruptions fréquentes. D'abord viennent les Goths, qui prennent la place des Romains; après les Goths les Huns (376), après les Huns les Gépides (454), après les Gépides les Avars (553). Au milieu de ces armées émigrantes qui traversent leur pays sans interruption, les descendants des Romains, le peuple qu'Aurélien n'avait pas emmené, subsistent toujours. Les Valaques avaient leurs chefs nationaux lorsqu'ils furent subjugués par les Hongrois ou Magyars, lesquels, conduits par Arpád, avaient déjà conquis la Pannonie (889).

Après que la Transylvanie est réunie au royaume que saint Etienne fonde en Hongrie (1002), on voit accourir les Tatars, qui passent et repassent périodiquement comme des vagues de feu. Ces invasions régulières, et pour ainsi dire annuelles, commencent un siècle après l'établissement de la monarchie. La plus terrible eut lieu en 1241. Une foule innombrable de Tatars-Mongols se jeta sur la Hongrie et la Transylvanie, conduite par un chef fameux nommé Bath. Le roi Béla IV, Kálmán, son frère, et l'archevêque Ugrin, les rencontrèrent sur les bords du Sajó, et leur livrèrent une furieuse bataille. Trente-cinq mille Tatars périrent, mais les Hongrois furent vaincus. Béla put à peine être sauvé. Il traversa tout le pays en fugitif, et resta trois années en Dalmatie pendant que les Tatars mettaient le royaume à feu et à sang. A la fin l'excès de leurs malheurs releva le courage des Hongrois. Le roi sortit de sa retraite, secondé par la puissante famille des Frangipani et les chevaliers de Rhodes, et les Tatars furent exterminés. Un chanoine de Grand-Waradein, Italien de naissance, Roggeri, a écrit sous, le titre de *Miserabile carmen super destructione Regni Hungariæ per Tartaros facta*, un récit lamentable de cette grande calamité, qu'on ne peut lire, après six siècles, sans une émotion douloureuse.

Les invasions des Turcs étaient plus terribles encore. Les Turcs arrivaient « aussi nombreux que les grains de sable au fond de la mer », pour conquérir l'Europe. C'était au sol qu'ils en voulaient. Le fanatisme religieux inspirait leur bravoure. Arrêtés par les Hongrois, ce fut contre eux qu'ils réunirent leurs efforts, ce fut leur pays qui devint le champ de bataille où se vida la cause de l'Europe. Les Turcs égorgeaient tout, hommes, femmes et enfants. La Hongrie et la Transylvanie étaient périodiquement dépeuplées. Avec les Turcs vint la peste, qui ravagea ces contrées jusqu'au temps de Marie-Thérèse.

Quand la monarchie hongroise finit à Mohács (1526), la Transylvanie, détachée du royaume de saint Etienne, et devenue tributaire de la Porte, fut gouvernée par des princes électifs. Mais les souverains de l'Autriche n'oubliaient pas que cette belle province avait appartenu à la couronne de Hongrie : ils la disputèrent aux Turcs. Quand en outre les princes n'obéissaient pas aux sultans, les Tatars accouraient et incendiaient le pays. Ce fut surtout de 1594 à 1613 que la Transylvanie passa par les plus cruelles épreuves. Il semblait qu'elle fût perdue sans ressources. Malgré leur antipathie pour les Allemands, les Transylvains se rapprochèrent de l'Autriche, qui leur promit sa protection; ils se donnèrent à l'empereur en 1698. Les Turcs abandonnèrent leurs prétentions sur la Transylvanie, et les dernières victoires de Joseph II leur enlevèrent ce qu'ils possédaient encore du territoire hongrois.

Les malheurs de cette époque fatale sont consignés dans le recueil des lois. Si on parcourt les décisions des Diètes, on rencontre certains articles fort courts, rapportés sans commentaires, qui vous arrêtent et vous saisissent. — 1555. « La Diète tenue à Maros Vásárhely décide que ceux qui reconstruiront dans l'espace de trois ans leurs maisons brûlées ne paieront pas de taxe. » — 1614. « Les habitants d'Hermannstadt sont exempts d'impôts pendant deux années à cause des maux qu'ils ont soufferts. » — 1658. « La Diète décide que Torda sera repeuplée. » — 1668. « La Diète tenue à Bistritz décrète des peines sévères contre les habitants qui, s'étant enfuis dans les bois à l'approche des ennemis, tarderaient à paraître dans leurs demeures. » — 1670. « Les habitants de Szilágy Cseh sont exempts d'impôts, parce que la guerre leur a fait un grand dommage. » — 1683. « Pour compléter le tribut dû aux Turcs, il est arrêté que quiconque ne contribuera pas au plus vite aura ses biens vendus; celui qui n'a pas de bien à vendre ira en prison. » *Dura lex!* ajoute cette fois l'honnête copiste (1).

Quand vous parcourez la Transylvanie, les noms seuls des villages vous rappellent le passé presque à chaque pas : — Törőkfalva, village turc; — Tatárlaka, demeure des Tatars; —Hadrév, gué de l'armée. — Combien de monticules sont appelés tombeau des Tatars, tombeau des Turcs! Questionnez l'enfant étendu au pied de ces collines et qui regarde tranquillement paître ses buffles, il vous dira : Nos pères ont tué les Tatars, nos pères ont tué les Turcs, et ils les ont enterrés ici. Il y a un village qui se nomme Eresztvény. Pour peu que vous sachiez qu'en hongrois *ereszteni* signifie « laisser aller », et que vous demandiez l'étymologie de ce nom, on vous répondra par la tradition suivante : Un jour les Tatars emmenaient une foule d'habitants en

(1) Ceux qui prennent part aux événements, et écrivent l'histoire du pays telle qu'elle s'est accomplie sous leurs yeux, intitulent ainsi leurs *Mémoires :* — Etat déplorable de la Transylvanie, par F. Mikó. — Des événements heureux et malheureux de la Transylvanie de 1588 à 1622, par Jean Laskai. — Huit livres de chronique lamentable, par Jean Szalárdi. — Lamentation sur les événements accomplis de 1658 à 1660, par Christophe Pasko. — Paul Enyedi, en racontant la fin du 16e siècle et le commencement du 17e, donne à son histoire la forme du *Miserabile carmen* de Roggeri.

esclavage ; comme le grand nombre des captifs rendait la marche difficile, ils mirent les vieillards en liberté ; c'est ici qu'ils les « laissèrent aller ».

Certains noms font souvenir de cette fluctuation continuelle de nations, de ce va-et-vient d'hommes qui comblaient un moment les vides faits par la guerre et la peste, et qui disparaissaient à leur tour : — Tótfalu, village slave, et il n'y a plus là un seul Slave ; — Magyar Orbó, où ne se trouvent maintenant que des Valaques ; — Lengyelfalva, village polonais où il n'y a plus de Polonais ; — Magyar Szent-Pál, dont les habitants hongrois furent un jour brûlés dans l'église par les Tatars, et qui a été repeuplé entièrement de Valaques ; — Oroszfalu, village russe où il n'y a plus un seul Russe. — Les princes appelaient vainement dans le pays des Moraves, des Allemands, des Valaques, des Bulgares, etc. : on donnait aux nouveaux arrivants les villages devenus déserts. Rien n'y faisait : la population diminua toujours. Parmi ces nations, il y en a qui se sont effacées entièrement ; d'autres, telles que les Bulgares et les Moraves, ne sont plus représentées aujourd'hui que par quelques individus. La nécessité où les princes se trouvèrent toujours d'appeler de nouveaux habitants explique suffisamment la présence en Transylvanie de tant d'hommes de races diverses.

Il est bien remarquable que ces différentes races ne soient pas mêlées. Elles sont restées en présence sans se fondre. Le même fait, il est vrai, se reproduit en Hongrie; toutefois la différence qui existe ici entre les nations est plus tranchée, d'abord parce que l'espace est moins étendu, puis parce que cette séparation est sanctionnée par la constitution. On compte en Hongrie plusieurs nations, mais elles sont sensées se fondre en une, la nation hongroise; la Diète contient des magnats et des députés esclavons et allemands, mais ils siégent comme hongrois. En Transylvanie chaque *nation* a son territoire, que la loi lui assigne : chaque nation figure pour son propre compte à la Diète, qui représente ce que l'on a appelé la Trinité transylvaine.

Les Hongrois sont les premiers : ils ont conquis le sol au 10ᵉ siècle. Après eux viennent les Sicules, fraction du peuple magyar, qui l'occupaient bien avant eux. Enfin arrivent les Saxons admis au 12ᵉ siècle en qualité de colons (1).

Ces trois *nations* ont leur administration distincte, leurs droits, leurs priviléges à part. Leur union a été solennellement instituée en 1545 à la diète de Torda.

Au dessous des trois « nations unies » sont les Valaques, anciens maîtres du sol, et les plus nombreux habitants, qui ne possèdent pas de territoire, et sont dis-

(1) Les armes de la grande principauté de Transylvanie se composent d'un aigle pour les Hongrois, d'un croissant et d'un soleil pour les Sicules, et de sept tours pour les Saxons.

persés sur toute la surface du pays. Il faut aussi compter quelques milliers d'Arméniens, de Juifs, de Bohémiens, etc. Ce sont « les nations tolérées ». Elles n'ont aucun droit politique. Les Arméniens et les Valaques peuvent figurer à la Diète, mais en se confondant avec les autres. Ils comptent alors comme Hongrois ou députés des villes, mais ne représentent nullement leur propre nation (1).

(1) Il n'existe pas de dénombrement exact de la population de Transylvanie. Ce qu'il y a jusqu'à présent de plus précis, ce sont des tableaux statistiques dressés par religions ou suivant l'état des personnes.

D'après les derniers tableaux publiés en 1837, il y aurait :
 4,612 prêtres de toute religion,
 46,819 nobles,
 5,436 employés et individus qui ont une certaine position sans être nobles, les employés nobles figurant dans le nombre précédent ;
 51,622 artisans,
1,753,653 paysans,
 26,260 individus qui n'entrent dans aucune des classes précédentes,

Distribués dans
 28 villes,
 65 bourgs,
 2,589 villages,

Les tableaux dressés d'après les religions ont donné :
 214,085 catholiques romains,

A cette première division par races, il faut en ajouter une autre déterminée par la diversité des religions. De tout temps les Juifs, ainsi que les Valaques grecs, s'étaient séparés, par leurs croyances, des Hongrois et des Saxons. La réforme a fait naître des distinctions nouvelles entre les nations unies. Le protestantisme pénétra dès 1521 en Transylvanie. Des marchands d'Hermannstadt apportèrent les pamphlets de Luther, que Louis II, sur les plaintes des catholiques, fit publique-

265,953 calvinistes,
210,571 luthériens,
 46,813 unitaires,
567,603 catholiques grecs ou grecs unis,
565,377 grecs non unis,
───────
1,870,402

D'après ce dernier tableau on peut à peu près en dresser un autre par nations, car

Les Valaques sont tous grecs,

Les Saxons sont tous luthériens (ainsi qu'un certain nombre de Hongrois du district de Cronstadt),

Les Hongrois et les Sicules sont catholiques, calvinistes et unitaires.

Entre les catholiques il faut encore compter quelques Allemands, et environ 7000 Arméniens. On n'a pas évalué au juste le nombre des Juifs et des Bohémiens. Suivant la statistique de *Fényes* on compterait 15,000 Bohémiens. Les Juifs sont en moins grand nombre.

ment brûler. Cependant le nombre des luthériens devint considérable, et la Diète de Hongrie ordonna, en 1524, leur expulsion. Ils n'en continuèrent pas moins à tenir leurs écoles, et après la mort de Louis II, qui avait fait de nouvelles menaces, ils acquirent tant de force, qu'en 1529 ils chassèrent d'Hermannstadt et de Cronstadt les prêtres et les chanoines. Seize ans après, malgré les efforts d'Isabelle, veuve de Jean Zápolya, tous les Saxons étaient luthériens.

Le calvinisme fut introduit en 1557. Suivant cette triste loi historique, en vertu de laquelle ceux qui réclament leur propre liberté n'admettent guère la liberté des autres, il eut d'abord pour ennemis les luthériens eux-mêmes, qui ne s'entendirent pas, dans les conférences qu'ils provoquèrent, avec les apôtres de la nouvelle réforme. Mais la Diète de Torda (1563), où il fut décidé que chacun pourrait choisir sa religion, abrégea les difficultés qui furent résolues l'année suivante au synode d'Enyed.

Vint ensuite le socinisme, prêché par un Piémontais, George Blandrata, qui de Genève était passé en Pologne, et de là en Transylvanie. Blandrata fut combattu à son tour par les luthériens et les calvinistes réunis. Des conférences eurent lieu à Torda, à Maros Ujvár, à Fejérvár : la dernière dura huit jours. Un quatrième synode fut tenu à Grand-Waradein, qui appartenait alors à la Transylvanie, où l'on discuta six jours entiers. Pendant ce temps, les choses allaient si bien pour Blandrata et les siens, qu'en 1570 la ville entière de Clausenbourg, le prince Jean Sigismond en tête, était passé dans le camp des unitaires.

Il faut remarquer que la solution de ces terribles questions religieuses était très pacifique. Tout se passait dans des conférences. On ne faisait pas autre chose que de discuter. C'était le temps de nos sanglantes guerres de religion. Les dissensions ne s'envenimèrent que plus tard quand on se disputa les églises; tandis que, dans le reste de l'Europe, les croyances étaient poussées jusqu'au fanatisme, ici on raisonnait. Les esprits étaient inquiets; on allait d'une foi à l'autre, selon le talent du prédicateur et la conviction qu'il faisait naître. Le type de cette époque est un certain François David, qui, né catholique, se fit luthérien, fut ensuite calviniste, et mourut unitaire.

Il faut aussi se rappeler que, dans l'union politique des trois nations, des droits différents, des priviléges distincts, étaient également reconnus et consacrés.

De ces deux causes résulta un fait mémorable et inouï dans les annales de l'Europe.

Cette consécration passa tout naturellement des faits politiques aux faits religieux. Les Saxons étant luthériens, d'une part; de l'autre, les Hongrois et les Sicules étant catholiques, calvinistes ou sociniens, la Diète de Maros Vásárhely reconnut et établit la parfaite égalité des quatre religions, égalité qu'à leur avénement tous les princes, jusques et y compris ceux de la maison d'Autriche, jurèrent et jurent encore de maintenir. Le culte grec et le judaïsme furent « tolérés ».

Cela fut décidé le 2 mars 1571, l'année même qui précéda la Saint-Barthélemy.

Cependant, en fait, cette égalité n'était pas pleine et entière. Il était difficile aux princes de ne pas manifester quelque préférence pour leurs coreligionnaires. Les protestants ont été particulièrement appuyés par Gabriel Bethlen et George I Rákótzi. La maison d'Autriche, au contraire, a protégé les catholiques. Dès 1572, les unitaires s'étaient tellement affaiblis, que le prince Etienne Báthori leur ôta sans peine l'imprimerie qu'ils possédaient à Carlsbourg, parce qu'ils avaient attaqué la Trinité. François David mourut même en prison. Leur nombre diminua sensiblement, et ils avaient presque disparu quand, l'an 1600, la Diète de Pologne ayant proscrit les sociniens, une partie des exilés se réfugièrent en Transylvanie.

Ce pays est donc doublement morcelé, sous le rapport religieux comme au point de vue des nationalités. Il n'y a pas de villages où ne se rencontrent des races et des religions différentes. Cette double division est consacrée dans une foule de faits, par exemple dans l'élection du gouverneur. Les Etats, c'est-à-dire les trois *nations*, choisissent trois gentilshommes catholiques, trois calvinistes, trois luthériens et trois unitaires, c'est-à-dire trois membres de chaque religion reçue, qu'ils désignent à l'empereur : celui-ci prend le gouverneur entre les douze candidats. Les comitats envoient deux députés à la Diète ; d'après la loi, on doit choisir de préférence des députés de religion diverse. Chaque religion a ses colléges, qui sont soumis à la surveillance des consistoires (1).

Ce n'est pas que les opinions religieuses aient beaucoup de force en Transylvanie, du moins dans les classes supérieures. Mais des causes politiques et un esprit de parti ont entretenu ces divisions. Les Hongrois (abstraction faite des unitaires, qui sont peu nombreux)

(1) Outre les écoles inférieures,

Les catholiques ont des colléges à Carlsbourg, Bistritz, Hermannstadt, Clausenbourg, Csik-Somlyo, Kanta, Maros Vásárhely, Szilágy Somlyo, Udvarhely, et Zalathna.

Les calvinistes ont des colléges de premier et de second ordre à Clausenbourg, Nagy Enyed, Maros Vásárhely, Szászváros, Ziláh, Torda, Vizakna, Kézdi Vásárhely ;

Les luthériens, à Hermannstadt, Cronstadt, Schœsbourg, Megyes et Bistritz ;

Les unitaires, à Clausenbourg, Torda, Toroczko et Keresztur.

Les Grecs unis ont un collége de première importance à Balásfalva.

sont catholiques ou calvinistes. Les catholiques ont soutenu le gouvernement, tandis que les calvinistes faisaient de l'opposition. La confession d'Augsbourg est pour les Saxons, qui ont le tort de se regarder toujours comme Allemands, une profession de foi nationale. Il en serait de même, au besoin, du rit grec pour les Valaques, s'ils n'étaient pas naturellement attachés à leur culte.

Voilà dans quel rapport sont les différentes nations qui habitent aujourd'hui la Transylvanie.

Nous parlerons de chacune d'elles en détail. Nous nous arrêterons dans les lieux qui méritent d'être cités, soit à cause des souvenirs qui s'y rattachent, soit parce qu'il s'y trouve quelque richesse naturelle. Mais nous pouvons déjà dire, dès le début, qu'il y a ici plus à observer et à étudier que dans beaucoup de pays d'une étendue trois fois plus considérable.

CHAPITRE III.

Le mont du Roi.—Bánffi Hunyad. — Gyalu. — Zsibó. Le baron N. Wesselényi.

La Transylvanie, qui m'a souvent rappelé notre Auvergne, est un pays de montagnes. Le sol en est généralement si exhaussé, que les montagnes des frontières, bien qu'elles soient en réalité très hautes, ne semblent avoir qu'une médiocre élévation. Au contraire, vues du dehors, c'est-à-dire quand on a passé la chaîne, elles paraissent atteindre une hauteur extraordinaire.

De quelques points que l'on vienne, lorsqu'on se dirige vers la Transylvanie, il faut donc gravir de longues côtes pour parvenir aux plaines élevées qui forment le sol de cette contrée. La route de Pesth à Clausenbourg passe par une suite de défilés que l'on appelle le mont du Roi, *király-hágo,* et où l'on rencontre mille accidents de terrain qui sont d'autant plus frappants, que le regard s'est accoutumé au spectacle uniforme des steppes de Hongrie.

Lorsque je traversai pour la première fois le mont du Roi, peu d'instants après avoir mis le pied en Transylvanie, j'aperçus, sur le sommet d'une montagne à pic, un enfant qui descendit tout à coup vers la route avec l'agilité d'un chamois. Il était vêtu d'un caleçon de toile flottant, et d'une courte chemise, qui laissait à nu sa petite poitrine brune. Jetant à ses pieds son chapeau de lazzarone, il s'approcha de la voiture, murmura quelques mots en langue valaque, et nous présenta un morceau d'écorce de bouleau, plié en deux, qu'il avait rempli de fraises des bois. Dans la venue de ce petit sauvage, qui, à certains égards, personnifiait la Transylvanie, je crus voir un présage heureux, et je lui jetai la monnaie de rigueur, de l'air d'un consul romain qui récompense un augure complaisant.

Ce qui frappe le voyageur en Transylvanie, ce n'est pas seulement la diversité des costumes, c'est encore la variété des paysages. Sur un sol continuellement accidenté, on trouve tour à tour des forêts de bouleaux et de sapins, de chênes et de hêtres, ou bien encore des coteaux chargés de vignes, d'interminables champs de blé ou de maïs, bordés, près de la route, de melons et de pastèques, que le laboureur mange en passant pour se désaltérer. Quant aux costumes, ils varient suivant les nations. Le plus pittoresque de tous est celui des Valaques. Habillés de toile, comme les autres habitants, ils ont pendant l'hiver un étroit pantalon de drap blanc appelé *harisnya*, et une veste de peau blanche ornée de fleurs rouges découpées. Ils ont les reins pris dans une large ceinture de cuir, qui leur sert de poche, et portent un chapeau à grands bords ou un bonnet de peau de mouton. Sur l'épaule pend un surtout de laine à longs poils que l'on nomme *guba*, ou un habit de drap gris bordé sur les coutures d'ornements en drap de couleur. Leur chaussure, qu'ils appellent *opinci*, et les Hongrois *botskor*, n'est autre chose qu'un morceau de peau de cheval, coupé suivant la forme du pied, et que l'on attache à la jambe par des courroies.

Le costume des femmes est propre et élégant. Elles portent une chemise de toile ornée sur la poitrine de broderies en laine rouge ou bleue. Une ceinture rouge fixe sur le corps la chemise, qui est fort courte et qui rejoint une longue jupe blanche. Devant et derrière flotte un tablier de laine, à raies de couleur, appelé *catrinza*. Pour se garantir du froid, elles endossent une petite pelisse, ou simplement un corsage de peau garni de fourrures. Tant qu'elles ne sont pas mariées, elles ont la tête nue et réunissent leurs cheveux en une seule natte qui tombe sur le dos. Plus tard elles se coiffent d'un mouchoir blanc, qui quelquefois pend en manière de voile, et d'autres fois est roulé en turban. Elles se chaussent de botskors, mais le plus souvent de bottes rouges. Lorsqu'elles se rendent aux foires, elles portent leurs bottes sous leurs bras, et ne les mettent qu'au moment d'arriver. Elles se débottent également quand elles rencontrent un torrent et entrent jambes nues dans l'eau. Nous avons vu certaines personnes à cet aspect se mettre en frais de pudeur et d'indignation : elles apercevaient une rotule, et en concluaient que ces femmes avaient peu de vergogne et de mauvaises mœurs. Nous pensons qu'on ne doit pas observer les usages d'un peuple primitif avec des yeux de Parisien, et nous avouons naïvement n'avoir pas plus ressenti d'horreur que si nous eussions vu les personnages du Poussin marcher devant nous.

De nombreux troupeaux paissent aux approches des villages. Ici c'est un haras ; là ce sont de grands bœufs blancs aux longues cornes ; ailleurs des buffles qui sommeillent dans la vase. Les buffles, qui y sont fort nombreux, donnent beaucoup de caractère au pays. On les attelle ordinairement à de petites voitures basses, dont les côtés figurent une échelle, et où n'entrent ni un clou ni une parcelle de fer. Ainsi construits, ces véhicules ont des propriétés digestives fort énergiques, car ils vous secouent horriblement en passant sur les ornières. En revanche ils peuvent s'allonger, se rétrécir, se plier, suivant le besoin du moment, avec une souplesse dont je ne me suis jamais rendu compte. Attelés par la tête, ces buffles sont conduits par un Valaque aux cheveux longs, qui leur adresse constamment la parole. Coiffé d'un bonnet de poils noirs, et vêtu d'une guba noire, il semble emprunter lui-même quelque chose à ses buffles. Ils ont tous les trois la même démarche lente et paresseuse, et lèvent la tête du même air de curiosité pour vous voir passer.

Le buffle se trouve également dans les steppes de Hongrie, et ce fier animal va bien à ces libres plaines. De tous les animaux domptés par l'homme, le buffle est celui qui supporte le moins patiemment le joug. On ne garde par village qu'un seul taureau, qui sert à la propagation, et que l'on est contraint de tuer au bout de quelques années. Lorsqu'en se promenant au milieu de son troupeau il aperçoit au loin une voiture attelée de buffles, il s'élance quelquefois avec impétuosité, brise la voiture et met l'homme en fuite, comme pour protester contre l'esclavage imposé à ses frères.

La route de Clausenbourg traverse deux villages qui rappellent d'intéressants épisodes de l'histoire de Transylvanie. Le premier porte le nom de Hunyad, parce que, dit-on, les Huns s'y fortifièrent au 5ᵉ siècle. On montre dans le pays divers points où ils s'établirent, et deux bourgs, assure la tradition, doivent leur dénomination au souvenir du passage de ces redoutables guerriers. Pour distinguer celui dont nous parlons, on lui a donné le nom de Bánffi, qui est celui d'une famille illustre de Transylvanie.

Bánffi Hunyad fut occupé en 1600 par les cavaliers de Michel, vayvode de Valachie, qui avait envahi la province et la mettait à feu et à sang. Cent de ses hommes s'installèrent dans le bourg. Ils avaient exaspéré les habitants. Le jour du marché, excités par l'ivresse, ils paraissent sur la place publique, chassent les marchands, et pillent les denrées. Les villageois, poussés à bout, s'assemblent et égorgent les Valaques. Michel, à la nouvelle du massacre, somme Etienne Csáki, capitaine de Clausenbourg, de tirer des coupables une vengeance exemplaire. Csáki avait été forcé d'ouvrir à l'envahisseur les portes de sa ville, mais il restait fidèle à sa patrie. Il fit prévenir secrètement les habitants de Hunyad, qui échappèrent par la fuite aux menaces du vayvode.

Le second village, Gyalu, a également son importance au point de vue historique. C'est là que s'est décidé, au 10ᵉ siècle, le sort de la Transylvanie. Ce pays était occupé par les Valaques, qui y avaient formé une principauté indépendante. A l'approche de Tuhutum, qui amenait les bandes hongroises pour s'en emparer, ils prirent les armes et marchèrent jusqu'à Gyalu. Les Valaques virent périr leur chef dans la mêlée et abandonnèrent le champ de bataille. Forcés de se soumettre au vainqueur, ils lui jurèrent fidélité dans un lieu qui aujourd'hui encore est appelé Esküllő, de *esküdni*, prêter serment. Tel est le récit transmis par un des plus anciens historiens hongrois, le notaire anonyme du roi Béla.

Gyalu était fortifié au moyen âge par un château qui appartint d'abord à l'évêque de Grand-Waradein, puis à celui de Carlsbourg, et sur les ruines duquel on a élevé une habitation moderne. Les montagnes situées à l'ouest contiennent de riches mines d'or, et les habitants sont occupés à y recueillir le métal. Nous avons déjà parlé des merveilleuses traditions que cette abondance de l'or entretient parmi les villageois. Entre les trésors qui, à les en croire, sont enfouis en Transylvanie, ils ne manquent pas de compter celui de Darius, que les Hongrois auraient déterré à leur passage en Perse et apporté dans le pays.

Dans les temps modernes, les plaines qui environnent Gyalu ont été le théâtre d'une bataille que les Hongrois livrèrent aux Ottomans. Elle eut lieu en 1660, et fut occasionnée par la révolte du prince George II Rákótzi contre le Grand-Seigneur. Nous avons dit plus haut que les princes de Transylvanie étaient choisis par la Diète, mais que leur élection devait être approuvée par le sultan, dont ils étaient tributaires. Ils ne pouvaient faire la paix ni déclarer la guerre sans en avoir reçu l'autorisation de Constantinople.

George I Rákótzi avait gouverné la Transylvanie avec sagesse. Après sa mort, les Etats n'hésitèrent pas à appeler son fils au trône. George II n'eut pas plus tôt reçu la couronne, qu'il résolut de donner carrière à son ambition. Il avait un trésor considérable légué par son père. Toute la jeune noblesse brûlait du désir de faire la guerre après une paix de plusieurs années. Il ne lui fallait qu'un prétexte, qui fut bientôt trouvé.

Le royaume de Pologne était désolé par la discorde.

Une faction avait détrôné Casimir et appelait le roi de Suède. Quelques Cosaques sollicitèrent George II de passer la frontière et de réclamer la couronne, qu'un de ses prédécesseurs avait déjà obtenue. On sait en effet que le prince transylvain Etienne Báthori fut porté au trône par les Polonais. George II, qu'animait la confiance de la jeunesse, ne douta pas du succès. Il appela à lui les gentilshommes du pays, et leur distribua à l'avance les charges de sa nouvelle cour. Une armée de trente mille hommes, la plus belle qui soit jamais sortie de Transylvanie, le suivit en Pologne, malgré l'opposition que manifestaient les vieux conseillers élevés à l'école de son père.

Mais les secours qui lui avaient été promis n'arrivèrent pas. Son armée manqua de vivres, et fut décimée par la famine. Une troupe de Polonais vint le harceler et mettre du désordre dans la retraite. Enfin les Tatars de Crimée taillèrent les Hongrois en pièces dans une dernière affaire, où dix mille hommes furent pris et emmenés en captivité. George II rentra dans sa patrie à la tête d'une trentaine de domestiques.

Il trouva la Transylvanie en feu. Le Grand-Seigneur, qui n'avait pas consenti à cette guerre, avait envoyé ses cavaliers ravager le pays. Il donna ordre qu'on détrônât George II, et que la Diète désignât son successeur. Rákótzi ne tenta pas une résistance désespérée, et se retira dans les forteresses qu'il possédait en Hongrie. Cependant le nouveau prince n'avait pu rallier la noblesse transylvaine, qui voyait avec douleur peser la volonté des Turcs. Quelques gentilshommes entretinrent avec Rákótzi une correspondance secrète, et celui-ci, excité par ces sympathies, se montra de nouveau dans la province à la tête de quelques troupes levées en Hongrie. Le pacha de Bude accourut pour étouffer la révolte ; mais, surpris lui-même par Rákótzi dans les défilés des frontières, il fut contraint de prendre la fuite. George II envoya une ambassade au vizir, lui rendit les prisonniers qu'il avait faits, et demanda à recevoir de nouveau l'investiture de la Porte. La réponse du visir fut portée par quatre-vingt mille Tatars, qui passèrent les montagnes et ravagèrent tout le pays. Pour ne pas attirer sur la Transylvanie de plus grands malheurs, Rákótzi se retira une seconde fois.

Il s'attendait à se voir de nouveau sollicité par ses anciens sujets. Les Hongrois, et particulièrement les Sicules, étaient fort attachés à sa personne. Jeune, brave et aventureux, il était fait pour séduire une population belliqueuse, qui voyait en lui l'adversaire courageux du despotisme ottoman. Bien que la fortune lui eût été presque toujours contraire, il avait montré assez de talents pour mériter la confiance de ses soldats. Sa réputation militaire s'était répandue en Europe. Quelques années après ces événements, un gentilhomme transylvain, se trouvant à la cour de Louis XIV, y entendit le prince de Condé parler de George Rákótzi comme d'un grand capitaine.

Comptant avec raison sur le dévoûment des Transylvains, George II parut tout à coup au milieu d'eux, convoqua la Diète, et se fit décerner pour la seconde fois la dignité suprême; puis, se mettant en mesure de résister au Grand-Seigneur, il suscita en Valachie une révolte, qui brisa la domination turque. En même temps il chassa le prince de Moldavie, qui avait voulu rester fidèle au sultan, et mit à sa place un allié. Tout cela s'effectua avant que le visir eût le temps de réunir ses soldats. Quand son armée fut recomposée, il se lança à la poursuite de Rákótzi, qui n'avait que peu de monde, et fit un grand carnage de son infanterie. George II se réfugia dans les montagnes situées vers la Hongrie, attendant le moment où les Turcs prendraient leurs quartiers d'hiver. On le vit alors fondre sur Hermannstadt, où s'était enfermé son compétiteur, et pousser le siége de cette place. En même temps il entamait des négociations qui devaient amener la fin des hostilités. Il soutenait les Suédois, ses alliés en Pologne, et résistait à la fois aux Tatars et aux Impériaux, lesquels profitaient des troubles pour s'emparer des places des frontières. Contraint de faire face à tous, il marcha avec six mille hommes au devant du pacha de Bude, qui en amenait vingt-cinq mille, et le rencontra près de Gyalu. Rákótzi disposa habilement sa petite armée, et combattit avec son courage ordinaire. Mais il reçut à la tête trois blessures, dont la dernière le mit hors de combat. Emporté du champ de bataille par ses gardes, il fut conduit au château de Grand-Waradein, où il mourut au bout de quelques jours. Un de ses lieutenants, Jean Kemény, entreprit contre les Turcs une nouvelle lutte, dont nous donnerons plus loin les détails.

La maison de Rákótzi joua un rôle important dans l'histoire de la Hongrie. Dans ce pays aristocratique, où les grands marchaient presque à l'égal du souverain, le prestige attaché aux familles puissantes était immense. Les Rákótzi possédaient en Hongrie plusieurs châteaux fortifiés, et avaient des troupes à leur solde. Aussi leur nom se trouve-t-il mêlé à tous les grands événements qui s'accomplissent dans le pays. Nous venons de raconter la vie de George II. La mémoire de son petit-fils, François Rákótzi, est restée attachée au village de Zsibó, qui est peu éloigné de Gyalu.

Lorsque la Hongrie, en 1526, et la Transylvanie, en 1698, se donnèrent à l'Autriche, en choisissant des empereurs pour souverains, elles entendirent garder leur nationalité. Il fut convenu que ces mêmes princes, qui régnaient en maîtres sur l'Autriche et sur la Bohême, gouverneraient la Hongrie et la Transylvanie avec le concours des Diètes. Mais il arriva que les empereurs oublièrent leurs serments et foulèrent aux pieds les libertés des Hongrois. Ceux-ci, poussés à bout, prenaient les armes et s'insurgeaient. Les mécontents étaient toujours soutenus par la Porte ou par la France, qui ne manquaient pas de susciter cet embarras à l'Autriche. Le pays fut ainsi déchiré par des troubles jusqu'à ce que Marie-Thérèse, faisant appel, dans un moment désespéré, à la générosité des Hongrois, leur eut inspiré des sentiments de fidélité qui ne se sont pas démentis.

La plus importante de ces révoltes fut provoquée par François Rákótzi. Elle éclata en 1703 et dura jusqu'en 1710. Plus d'une fois l'Autriche se sentit menacée du plus grand danger. Plus d'une fois les bourgeois de Vienne virent les cavaliers hongrois brûler leurs faubourgs. Rákótzi eut jusqu'à quatre-vingt mille hommes parfaitement armés et équipés. Il reçut des secours de la Pologne, du tzar Pierre, et surtout de Louis XIV, qui lui envoya des officiers de toutes armes. Mais le désordre inséparable d'une insurrection compromit trop souvent ses opérations. Il avait à compter avec l'esprit inquiet d'une nation mobile, qui commettait les fautes des confédérés gaulois au temps de César. « En lisant les commentaires de ce grand capitaine, écrit quelque part Rákótzi, j'ai retrouvé le génie des Gaulois dans les Hongrois ; ce génie raisonneur dans ceux-ci comme dans ceux-là. » La défection, les maladies, affaiblirent ses troupes. Louis XIV, à qui l'Autriche déclara la guerre en 1709 à cause des subsides accordés aux Hongrois, négligea dans la suite de profiter de la diversion opérée par les révoltés, et à l'aide de laquelle il pouvait renverser la maison de Hapsbourg. La défaite des Français et la retraite de l'électeur de Bavière, que Rákótzi comptait rejoindre en Allemagne, ôtèrent aux insurgés tout espoir de secours. Aussi un profond découragement s'empara-t-il à la longue de la nation, qui s'épuisait inutilement. La Hongrie resta sous la domination de l'Autriche. Ceux des insurgés qui ne se fièrent pas à l'amnistie de l'empereur furent conduits par Rákótzi en France et formèrent nos premiers régiments de hussards. On félicitait un jour Louis XIV sur les succès obtenus par l'armée française, laquelle comptait dans ses rangs bon nombre de soldats hongrois et irlandais. « Dites plutôt, répliqua-t-il, l'armée de la France. »

Les révoltés perdirent la plupart des batailles rangées qu'ils livrèrent aux Impériaux. Leurs bandes étaient composées de volontaires intrépides, il est vrai, mais indisciplinés, et ils combattaient de vieux soldats qui avaient fait la guerre contre les Français. La bataille de Zsibó (1705), qui fut si funeste à la cause des révoltés, est une des actions les plus importantes qui s'engagèrent dans cette guerre. Rákótzi était entré en Transylvanie pour y recevoir la couronne, que lui offraient les Etats. Serré de près par le comte d'Herbeville, qui commandait les Impériaux, il se retrancha à Zsibó. Il rangea son armée en bataille, plaçant à sa gauche les volontaires hongrois, et à sa droite un corps des grenadiers français, commandés par le marquis Désalleurs, lieutenant général des armées de Louis XIV. Dans cette disposition il attendit l'ennemi, qui, s'élançant sur l'aile gauche, la mit en désordre. La confusion gagna la cavalerie des révoltés, qui fit un mouvement de retraite. Les grenadiers français, sur lesquels allait tomber tout le poids de la bataille, furent ramenés en bon ordre, et la victoire resta aux Impériaux. La déroute de Zsibó coûta peu de monde aux Hongrois, mais elle les força d'abandonner la Transylvanie, que Rákótzi espérait enlever à l'ennemi. Il comptait si bien sur le succès, qu'il avait convoqué la Diète à Fejérvár, et ordonné les préparatifs nécessaires pour les fêtes et la cérémonie de l'inauguration. Une partie de ses bagages tomba au pouvoir des Impériaux, et la tradition ajoute que les soldats allemands burent à la santé du prince le tokai destiné à ses invités.

Zsibó est le domaine d'un homme remarquable, et dont nos journaux, qui ne se préoccupent pas assez du dehors, ont cependant prononcé le nom. Je veux parler du baron Nicolas Wesselényi.

Issu de l'une des plus anciennes familles de Hongrie, il compte parmi ses ancêtres le palatin Wesselényi, qui défendit énergiquement les priviléges de la noblesse contre les prétentions de l'empereur Léopold, et qui aurait porté sa tête sur l'échafaud s'il n'eût trouvé un asyle en Transylvanie. Son propre père soutint un jour dans son château les attaques d'un détachement de dragons envoyés contre lui par Joseph II. Imbu des traditions de sa famille, qui lui apprenaient qu'un homme de sa race « ne connaît pas la peur », Wesselényi fut élevé en Spartiate, tandis qu'une mère vénérée ouvrait son cœur aux sentiments de justice et de bonté.

Sa naissance l'appelait à prendre part aux affaires publiques. Lorsqu'il parut sur la scène politique, les idées libérales commençaient à agir sur les esprits. On comparait les lois existantes aux besoins actuels de la société, et on sentait la nécessité de faire entrer le gouvernement autrichien dans une voie plus large. Wesselényi réveille ceux qu'un long assoupissement enchaînait dans le repos; il encourage ceux qui déjà lèvent la tête. Dès 1819 il parle dans les assemblées générales de comitat, et réclame, au nom de la loi du pays, la convocation d'une Diète. On savait que la cour de Vienne manifestait l'intention de promulguer un code *urbarial* sans le concours des Etats. L'attitude de l'opposition, qui fut dès lors constituée et organisée, força le gouvernement de respecter la constitution, et les coups d'état ne furent plus à redouter.

En 1825 Wesselényi assiste aux travaux de la Diète de Presbourg, qui consacra le réveil de l'esprit public en Hongrie. Il est membre de la Diète de 1830, qui vit le parti libéral gagner du terrain. La révolution de Juillet, qui eut un tel retentissement en Europe, arrive à point pour enflammer les esprits. Dans l'assemblée du comitat de Kolos, laquelle eut toute l'importance d'une Diète, Wesselényi en appelle au sentiment national, et déclare que le temps d'agir est venu. Pour avoir le droit de prendre la parole dans chaque « congrégation », il achète des terres dans chaque comitat, et quand sa fortune ne suffit plus à ce sacrifice, des souscriptions nationales s'ouvrent qui, le rendant partout propriétaire (1), lui donnent partout le caractère exigé par la loi. La Transylvanie devient pour Wesselényi un auditoire attentif et passionné. Il parcourt en agitateur tout le pays, comme depuis O'Connell a parcouru l'Irlande. Les assemblées des comitats se réunissent à son passage ; il les échauffe par cette éloquence entraînante qui semble familière aux Hongrois. Type de l'orateur populaire, il a la parole vibrante, l'œil ardent, le geste animé ; et, avant qu'il ait prononcé un mot, par sa mâle attitude il communique à la foule ce courage qui le possède et qu'accuse l'énergie de son profil asiatique.

L'enthousiasme, qui était au comble, éclatait surtout chez les Sicules. Si Wesselényi eut dit une parole, ils s'insurgeaient et s'exposaient à tout pour lui. En apprenant ce mouvement, qui se propagea avec la rapidité

---

(1) Le fruit de ces souscriptions a servi depuis à fonder des écoles de villages.

de la marée qui monte, le cabinet de Vienne prit l'alarme. Depuis vingt ans il se refusait à convoquer la Diète, bien qu'aux termes de la constitution les Etats doivent se réunir chaque année. Il avait espéré que les Transylvains perdraient le goût des discussions publiques, comme on abandonne un usage tombé. Il comprit cette fois qu'il y aurait péril à braver l'irritation populaire, et en 1834 les comitats furent invités à envoyer des députés à l'assemblée nationale. En même temps, et comme pour ôter à cette mesure l'apparence d'une concession, il confia les fonctions de commissaire royal près de la Diète au frère du duc de Modène, à l'archiduc Ferdinand d'Este, homme honnête et loyal, mais étranger aux pratiques du gouvernement constitutionnel, et habitué à commander à des soldats.

Comme on devait s'y attendre, les élections avaient été fort libérales. Les premières séances montrèrent tout d'abord l'abyme qui séparait le gouvernement de la Diète. Chaque question soulevait un orage, et l'émotion générale se manifestait avec d'autant plus de vivacité, que la cour se montrait peu disposée à céder. On put prévoir à coup sûr l'issue de cette Diète. Il était évident que le torrent des passions populaires, trop long-temps comprimé, suivrait fatalement son cours jusqu'à ce qu'il se brisât contre quelque formidable écueil.

Pour associer le pays à ses débats, la Diète avait demandé qu'un journal spécial publiât ses séances. Le gouvernement s'y opposa. Ce refus était d'une haute importance, car il était nécessaire que l'esprit public fût tenu constamment en éveil, afin que la Diète figurât non une sentinelle perdue, mais l'avant-garde d'une nation. Wesselényi improvise une presse lithographique. Un jour il entre dans la salle et jette sur la table une liasse de papiers : c'étaient les séances qu'il avait imprimées de sa main. Attaqué pour ce fait, il demande protection aux comitats. Un conflit sérieux paraît imminent entre la Diète et l'autorité. Les deux parties comprennent qu'en marchant toujours en sens opposé, ils ont l'un et l'autre franchi les dernières limites. C'est le moment que le gouvernement choisit pour frapper un grand coup. On annonce subitement au nom du roi que la Diète est désormais dissoute, que la constitution est suspendue, et que l'archiduc Ferdinand d'Este est nommé gouverneur absolu de tout le pays.

Cette nouvelle fut accueillie avec indignation. Dans le tumulte qui éclata, des paroles hardies furent prononcées, et un député tira son sabre. Par bonheur, la prudence des modérés l'emporta. En se retirant, les membres de la Diète purent voir les régiments en bataille qui cernaient le palais. Toutefois la victoire ne devait pas rester à l'Autriche. L'archiduc trouva en Transylvanie une résistance incroyable. Il expédiait aux comitats des ordres qui lui étaient renvoyées comme inconstitutionnels. Les seigneurs qui remplissaient les emplois donnèrent leur démission. La machine administrative s'arrêtait d'elle-même. Cette énergie inattendue que déployait audacieusement un petit pays inspira à la cour de Vienne des idées de modération. De leur côté, les libéraux, dont quelques uns avaient pensé à prendre en main l'épée de Rákótzi, comprirent qu'il n'y avait d'espoir pour eux qu'en restant sur un terrain légal ; et les Diètes de 1838 et de 1841, en prouvant d'une part que le cabinet autrichien était forcé de compter avec le sentiment national, ont montré de l'autre que l'expérience a porté ses fruits.

Les ennemis de Wesselényi lui ont reproché son impétuosité. Sans doute, si la perfection était un bien terrestre, il eût pu demander à la nature un peu plus de prudence. Mais il nous semble qu'on a mauvaise grâce à accuser de témérité un homme qui assumait sur sa tête la plus grande part du danger. D'ailleurs il n'eût pas fidèlement représenté son pays s'il n'eût mis dans ses paroles quelque peu de cet emportement qui s'était emparé des cœurs. L'excès même de son ardeur, qui entraîna ses partisans, établit entre les deux camps une ligne de démarcation profonde : amis et ennemis purent se compter dès les premiers instants de la lutte ; les demi-positions devinrent impossibles, ce qui n'était pas un médiocre avantage pour le parti libéral. Enfin, et ceci ne saurait trop se répéter, Wesselényi a imprimé au mouvement qu'il a dirigé un noble élan, un caractère de générosité qui n'est pas près de disparaître.

Ce dévoûment dont il a fait preuve durant sa vie politique, il le portait dans les moindres actions de sa vie, et il en a donné un beau témoignage à Pesth pendant l'inondation de 1838, où on le vit sauver des familles entières au péril de ses jours. C'est avec une noble sérénité qu'il a supporté les condamnations qui l'ont poursuivi. Proscrit pendant plusieurs années, brisé par les douleurs morales et physiques, il a pu à la longue rentrer dans sa patrie; et c'est à elle encore que, vieilli par la souffrance, et un pied déjà dans la tombe, comme il le dit lui-même, il consacre ses derniers vœux et ses dernières pensées.

CHAPITRE IV.

Clausenbourg.

Clausenbourg (1), capitale de la Transylvanie, est une jolie et aristocratique petite ville de vingt mille habitants, avec des rues droites formées de maisons blanches et élégantes. La noblesse transylvaine y réside pendant l'hiver, et chaque famille y a son hôtel. Aussi les constrastes que l'on rencontre perpétuellement en Transylvanie sont-ils là plus frappants qu'ailleurs. Il n'est pas rare de voir un équipage armorié attendre patiemment, au détour d'une rue, qu'un troupeau de buffles qui rentre des champs soit passé. Du reste on y est fort gai, et l'on y danse beaucoup.

Les femmes se sont associées et ont fondé un salon littéraire : la moitié des ouvrages sont français, le reste est allemand ou hongrois. Les hommes se réunissent au Casino. La rage des Casinos est poussée à l'excès en Transylvanie. Il y a de petites villes qui en possèdent deux, et même trois. Je sais un village où quatre dignes gentilshommes, las de se visiter patriarcalement l'un l'autre, ont un jour inventé une chambre garnie

---

(1) En hongrois Kolosvár.

d'une table et de porte-pipes qu'ils appellent « le Casino ». Ils y fument continuellement sous prétexte de lire les journaux. Ces sortes d'établissements, nécessaires dans une ville, centre d'un grand mouvement littéraire ou politique, ne sont pas ici très utiles, et ils ont le tort de diviser la société. Les réunions intimes, qui rendent la petite ville agréable, disparaissent. En Transylvanie les femmes sont généralement fort distinguées. J'ignore pourquoi l'on ne recherche pas de préférence leur compagnie. Le gentilhomme vivant ici sur ses terres, et les exploitant lui-même, se place déjà, par ses goûts et ses occupations, sur un terrain à part; peut-être devrait-il plutôt se rapprocher du foyer. C'est seulement dans la société des femmes que l'on peut acquérir cette aisance de manières, cette élégance de formes, que possèdent si bien les vieux seigneurs transylvains. Encore je ne parle ici que des moindres inconvénients.

Les divorces, que l'on tolère parmi les protestants, sont à peu près aussi fréquents dans ce pays qu'ils l'étaient en France sous l'empire. Cela est au reste parfaitement passé dans les mœurs. On redevient étranger, mais on n'est pas ennemi. On se voit, on se fait des politesses après le divorce comme avant le mariage, et presque toujours on s'entend à merveille pour l'éducation des enfants. Si on dégage le divorce des réflexions graves qu'il fait naître, et à l'envisager, une fois admis, sous le côté le moins sérieux, il donne là à certaines réunions quelque chose de piquant, et anime d'une expression nouvelle des physionomies d'ailleurs très vives et toutes françaises.

Il doit y avoir au milieu de chaque bonne ville hongroise une grande et belle place. Sur la place de Clausenbourg est une église du 15e siècle, bâtie par le roi Sigismond, et malheureusement écrasée par de vilaines bâtisses, et un corps de garde autrichien orné de canons. Commencée en 1404, elle fut achevée en 1432. L'intérieur a été décoré au siècle dernier. Il ne reste du temps qu'un vieux banc de bois ouvragé jeté dans un coin, et la porte de la sacristie, qui est dans le goût de la renaissance. De chaque côté de cette porte montent des enfants qui soutiennent des globes et des clepsydres. Au dessus, entre des fleurs et des feuillages, au milieu d'enfants qui roulent des grenades, sortent soudain du mur une tête et deux mains étendues, sculptées avec un fini remarquable. Sur la porte, qui est recouverte en fer, on lit cette date :

1554.

Contre l'usage ordinaire, Clausenbourg est garnie d'épaisses murailles qui forment une ceinture autour de la ville. Çà et là, les maisons ont débordé et s'élèvent de chaque côté de l'enceinte; mais on passe encore sous des portes surmontées de tours carrées. Les Hongrois, au moyen âge, n'élevaient jamais de murs; alors, comme aujourd'hui, leurs villes étaient ouvertes, aérées, non pavées. Si Clausenbourg a l'aspect de nos vieilles villes de l'Occident, grâce à ses portes et à ses murailles, c'est qu'elle a été rebâtie par les colons allemands qui habitent de nos jours le midi de la Transylvanie. Nous disons que cette ville fut rebâtie, et non fondée, car il est certain que là s'élevait une colonie romaine. En creusant le sol, on a trouvé une foule de débris qui ne laissent pas de doute à cet égard. Les restes de constructions antiques étaient encore assez abondants en 1405, époque à laquelle furent commencées les murailles, pour qu'on se servît, comme de matériaux, de pierres couvertes d'inscriptions romaines. On peut lire aujourd'hui ces inscriptions entre celles que les Hongrois ont gravées sur les murs en souvenir de certains faits qui se rattachent à l'histoire de la ville.

On a tout lieu de croire que le nom de cette colonie était *Napocensis colonia* (1), car il se retrouve sur la plupart des pierres qui ont été découvertes et retirées du sol. Suivant la tradition, les soldats romains appelaient vulgairement cette ville *Clusa*, à cause des

---

(1) Pandectes, liv. L, tit. XV, *De censibus*, § 8 et 9.

Telle est l'opinion d'un archéologue transylvain, M. Kovács de Nagy Ajta, qui a étudié toutes les inscriptions qui subsistent et dont la parole fait autorité. M. Kovács, avec le secours d'un autre antiquaire distingué, le comte Joseph Kemény, est parvenu à écrire une histoire critique de son pays d'après des

défilés qui la séparaient de la Pannonie, et dans lesquels les légions impériales éprouvèrent de sanglantes défaites. Ce qu'il y a de certain, c'est que les Valaques donnent à cette capitale le nom de *Clus*, qui paraît dériver de la dénomination latine. Les Hongrois, quand ils envahirent ces contrées, l'appelèrent *Kolus*, car leur langue ne supporte pas le rapprochement trop dur des consonnes; puis *Kolos*, et enfin *Kolosvár*, cette dernière syllabe indiquant que la place était fortifiée. La tradition ajoute qu'après la ruine de *Napocensis colonia*, les habitants transportèrent leurs pénates dans un lieu voisin, auquel ils donnèrent le nom vulgaire de leur ville, et que les Hongrois désignent encore par l'appellation de Kolos.

La cité romaine s'étendait sur l'emplacement qu'on appelle aujourd'hui *O'Vár*, « le vieux fort », parce que, dit-on, les légions y résidaient. Ce qui dut engager les anciens habitants du pays à élever une ville dans ce lieu, c'est l'extrême fertilité du sol qui l'entoure. Clausenbourg est située dans une riche vallée, qui produit

---

sources originales. Cet ouvrage, qui était destiné à combler une lacune importante, n'a pas vu le jour : le premier volume a seul paru. La censure a empêché l'impression des volumes suivants, qui auraient jeté la lumière sur une époque trop peu connue de l'histoire de Transylvanie, la période des princes nationaux.

en abondance d'excellents grains. Les historiens ont consacré le souvenir de la mémorable année 1583, où cinq *köböl* (12 hectolitres) de blé valurent cinquante kreutzers hongrois (1), et où quatre-vingt-dix bouteilles de vin se vendirent deux florins (2). Aussi cette capitale était-elle appelée *kincses Kolosvár*, « la riche Clausenbourg ». Malheureusement de nombreux incendies, et surtout les fléaux de la guerre, arrêtèrent l'essor de la population. Dans l'espace de deux ans les habitants de Clausenbourg durent payer 168,000 thalers aux Turcs. Une autre fois le général Basta, qui combattait pour l'empereur, leur enlevait cent mille florins. A force de payer tribut, la riche capitale perdit son surnom. Elle a toutefois gardé quelque mérite suivant de certains amateurs, et, pour rendre cette ville intéressante aux yeux de ceux que les antiquités touchent peu, nous dirons que le pain y est excellent, et que la choucroute de Clausenbourg, *Kolosvári káposzta*, a une réputation méritée.

La ville contient quelques vieux bâtiments qui montrent quelle fut dans l'origine sa physionomie. On a récemment abattu la maison du sénat, dont la façade était décorée de vénérables peintures allégoriques. De toutes les portes fortifiées qui défendaient l'entrée de Clausen-

(1) 2 fr. 59 cent.
(2) 5 fr. 18 cent.

bourg, la plus curieuse est la Tour du Pont, qui fait face à la Szamos. Elle est intacte. Massive, noire, et encore garnie des fortes chaînes qui barraient le passage, la Tour du Pont a conservé le caractère d'une époque qui est déjà loin de nous, et dont on retrouve peu de souvenirs dans les villes hongroises.

Un pont de bois d'un effet pittoresque sépare la capitale d'une colline hérissée de rochers. Là, parmi des troupeaux de chiens à demi-sauvages, qui montrent les dents au visiteur indiscret, réside une colonie de *Gitanos* redoutés. Hommes et animaux habitent dans le creux des rochers, sous des huttes qu'on prendrait pour des tentes. En traversant cette colline inhospitalière, on se croit dans la cour des miracles, et il semble qu'on reconnaisse ces hommes déguenillés, à l'air fripon, insouciant et rusé, dont on a lu si souvent la description. Quand il leur plaît d'avoir un métier, ils sont charrons, maréchaux ou maçons.

Ceux qui, entre les *Gitanos*, forment l'aristocratie, — car où n'y en a-t-il pas? — ont soin de se loger à l'autre extrémité de la ville. Ils occupent deux cents maisons qui longent les remparts, et sont presque tous musiciens. Ils se réunissent par bandes, où ne sont admis que ceux qui ont fait preuve de talent, et vont se faire entendre de côté et d'autre. Au retour ils se partagent la recette, et il arrive quelquefois que le lot de chacun de ces artistes ambulants monte à une somme considérable. L'un d'eux m'assura avoir eu un jour pour sa part plus de six mille francs. Il calculait sans doute qu'en tenant compte du besoin d'exagérer particulier à sa nation, je pouvais approximativement trouver le chiffre demandé. C'était un moyen nouveau de répondre à mes questions.

Séparé du reste des habitants, cette tribu indienne, qui est d'ailleurs soumise à l'administration du comitat, se choisit tous les deux ans un vayvode particulier. Celui-ci, dont l'élection est déterminée par la majorité des suffrages, exerce sur les autres une sorte d'autorité paternelle, et se charge de certains devoirs qu'il peut plus facilement remplir que les magistrats royaux. Il est tenu, par exemple, d'apaiser les querelles qui s'élèvent entre ses compatriotes. Je présume qu'il a beaucoup à faire.

J'allai voir la maison de l'un des plus riches *Gitanos* de Clausenbourg. Le maître du logis, qui se nommait Móti, passait pour le premier artiste de la contrée. Prévenu de ma visite, il était venu m'attendre à ma porte en grande tenue, c'est-à-dire son violon sous le bras. Il me conduisit avec une respectueuse dignité vers son habitation, et je fus reçu à l'entrée par sa femme, brave ménagère dont le visage basané se cachait sous les plis d'un mouchoir blanc. Ses filles, qui avaient adopté pour coiffure le mouchoir à raies écarlates, me parurent jolies; et, après avoir avancé rapidement la tête et jeté un vif regard dans la direction de l'étranger qui entrait, elles disparurent derrière une porte.

Maître Móti habitait une maison d'une propreté exemplaire. La première pièce renfermait de respectables ustensiles de ménage, des quenouilles, des fuseaux, des vases de cuisine ; et dans une immense terrine était contenue une grande quantité d'excellente crème. Entre les ornements de la chambre que je décorerai du nom de salon, car il n'y avait rien là qui rappelât la tente du vagabond, je ne vis pas sans étonnement une statue de Napoléon, et une autre du duc de Reichstadt. Les murs étaient couverts de plats d'étain qui brillaient comme l'argent. Le portrait de Móti jouant du violon, et des sujets mythologiques, se trouvaient mêlés à des tableaux de piété : car le virtuose professait, comme tous ses confrères de Clausenbourg, la religion catholique. Il ne manqua pas de me faire cette observation avec un certain air d'importance, attendu qu'il se trouvait coreligionnaire de S. M. l'empereur d'Autriche, grand prince de Transylvanie. Les *Gitanos*, en effet, ont les goûts fort aristocratiques, et maître Móti, en nommant les seigneurs qui, suivant son expression, encouragent les arts, parlait d'eux avec une reconnaissance mêlée de familiarité.

Bien qu'il parût fort touché de ma visite, principalement à cause de la personne qui m'accompagnait, il avait l'air quelque peu désappointé. Nous n'eûmes pas de peine à connaître la cause de son demi-chagrin, et il s'empressa de nous dire, dès la première question, qu'il s'était attendu à nous voir venir en voiture. Deux chevaux arrêtés devant sa porte auraient produit un bon effet, disait-il. Je crois même que le simple fiacre eût comblé tous ses vœux. A quoi tient souvent le bonheur d'un homme ! Je consolai de mon mieux le grand virtuose en applaudissant son talent, et en lui faisant part du vif intérêt que m'inspiraient ses honorables confrères. Il me conduisit chez plusieurs d'entre eux, après toutefois les avoir fait avertir, afin qu'ils eussent le temps d'endosser la veste à la hussarde galonnée d'or qu'ils portent aux jours de gala. Tous me parurent avoir de l'aisance, et n'était ce type particulier qu'ils n'ont pas perdu, on eût pu se demander quels rapports existaient entre eux et les Clopins Trouillefoux qui peuplent le faubourg.

Clausenbourg, qui a déjà l'aspect d'une jolie ville, sera encore prochainement embellie. Une charmante promenade qui s'étend vers la Szamos a déjà été ouverte au public. On compte élever en outre des hospices, un musée, un théâtre. L'érection d'un théâtre ne répond pas seulement à un besoin de distraction et de plaisir ; c'est un fait qui a sa gravité. Il importe aux Hongrois d'assurer la suprématie de l'idiome national. On traduit en langue magyare la plupart de nos pièces, et, dans la salle qui a servi jusqu'à ce jour, j'ai vu représenter le

Verre d'eau de M. Scribe : Masham avait un bel uniforme de hussard. Ajoutons, ce qui n'est pas le moins curieux de tous ces détails, que trois journaux hongrois paraissent à Clausenbourg : *le Nouvelliste de Transylvanie*, lequel a des allures fort libérales, *le Passé et le présent*, et *le Journal du dimanche*.

On compte également bâtir un palais pour la Diète, l'édifice où l'assemblée nationale tient aujourd'hui ses séances étant peu digne de sa destination. Il est probable que ce dernier projet sera, le premier de tous, mis à exécution : car les Hongrois de la Transylvanie, comme ceux de la Hongrie, sont très attachés à leur Diète. Ils sont très jaloux de leur indépendance, de leurs priviléges, de tout ce qui constitue leur nationalité, et fait d'eux un peuple à part dans la monarchie autrichienne.

La nouvelle de la convocation de la Diète est toujours accueillie avec enthousiasme. C'est une fête générale. On échange des paroles de félicitation, d'espérance. Les séances s'ouvrent au milieu d'unanimes applaudissements. Lorsqu'on salue l'arrivée d'un membre, ou quand on approuve son discours, on frappe la garde du sabre contre le fourreau en tirant un peu l'arme à plusieurs reprises, et en la rentrant avec vivacité. On applaudit encore avec la voix en poussant non des cris isolés, mais un seul mot, *élyen*, vivat ! que tous lancent ensemble et une seule fois. Proféré avec force par trois cents bouches, au milieu du cliquetis des sabres, ce mot, qui passe comme le tonnerre, est d'un puissant effet ; et l'entraînement général est tel, que les tribunes elles-mêmes s'agitent, bien que les règlements obligent à garder le silence quiconque n'est pas membre de la Diète. Les jeunes gens assistent en armes aux séances, et les femmes, qui ont des places réservées, y accourent avec empressement. Je me trouvai dans la salle un jour que le gouverneur présidait. Comme plusieurs députés impatients le priaient d'ouvrir la séance, « Attendons encore, répliqua-t-il en souriant ; la comtesse *** n'est pas ici. » Cela voulait dire que l'heure n'était pas venue.

Il est ici question des Etats de 1841, à l'ouverture desquels j'assistai. On comptait beaucoup sur cette Diète, qui s'ouvrait sous d'heureux auspices, et qui en effet réalisa en partie les espérances que l'on avait conçues. Aussi les fêtes, les joyeuses réunions, se succédaient-elles. Le bal le plus brillant eut lieu chez le baron Jósika, commissaire royal, c'est-à-dire représentant du prince auprès de la Diète. On y vint en habit hongrois. Ce costume, qui appartient à un peuple de soldats, puisqu'il serre le corps et n'est pas complet sans le sabre, est en même temps d'une magnificence orientale. Avec le bonnet de fourrure garni de velours rouge (*kalpag*), les Hongrois portent une courte redingote (*attila*) boutonnée par des brandebourgs d'or, un étroit pantalon galonné et des bottines à frange d'or. Une riche pelisse (*bunda*) brodée d'or ou une peau de tigre pend sur le

AIR BOHÉMIEN.

Vach--tri dou--i ka--le yak--ha
Mik--lyom mou--za gou--lya dâ. Ke--haz gou--le
tha--i--ka--lé O--da man--gué kam--pi--lé.

2.

Machim pouka mouï parnô
Khalyoum dousta lajavô
Kehaz parnô thaï goulo ⎫
Oda mangué kampilo.   ⎬ bis.
                       ⎭

1.

Pour tes deux yeux noirs
J'ai laissé ma douce mère,
Car ils m'étaient doux et chers
Et ils m'ont plu.

2.

Pour une petite figure blanche
J'ai souffert assez de honte,
Car elle était blanche et aimable
Et elle m'a plu.

côté gauche, et le sabre, recourbé comme celui des Turcs, est enrichi de pierreries. Le caractère belliqueux et l'origine orientale des Hongrois se trahissent dans ce vêtement, qui est à la fois leste et splendide. Il n'a pas changé depuis mille ans que les Magyars se sont fixés en Europe, et il était connu de temps immémorial en Asie. On remarquera en effet que ce costume, tel que nous l'avons décrit, a quelque rapport avec celui que porte Priam, dans la mosaïque du 2e siècle que nous donnons plus loin.

L'habillement de la femme n'est pas moins significatif. Elle couvre de perles son corsage; elle brode d'or le voile qu'elle attache par des agrafes de diamant à sa coiffe de velours, et à sa ceinture d'antiques bijoux. Mais le petit tablier de dentelles, et la gaze qui apparaît au haut du bras, pour figurer les manches relevées de la chemise, indiquent assez que c'est à elle à déployer de l'activité et à faire prospérer la maison pendant que son mari fait la guerre. Ces costumes sont aussi variés qu'éclatants, car chacun choisit ses couleurs. Les bottines, par exemple, ne sont pas seulement noires, mais jaunes, bleues, vertes et rouges. On peut facilement s'imaginer quel coup d'œil magnifique offrait cette brillante réunion d'hommes et de femmes ainsi parés, appartenant à une race que la nature a douée d'une mâle beauté, et exécutant au son d'une musique vive et accentuée d'expressives danses nationales.

Nous parlions tout à l'heure de l'ardeur patriotique des femmes de Transylvanie. Nous aimons à signaler leurs généreux efforts, et nous dirons qu'elles sont parvenues à fonder à Clausenbourg cinq écoles primaires. Madame la baronne Jósika, qui se préoccupe beaucoup du bien public, a créé pour sa part une école, où sont admis les enfants de toutes religions. Nous ne savons si les idées de fusion que cette tentative appelle seront acceptées bientôt : toujours est-il que l'on compte présentement autant de colléges que de cultes.

Celui des catholiques fut fondé en 1581 par le prince Etienne Báthori, avec l'assentiment du pape Grégoire XIII, et confié d'abord aux Jésuites. Les élèves, qui sont fort nombreux, y restent douze ans s'ils veulent faire des études complètes. La plupart des professeurs sont ecclésiastiques. Ce collége, comme tous ceux qui appartiennent aux catholiques, est placé sous l'autorité de l'évêque de Carlsbourg. Il tire des subsides de la caisse provinciale, formée des contributions du pays, et perçoit en outre sur la ville de Clausenbourg une part de certaines dîmes, que Gabriel Báthori avait d'abord affectées en totalité au collége calviniste.

Celui-ci est dû au prince Bethlen, qui marqua son règne par d'éclatants services, et fit don au collége d'une rente de seize mille quintaux de sel. Cela représentait trente-deux mille kreutzers ou six cent quarante florins hongrois : chaque florin pouvant être évalué à environ deux livres et demie. Près de cinq cents élèves sont admis dans cette institution. Les cours durent quatorze ans et sont confiés à quatorze professeurs. L'enseignement est divisé en deux parties. Durant les huit premières années, c'est-à-dire dans ce qu'on appelle le gymnase, on suit des cours de langue, d'histoire, etc., analogues à ceux de nos lycées; le reste du temps, dans le collége proprement dit, on étudie les mathématiques, la philosophie, la théologie et le droit. Plusieurs donations ont été faites à cet établissement par les seigneurs transylvains; et l'on montre une bibliothèque choisie, présent du comte Emeric Teleki. Je remarquai, en visitant ce collége, un trait des mœurs nationales assez curieux pour être cité. Ayant été introduit dans la classe de physique au moment où la leçon finissait, je vis la plupart des élèves battre le briquet, allumer leurs pipes et sortir de la salle en fumant.

Il y a à Clausenbourg un collége unitaire, le seul qui existe sur le continent. Il fut créé par le prince Jean Sigismond, qui régna sur la Transylvanie de 1559 à 1571, et qui avait embrassé le socinisme. D'abord florissant et nombreux, ce collége perdit de son importance à mesure que le socinisme perdit ses partisans. Léopold et Charles VI lui enlevèrent ses richesses, et le peu de bien qu'il possède aujourd'hui — une centaine de mille francs, je crois — provient de dons faits par des particuliers. On parvient cependant à donner accès à deux cents élèves, qui presque tous sont logés dans l'établissement. Quatre professeurs, qui remplissent tour à tour les fonctions de proviseur, se partagent les cours, et forment, avec trois inspecteurs choisis dans le consistoire, le « directoire » ou comité de surveillance.

On comprend que les professeurs, dont le nombre est forcément restreint, ne peuvent suffire à leurs devoirs qu'à force d'activité, et je doute que l'homme le plus hostile à leurs croyances leur refuse sa sympathie. Les élèves font dix ans d'étude, après quoi ils peuvent suivre un cours de théologie, qui dure trois années. Malgré les obstacles qui devraient arrêter son essor, ce collége répond à tous les besoins. Dernièrement encore on y a créé une chaire de droit, et un cabinet de physique s'organise en ce moment par les soins d'un professeur instruit et plein de zèle, M. Samuel Brassai. Dans la bibliothèque, je trouvai quelques livres français, et entre autres une collection complète de l'ancien *Moniteur*.

Les sociniens de Transylvanie ont tenté de se mettre en rapport avec leurs coreligionnaires d'Angleterre. Mais le gouvernement autrichien n'a pas toléré ces relations, bien que le culte unitaire soit une des quatre communions admises par la constitution du pays; et les ballots de livres qu'on avait expédiés de Londres ont été arrêtés à Vienne. Au siècle dernier, ceux d'entre les sociniens qui étaient d'origine polonaise avaient encore une église particulière : le prêtre, revêtu du costume national, prêchait en polonais. Quand une querelle surgissait parmi eux, celui qui avait offensé l'autre devait lui faire, dans l'église même, des excuses publiques. S'il s'y refusait, il était forcé d'abandonner l'église polonaise, et il passait dans celle des Hongrois. Avant peu, écrivait malignement un auteur contemporain, nos Polonais auront disparu. La prédiction s'est accomplie.

Clausenbourg renferme encore une église gothique, assez bien conservée, qui est affectée au culte réformé. Les murs sont tapissés d'armoiries appartenant aux premières familles du pays, et de vieilles bannières ont trouvé place sous les voûtes. Une autre église, de construction beaucoup plus moderne, et qui est due aux Jésuites, n'aurait rien de remarquable si elle ne contenait une image miraculeuse, qui est venue à propos lui donner de la célébrité. Les révérends pères ont publié eux-mêmes, en hongrois, un intéressant petit livre, dont une nouvelle édition a été dernièrement imprimée, et où est retracée l'histoire du merveilleux tableau. Nous leur laissons toute la responsabilité des détails qui suivent.

A l'époque où la Transylvanie était favorisée du Ciel, et quand les Jésuites dominaient dans le pays, on voyait à Carlsbourg, à Fagaras, à Hermannstadt, et ailleurs, des madones qui suaient ou qui pleuraient. Ces miracles s'accomplissaient devant une foule de peuple. Mais, la

Transylvanie étant devenue la proie de l'enfer, et les Jésuites ayant été expulsés, les images furent sourdes aux prières, et témoignèrent de leur mécontentement par une complète insensibilité. Les choses restèrent dans cet état tant que dura le gouvernement des princes protestants; mais on put espérer que les miracles refleuriraient lorsqu'en 1698 la Transylvanie se donna à l'empereur. Les Jésuites étaient accourus à la suite des armées autrichiennes.

Cet espoir fut réalisé dès l'année suivante. En 1699, (le Ciel n'attendait qu'un prétexte pour répandre de nouveau ses faveurs), quelques soldats du régiment impérial de Hohenzoller, cantonnés au village de Szent Miklós (1), près de Clausenbourg, se trouvant un jour à l'église, virent avec stupeur des larmes tomber des yeux d'une vierge clouée au mur. Ils firent part sur-le-champ de leur découverte au prêtre, qui répondit que malgré son grand âge il n'avait jamais vu chose semblable. Alors on accourut de tous côtés pour voir le tableau merveilleux Ce tableau avait été peint par un paysan d'Iklód, nommé Lukáts, et vendu bonnement à un riche Valaque, lequel en avait fait don à l'église.

Les larmes tombèrent presque sans discontinuer du 15 février au 12 mars. Elles étaient recueillies dans des draps que l'on étendait le soir, et que l'on trouvait le

(1) Saint-Nicolas.

matin tout trempés. On appela un magnat des environs, connu par sa piété, et on lui montra l'image. Le seigneur l'admira comme il convenait; cependant il ne pouvait s'expliquer pourquoi le petit Jésus, qui était représenté à côté de la Vierge, ne pleurait pas comme le comportait sa nature d'enfant. Il lui fut répondu que la Vierge pleurait et intercédait pour la Transylvanie. En conséquence il fit transporter l'image dans la chapelle de son château, tandis que la foule se pressait sur la route, et que le régiment de Hohenzollern, en grande tenue et enseignes déployées, faisait trois décharges de mousqueterie.

L'événement ne pouvait manquer de faire du bruit. On nomme des commissaires chargés de vérifier le miracle. Ces commissaires, que l'on choisit entre les Jésuites, se voient forcés de reconnaître que les larmes sont réelles. Dès lors tous les doutes cessent, et les révérends pères s'adjugent la possession du tableau. En effet, ils se souviennent tout à coup, et comme par hasard, que dans leurs églises de Hongrie, d'Autriche, de Bavière et de Tyrol, on expose des vierges qui parlent, des crucifix auxquels la barbe croît en une nuit, etc.; qu'eux-mêmes n'ont rien à offrir à la piété des fidèles. Mais ils avaient trop bien fait les choses: car les paysans valaques de Szent Miklós, qui venaient d'embrasser le catholicisme, tenaient si fort à leur madone, qu'il fallut la leur rendre. Ils ne s'apaisèrent que lorsqu'ils virent un détachement de soldats veiller autour de l'image vénérée. Ajoutons que ces précautions n'étaient pas inutiles : car le vayvode de Moldavie, qui jugeait prudent de se ménager l'entrée du ciel, avait promis mille écus à celui qui saurait lui apporter le miraculeux tableau.

Toutefois il était impossible que tant de zèle fût dépensé inutilement. Le primat de Hongrie ordonna que la sainte image serait remise aux Jésuites de Clausenbourg, fort heureusement pour la ville, qui devait être préservée de tous dangers. Aussi, dans les incendies successifs de 1702, de 1705 et de 1708, après que les étudiants et les soldats eurent rivalisé de zèle pour éteindre le feu, vit-on les flammes diminuer peu à peu, grâce à la présence de la madone. L'image miraculeuse opéra une foule de guérisons surnaturelles jusqu'en 1786. Joseph II, qui régnait alors, fit cavalièrement enlever les ex-voto qui décoraient le tableau, et les envoya à Carlsbourg, où se trouve l'hôtel des monnaies. On en fondit pour la valeur de onze mille francs. Après la mort de l'empereur, les ex-voto reparurent ; mais l'ardeur des fidèles s'est singulièrement calmée, et depuis 1818 il n'y a pas eu d'offrande. La faute en est à la seule madone, qui reste inactive : évidemment elle ne consentira à verser de nouvelles larmes que si les tout-puissants pères reparaissent dans le pays.

Clausenbourg a vu naître le plus grand prince qui

ait régné sur la Hongrie, Mathias Corvin. Un chroniqueur raconte que la femme de Jean Hunyade, « à son retour de la Szilágy, fut reçu chez un riche bourgeois qui possédait une maison de pierres, et mit au monde, le 27 mars 1443, un fils qui devint roi. » On montre encore cette maison historique; et elle n'est pas seulement connue de l'antiquaire, elle l'est encore du peuple, qui a gardé la mémoire de cet autre Henri IV. Depuis Mathias, dit le proverbe, il n'y a plus de justice en Hongrie. Le nom de Corvin est l'objet d'une foule de traditions, qui vous apprennent que nul roi n'aima plus ardemment son peuple et ne défendit mieux l'opprimé. Me trouvant un jour dans les montagnes de Torotzkó, je causais de Mathias Corvin avec mon guide. « Connaissez-vous l'histoire de la foire aux chiens? » me demanda-t-il; et, sur l'assurance que j'avais grand désir de l'entendre, voici ce qu'il me raconta.

Un jour le roi Mathias, parcourant un champ de foire, aperçut un homme fort honnête, lequel amenait deux bœufs qu'il était forcé de vendre. Vis-à-vis se tenait un riche marchand, assez mal famé, qui avait six bœufs et en demandait un prix fort élevé. Le roi Mathias, qui connaissait tous ses sujets, savait que celui-ci était un méchant homme, et que le premier au contraire était digne de sa protection. Il aurait bien voulu que les six bœufs passassent gratuitement d'un maître à l'autre; mais il eût été injuste d'exiger cela, et le roi

Mathias ne fit jamais d'injustice à personne. Il essaya donc de toucher le riche marchand : « Vois-tu, lui dit-il, cet homme ? Il est pauvre, il a une famille nombreuse. Donne-lui deux de tes bœufs, et il t'en restera encore quatre, outre ceux que tu as laissés à l'étable. » Le marchand ne savait pas qui lui parlait ; aussi répondit-il d'un ton bourru qu'il entendait garder tout son bien... Vous plaignez le pauvre homme ? vous croyez qu'il va rester malheureux pendant que le méchant prospérera ? On voit bien que vous ne connaissez pas le roi Mathias.

Il comprit sur-le-champ ce qu'il avait à faire ; et, s'approchant de son protégé, il lui recommanda de vendre au plus vite ses bœufs pour acheter en échange autant de chiens qu'il s'en pourrait procurer, après quoi il devait se rendre à Bude et se promener devant le château. Le paysan ne manqua pas de suivre cet avis, et il rencontra le roi, un jour que celui-ci revenait de la chasse. Mathias le reconnut sur-le-champ, paya fort cher un des chiens, et engagea les seigneurs qui l'accompagnaient à suivre son exemple. Le brave homme repartit ses poches pleines de ducats. Le marchand aux six bœufs n'eut pas plutôt appris cette aventure, qu'il vendit les terres qu'il avait frauduleusement acquises, et accourut à Bude avec un troupeau de molosses. Malheureusement pour lui, le roi Mathias le reconnut comme il avait reconnu l'autre, et, devinant la pensée de cet homme avide, il défendit aux gentilshommes de lui acheter un seul de ses chiens, si bien qu'il s'en retourna « pauvre comme son doigt. »

Voici maintenant ce qui se répète dans les mines d'Offenbánya. Il y avait autrefois un directeur suprême des mines qui avait gagné une immense fortune, et s'en servait pour satisfaire l'orgueil le plus intraitable qui se soit jamais emparé du cœur d'un homme. Il portait de somptueux habits, faisait bonne chère, et n'entrait dans l'église qu'en marchant sur des plats d'or, que douze valets plaçaient à mesure sous ses pas. Cela fut rapporté au roi Mathias, qui s'affligea beaucoup en pensant qu'on eût pu secourir quantité de pauvres gens avec tant d'argent mal employé. Un jour il quitte Bude en habit de voyageur, et arrive à Offenbánya. Il voit en effet notre homme se pavaner comme à l'ordinaire devant une foule de pauvres diables. Que fait-il alors? Il écrit sur le mur ces simples mots, qui forcèrent le riche orgueilleux à cacher ailleurs sa confusion : « Le roi Mathias est venu ici; il a mangé trois œufs, et il a vu son chambellan qui marchait dans l'église sur des plats d'or. » Le détail des trois œufs, dans les vers hongrois, arrive peut-être pour la rime. Mais il a aussi un sens, car la bonhomie de Mathias Corvin est populaire comme sa bravoure. L'histoire raconte qu'il fut guerrier illustre et grand législateur. Le peuple se souvient qu'il fut juste et protégea le faible.

Pour en finir avec Clausenbourg, nous dirons que le mont Felleg, « des Nuages », situé près de cette ville, et formé d'un sable jaune très fin, contient des pierres arrondies de deux ou trois pieds de diamètre. Quelquefois on en trouve plusieurs attachées l'une à l'autre. Presque toutes, quand on les brise, présentent un noyau de quartz. La quantité de ces pierres augmente en raison de l'élévation de la montagne, et elles sont fort nombreuses sur le sommet. On remarque en outre qu'à cette hauteur elles ont une forme moins sphérique que celles que l'on tire de la base du Felleg. Ces circonstances s'expliquent par l'action que l'eau a exercée sur les pierres. Elles se sont d'autant plus arrondies que la vague les a poussées plus long-temps ; et les premières qui cessèrent de rouler furent celles qui s'enfoncèrent dans le sol dès que la cime des montagnes resta à sec.

Lorsqu'on a acquis la conviction que toute cette contrée a subi à une certaine époque une grande inondation, on se demande par où se sont écoulées les eaux. En marchant dans la direction de Thorda, on découvre au dessus d'un petit village nommé Tur une gorge tortueuse, d'une hauteur de cent mètres et de mille mètres de largeur, creusée entre des rochers calcaires, et au fond de laquelle coule un torrent qui sort du flanc du Felleg. On doit croire que la fente qui a déchiré cette montagne a servi d'issue aux eaux amoncelées dans ces vallées. Le même phénomène se reproduit à Thorda, où l'on voit une immense crevasse séparer dans toute leur longueur deux murs de rochers.

CHAPITRE V.

La Transylvanie sous le gouvernement des Princes. — Influence française. — Diplôme de Léopold. — Administration des comitats. — Diète.

Les premières années du 16ᵉ siècle virent périr deux royaumes, qui, aux deux extrémités de l'Europe, portèrent très haut l'esprit chevaleresque du moyen âge. Le sort de l'Ecosse et le sort de la Hongrie se décident dans une seule bataille, perdue par la cavalerie, l'arme féodale, et où les rois, représentants d'une époque qui n'est plus, trouvent la mort. Le résultat de ces deux batailles est de livrer ces états belliqueux à un gouvernement voisin éminemment négociateur.

Ces deux grands faits ouvrent l'ère de la politique moderne.

En 1526, Soliman II, à la tête d'une armée formidable, envahit la Hongrie. Louis II marcha à sa rencontre, et le joignit près de Mohács. Les Hongrois ne comptaient que vingt-cinq mille combattants. Le vayvode Jean Zápolya accourait de la Transylvanie avec quarante mille hommes, et Frangipani en amenait quinze mille de la Croatie ; plusieurs généraux voulaient qu'on les attendît, ou du moins que le jeune roi ne s'exposât pas dans la mêlée. Mais d'imprudents conseils prévalurent; l'armée était impatiente de combattre, et on livra bataille le 29 août. Les hussards, avec leur vigueur ordinaire, chargèrent l'infanterie turque, qui lâcha pied. André Báthori vint annoncer au roi, qui se tenait à l'arrière-garde, que les ennemis fuyaient, et qu'en se montrant, il achèverait la victoire. Tout à coup les Turcs démasquèrent leurs canons. Les Hongrois combattirent bravement à dix pas des batteries; mais peu à peu le désordre se mit dans leurs rangs, ils se débandèrent, le roi disparut dans un marais, dès lors la victoire leur échappa. Deux archevêques, cinq évêques, vingt-trois chevaliers de Malte, et cinq cents des premiers gentilshommes du royaume, périrent dans cette bataille, qui ne dura qu'une heure et demie. C'est à peine si cinq mille hommes s'échappèrent; le reste se noya ou fut égorgé.

L'armée ottomane, marquant son passage par des incendies et des massacres, se dirigea vers Bude. Cette capitale fut emportée et livrée aux flammes. Les églises, les palais, furent dépouillés; la fameuse bibliothèque que Mathias Corvin avait réunie à grand frais, dispersée ou consumée. En se retirant les Turcs emmenèrent deux cent mille captifs. Rien n'était perdu encore si les magnats fussent restés unis; mais ils ne surent pas étouffer leurs rivalités devant le malheur commun. Jean

Zápolya, élu d'abord pour succéder à Louis II, fut dépossédé par la Diète de Presbourg, et son rival Etienne Báthori parvint à faire conférer la dignité royale à Ferdinand. Les princes allemands possédèrent enfin cette couronne de Hongrie, convoitée depuis cinq siècles.

Le désastre de Mohács est le fait le plus saillant de l'histoire des Hongrois. Il les a livrés à l'Autriche. Là est tombée la vieille Hongrie, la Hongrie chevaleresque d'André II et de Mathias, et elle ne s'est plus relevée. Après Mohács, plus de rois nationaux choisis sur le Rákos entre les plus braves, plus de Diètes à cheval qui décrètent par acclamation la guerre contre les Infidèles. « La reine des nations (1) » s'efface, disparaît sous le protectorat des empereurs. Aussi cette bataille est-elle consacrée par les souvenirs populaires. On chante « l'air de Mohács », et à ce seul nom se rattachent une foule de légendes douloureuses. Aujourd'hui encore le peuple raconte que le matin de la bataille un cavalier couvert d'une armure noire se présenta devant la tente du roi. Ce prince refusa de le voir, et lui envoya un de ses officiers, richement vêtu. « Tu n'es pas le roi, s'écria le cavalier; Louis ne m'a pas entendu, malheur, malheur à lui ! » Et il disparut sans que personne pût dire quel chemin il avait pris.

(1) Les Magyars disaient au moyen âge : *Hungaria Domina gentium*.

Jean Zápolya ne renonça pas aux droits qu'il tenait de la Diète de Bude ; mais la défaite de Tokay le força de gagner la Pologne, et de se retirer à la cour du roi Sigismond, dont il avait épousé la fille. Il attendit une occasion favorable, et reparut dans le pays lorsque les Hongrois commencèrent à souffrir de la domination autrichienne. A son approche, les États le portèrent au trône, annulant l'élection de Ferdinand, sous prétexte que la Diète de Presbourg n'avait pas été légalement convoquée. Les Impériaux chassés de Bude, Soliman, qui redoutait l'agrandissement de la maison d'Autriche, présida lui-même au couronnement de Zápolya. On pouvait croire que les princes autrichiens étaient exclus du trône de Hongrie : car à la mort du roi Jean (1540) la Diète déchira le traité qu'il avait conclu avec l'Autriche, par lequel, en échange de la paix, il cédait après lui ses droits à Ferdinand.

Les Impériaux échouèrent deux fois devant Bude. Soliman, qui était accouru au secours de cette ville, fit venir dans son camp le jeune fils de Zápolya. Pendant qu'il le comblait de caresses, ses soldats se promenaient familièrement dans les rues de Bude. Sur dix janissaires qui entraient, deux seulement en ressortaient, si bien qu'en un moment la capitale se trouva au pouvoir des Turcs. Soliman déclara à Isabelle, veuve du roi Jean, qu'il lui cédait la principauté de Transylvanie, s'engageant à la protéger contre les tentatives des Impériaux, et lui procura les équipages nécessaires pour qu'elle se mît en route sur-le-champ; puis il installa un pacha à Bude, et convertit les églises en mosquées, voulant faire connaître à tous sa volonté ferme de s'établir dans le pays. Il fallut plus d'un siècle pour en chasser les Turcs; mais Soliman fit lui-même la grandeur de ses ennemis. En écartant du trône le fils de Zápolya, qui avait réuni les suffrages des Hongrois, en éloignant le compétiteur de Ferdinand, il prépara l'avénement définitif de la maison d'Autriche.

Tandis que les empereurs et les sultans se disputaient la Hongrie, la Transylvanie devenait tributaire de la Porte. Cette province eut un gouvernement particulier. Les nobles eurent le droit de choisir leur prince, et le Grand-Seigneur confirmait seulement son élection en lui envoyant le sceptre et la pelisse d'honneur. Le jour du couronnement, on faisait jurer au prince de respecter la liberté religieuse, on lui imposait telles conditions qu'il plaisait à la Diète : alors, lorsqu'il était constaté que le prince ne gouvernait qu'avec le concours des grands, on annonçait son élection au peuple, et on tirait le canon. L'impôt aux Turcs, qui d'abord fut de 30,000 livres, augmenta beaucoup dans la suite. Les Transylvains soldèrent en outre les 6,000 janissaires et les 4,000 spahis qui gardaient la province. Entre autres redevances exigées par les Turcs, il y avait un nombre déterminé de faucons que l'on envoyait à

Constantinople ; les paysans chargés de les prendre recevaient certains priviléges que conservaient leurs descendants.

Les Turcs respectèrent toujours les prérogatives de la Diète. Quand le prince était mort, ils signifiaient aux États qu'ils eussent à se choisir un nouveau chef, mais ils n'influençaient pas l'élection. Quelquefois les Transylvains s'indignaient de supporter le joug des Turcs ; ils se révoltaient, le prince en tête, et risquaient les chances de la guerre. Alors le sultan déposait le prince rebelle, et nommait lui-même son successeur. C'est ainsi que Bartsai et Apaffi furent portés au trône.

Pendant cette période, les Transylvains suivirent tour à tour deux politiques. Acceptant l'influence turque, ils tournaient leurs armes contre l'Autriche : dans ce cas ils étaient appuyés par la France. A d'autres époques ils recherchent l'alliance des empereurs, et tendent à se soustraire à la domination ottomane. Cette politique contradictoire s'explique, pour peu que l'on se reporte à ces temps désastreux. Il répugnait aux Hongrois de reconnaître l'autorité des sultans, qu'ils avaient combattus à outrance. La présence dans le pays des cavaliers musulmans devait les humilier : ils se rapprochaient de l'Autriche. Alors arrivaient les régiments impériaux, qui commettaient d'horribles excès, et mettaient la Transylvanie à contribution. Les soldats autrichiens pratiquaient si bien le brigandage, que les bandits de profession prenaient leurs habits pour voler plus sûrement. Aussi chaque ville fortifiée leur fermait-elle ses portes. Un général de l'empereur, Basta, fameux par ses cruautés, ayant un jour enlevé tous les bestiaux des paysans, ceux-ci furent contraints de s'atteler aux charrues. Encore aujourd'hui les montagnards de Transylvanie parlent des « voitures de Basta », *Básta szekere*.

Entre ces deux maux, l'oppression turque et l'oppression autrichienne, les Transylvains choisissaient le plus éloigné, celui qui ne pesait pas sur l'heure, et qui partant semblait le plus tolérable. Un jour, secondés par les Impériaux, ils résistaient aux Turcs; une autre fois, avec l'aide des Turcs, ils chassaient les Impériaux. Si, d'un côté, l'empereur parvenait à obtenir du prince Sigismond Báthori la cession de la Transylvanie, si le pape envoyait l'évêque Malespina au cardinal André Báthori, revêtu de la dignité de prince, pour lui ordonner de se soumettre à Rodolphe II ; de l'autre, les mécontents de Hongrie, qui étaient en état de rébellion permanente, poussaient à la guerre contre les Impériaux, la France faisait alliance avec Gabriel Bethlen, et, pour mettre le pays à couvert de l'influence autrichienne, promettait de maintenir la couronne dans la famille de Rákotzi. Notez bien qu'il était de l'intérêt de la Porte, dont l'autorité ne fut jamais affermie, et de l'intérêt de l'Autriche, qui voulait établir la sienne, d'affaiblir ce malheureux pays. Appauvrie, dépeuplée, la Transylvanie passa par les plus cruelles calamités. En 1601 la famine était telle, qu'on dévorait à Fejérvár les cadavres détachés de la potence. Dans cette année funeste, aucun enfant ne naquit. Tous moururent dans le sein de leurs mères.

Lorsque Soliman sépara la Transylvanie de la Hongrie, il laissa le gouvernement de cette province entre les mains d'Isabelle, fille du roi de Pologne, et veuve de Jean Zápolya. Sous le nom de cette princesse régna Georges Martinuzzi. Celui-ci, Hongrois de naissance, était d'une famille illustre et ruinée. Il avait passé sa jeunesse dans le château de Hunyad, en Transylvanie, vivant parmi les montagnards. Il était âgé de vingt-quatre ans lorsque son frère et son père perdirent la vie en combattant les Turcs. L'esprit frappé de ces événements, il dit adieu au monde, et entra dans le couvent de Saint-Paul l'Hermite, près de Bude. Il y apprit à lire, se fit enseigner le latin, la théologie, et acquit en peu de temps une telle réputation de science et de vertu, que les religieux d'un monastère de Pologne le choisirent d'une voix pour leur abbé. Retiré dans ce pays après la défaite de Tokay, Zápolya ne manqua pas de le consulter. Martinuzzi adressa au prince des paroles d'encouragement, offrit de parcourir lui-même la Hongrie, de réveiller le patriotisme de la noblesse et du clergé, et partit chargé des pleins pouvoirs de Zápolya. Son habileté et son dévoûment préparèrent le retour du roi.

Jean le récompensa en l'élevant à plusieurs dignités et en lui confiant la tutelle de son fils. Tant que Martinuzzi eut l'espoir de conserver au jeune prince Jean Sigismond la couronne de Hongrie, il se déclara l'ennemi des Impériaux. Mais lorsqu'il vit la domination autrichienne s'affermir dans ce royaume par la faute des Turcs, et la Porte étendre son autorité sur la Transylvanie, il se rapprocha de Ferdinand. Il comprit que la principauté appartiendrait tôt ou tard à l'une des deux puissances qui se la disputaient, et, en sa qualité de chrétien, il aimait mieux obéir à l'Autriche qu'au sultan. C'était là l'idée que, dans un temps plus favorable, devait mettre à exécution un autre grand ministre, Michel Teleki.

Toutefois Martinuzzi n'entendait pas conférer à Ferdinand un pouvoir illimité. Il voulait qu'on fît justice à Isabelle et au jeune prince, il voulait que les prérogatives des Transylvains fussent maintenues. Le roi des Romains se lassa de tant de pourparlers. A la faveur des négociations, il avait introduit dans le pays quelques milliers d'Allemands et d'Espagnols, gens d'exécution commandés par un homme dur et cupide, Castaldo. Ferdinand envoya ses ordres de Vienne, et Martinuzzi fut égorgé (1551). Ce meurtre retarda d'un siècle et demi la réunion de la Transylvanie à la monarchie autrichienne. Les Impériaux furent expulsés de la province, et Isabelle, régnant au nom de Jean Sigismond, inaugura la série des princes nationaux.

En sa qualité d'ennemie acharnée de la maison d'Autriche, la France devait favoriser le parti d'Isabelle. Dès 1558, Henri II envoya une ambassade en Transylvanie, et offrit du secours à cette princesse. Christophe Báthori, qui, en retour, partit pour la France, demanda au roi d'entretenir pendant cinq ans un corps de cinq mille hommes, et d'user de son influence auprès du sultan pour que les Turcs rendissent aux Transylvains les deux places importantes de Lippa et de Temesvár. Henri reçut avec distinction l'envoyé d'Isabelle, consentit à tout, et, voulant lui témoigner l'intérêt qu'il portait à Jean Sigismond, parla long-temps, raconte l'historien Bethlen, de l'éducation du jeune prince. Báthori repartit accompagné d'un ambassadeur du roi, François Martines, qui devait proposer le mariage d'une princesse de France avec Jean Sigismond. Préoccupée de ses dissensions avec les magnats, Isabelle négligea cette alliance, qui aurait affermi son pouvoir. Onze ans après, ce fut Sélim II qui demanda pour Jean Sigismond la main de Marguerite, sœur de Charles IX. Les négociations n'aboutirent pas à l'union projetée par le Divan ; mais on sut en France qu'à l'extrémité de la Hongrie se trouvait une principauté qui résistait à l'ascendant de l'Autriche, et dont on pouvait se faire une alliée.

Bien que la dignité de prince fût élective, elle semble de fait avoir été héréditaire dans quelques puissantes familles. Entre les Báthori, qui donnent cinq princes à la Transylvanie, et les Rákótzi, qui leur succèdent, règne un homme de glorieuse mémoire, Gabriel Bethlen. Ces trois noms résument pour ainsi dire l'histoire de la Transylvanie pendant la période des princes nationaux.

Jean Sigismond eut la gloire de reprendre, ville par ville, la Transylvanie aux Impériaux. Etienne Báthori, qui lui succéda en 1571, était un homme d'un grand cœur, et que les Polonais, à la mort de leur souverain, s'empressèrent d'appeler au trône. En arrivant au milieu de ces fiers gentilshommes, il leur fit entendre ces paroles : « Avant de venir à votre appel dans ce pays, je n'ai jamais manqué de vêtement ni de nourriture ; je suis d'une bonne maison, j'ai toujours aimé ma liberté, et mon intention est de ne jamais la perdre. Donc je veux régner, je veux être non pas un roi fictif, une peinture, mais un vrai roi, bon pour les bons, méchant pour les méchants. » Sous le règne de ce prince illustre, la Transylvanie échappa à l'influence de la Porte, et subit celle de la Pologne. Christophe Báthori, frère d'Etienne, le remplaça en Transylvanie, et laissa la couronne à son propre fils Sigismond.

Pour que la Diète consentît à élire le jeune fils de Christophe, il fallait que le nom de Báthori eût un puissant prestige. On avait remarqué à sa naissance de sinistres présages : la tour de Grand-Waradein, disait-on, s'était inclinée, et lui-même était né la main remplie de sang. On sut bientôt que les prophéties avaient dit vrai. A peine Sigismond eut-il pris d'une main ferme les rênes du gouvernement qu'il fit arrêter douze magnats, dont le crédit et les richesses lui faisaient ombrage. Les Etats lui arrachèrent la grâce de quatre d'entre eux, mais les huit autres furent mis à mort. Alexandre Kendi, qui perdit la vie le premier, fut décapité à Clausenbourg. Comme il marchait au supplice, il aperçut Sigismond, qui debout, à une fenêtre, le regardait venir. « Aucune loi divine ni humaine, s'écria-t-il, ne souffre la condamation d'un homme qui n'a pas été entendu. » Le prince, que l'on avait accoutumé de bonne heure à la vue du sang en exécutant en sa présence les criminels, assista froidement à cette tragédie.

Un Bohémien survint avec une épée, et trancha la tête de Kendi. Jean Iffiu monta après lui sur l'échafaud; puis Gabriel Kendi, puis Jean Ferro, qui demanda vainement une épée nouvelle, parce que celle du Bohémien ne coupait plus, puis enfin Grégoire Literati. Le peuple, qui ne comprenait rien aux querelles des grands, regardait faire sans prendre aucun parti. Mais lorsqu'il vit la pluie tomber tout à coup et laver le sang des morts, il cria qu'ils étaient innocents. Les autres condamnés furent étranglés secrètement, suivant la coutume turque. On comptait parmi ceux-ci François Kendi, le dernier de son nom, puissant seigneur qu'on avait arrêté à Kendi Lóna, tandis qu'il sommeillait sous un arbre qui se voit encore, et Jean Bornemissza, qui s'était toujours montré vaillant capitaine et grand citoyen. Lorsqu'on vint le prévenir que sa dernière heure était sonnée, il entonna d'une voix forte un chant funèbre, après quoi il tendit la tête au bourreau (1594).

Deux autres Báthori gouvernèrent la principauté : André, qui fut en même temps cardinal, et dont nous raconterons plus loin la fin tragique, et Gabriel, prince habile et brave, mais que ses débauches et ses hostilités contre les Saxons rendirent odieux. Dès son avénement (1608), il faillit être assassiné par des magnats dont il avait insulté les femmes. Après une suite de guerres quelquefois heureuses, mais toujours désastreuses pour le pays, il fut égorgé par deux maris outragés. En lisant l'histoire des princes de Transylvanie, quand on voit passer tous ces personnages qui laissent une mémoire exécrée ou périssent de mort violente, on aime à rencontrer la figure de Gabriel Bethlen.

Dès l'âge de dix-sept ans, Bethlen avait passé sa jeunesse à guerroyer; il s'était déclaré contre l'empereur Rodolphe lorsque celui-ci, invoquant le traité conclu avec Sigismond Báthori, réclama la possession de la Transylvanie. Moïse Székely, à la tête des Sicules, marcha au devant du général de l'empereur pour défendre l'indépendance de la principauté. Battu, il se réfugia à Constantinople, ramena des troupes turques, appela les Transylvains aux armes, et offrit la bataille à Basta, qui fut une seconde fois victorieux. Székely périt dans la déroute. Bethlen, qui servait sous lui, devint chef du parti national, et seconda habilement le prince Gabriel Báthori dans la guerre qu'il soutint contre les Impériaux.

Báthori ravagea le territoire des Saxons comme un pays ennemi. Ses crimes soulevèrent contre lui un grand nombre de Transylvains, qu'il proscrivit ou condamna à mort. L'orage grondait déjà quand il eut l'imprudence de s'aliéner son meilleur appui et son plus fidèle partisan, Gabriel Bethlen. Un jour qu'il avait dîné chez ce dernier à Hermannstadt, il perdit l'équilibre en descendant le petit escalier de bois de la maison, parce qu'une marche se rompit sous lui. Báthori, que les dangers rendaient soupçonneux, ouvrit l'oreille aux calomnies, accusa Bethlen d'en vouloir à ses jours, et lui fit des menaces. Bethlen le prévint, se retira à Constantinople, et le sultan, qui connaissait sa bravoure, l'accueillit avec des égards. Plusieurs Transylvains réfugiés avaient dénoncé au divan l'administration de Báthori et dépeint les guerres civiles qu'il avait allumées. Le Grand-Seigneur confia à Bethlen quelques troupes, qui mirent en fuite celles de Báthori dans les défilés de la Porte de Fer. Abandonné de tous ses sujets, ce prince s'enfuit jusqu'à Grand-Waradein, où il trouva la mort.

La Diète fut convoquée par ordre de la Porte, qui demanda l'élection d'un nouveau prince. Assemblés le 20 octobre 1613, les Etats décernèrent la couronne, le 23, à Gabriel Bethlen. Celui-ci annonça son avénement au sultan et à l'empereur Mathias, punit les assassins de Báthori, et s'attacha à apaiser les discordes en rendant aux Saxons les droits que ce prince leur avait injustement ravis. Son élection devait soulever quelque opposition à Vienne : car les empereurs, loin d'admettre l'indépendance de la Transylvanie, faisaient gouverner ce pays par des vayvodes quand la fortune favorisait leurs expéditions. Bethlen, par un traité signé en 1615, renonça à toute hostilité contre la Hongrie et les provinces autrichiennes. En échange, Mathias reconnaissait aux Transylvains le droit de choisir librement leurs princes.

Gabriel Bethlen régnait paisiblement quand, en 1619, la Diète de Presbourg se plaignit des atteintes portées à la liberté religieuse. Ferdinand II, successeur de Mathias, avait proclamé l'intolérance en matière de foi. Les luthériens et les réformés sollicitèrent Bethlen de défendre leur cause, et de maintenir par les armes le traité de Vienne, accepté par lui, et violé par l'empereur. Bethlen était protestant zélé. Son biographe rapporte qu'il ne se séparait jamais de sa Bible, même sur les champs de bataille. Il se rendit aux prières de ses coreligionnaires, déclarant qu'il ne se faisait pas scrupule d'oublier une paix que Ferdinand avait le premier foulée aux pieds. Sa course à travers la Hongrie fut prodigieusement rapide. Cassovie, Neuhausel, et enfin Presbourg avec la couronne royale, tombèrent en son pouvoir. Les Etats de Hongrie voulurent l'élever au trône ; mais il se contenta de recevoir le titre de prince du royaume, et appela au sein de la Diète l'ambassadeur de Ferdinand pour régler les différends religieux. L'envoyé de l'empereur offrit des conditions inacceptables ; il fut éconduit, et Bethlen, de concert avec les Etats, prit des mesures destinées à assurer la liberté de conscience. La religion de chaque citoyen devait être respectée, et les jésuites, à l'instigation desquels la paix de Vienne avait été violée, devaient être bannis à jamais. Les hostilités continuèrent au delà du Danube, grâce aux mesures des Français, qui encourageaient secrètement les Transylvains, et, malgré la défaite de Frédéric de Bohême, son allié, Bethlen força Ferdinand à demander la paix. Par le traité de Nicolsbourg, conclu le 21 décembre 1621, l'empereur autorisait le libre exercice des religions réformées, et cédait au prince de Transylvanie les comitats de Szathmár, Szabolcs, Ugocsa, Bereg, Zemplén, Abauj et Borsod. De son côté Bethlen abandonnait ses prétentions sur la Hongrie, et rendait la couronne royale.

Les victoires de Tilly sur les luthériens d'Allemagne firent revivre les prétentions de Ferdinand II. Les protestants hongrois, malgré la paix jurée, furent persécutés de nouveau. Invoqué par eux, Bethlen traversa la Hongrie avec un irrésistible élan, pénétra jusqu'en Moravie, et ne déposa les armes qu'après avoir obtenu une nouvelle ratification du traité de Nicolsbourg (1623). Malgré ces hostilités, Gabriel Bethlen, dans un but chrétien, cherchait à se rapprocher de l'empereur; il confia ses projets à son chancelier, Kamuthi, et le fit partir pour Vienne. Il proposait à Ferdinand de cesser toute persécution contre les protestants d'Allemagne et de Hongrie, et de tourner sa puissance contre les Turcs. « Nous disposons ensemble, disait-il, des forces de l'Espagne, de l'Autriche, de la Hongrie et de la Transylvanie. Chargez-vous du recrutement, de la solde et de l'entretien des troupes, je prends pour moi les fatigues et les dangers de cette croisade. » Comme garantie du traité, Bethlen demandait en mariage la fille de l'empereur. Tout autre que Ferdinand eût accepté de pareilles offres; mais il ne se trouvait personne à la cour d'Autriche qui fût à la hauteur de ces plans. Kamuthi reçut des réponses évasives.

Bethlen sut quelle politique il avait désormais à suivre. Il résolut de s'unir étroitement aux protestants allemands et à la Porte, et de fonder un puissant royaume sur les ruines de la maison d'Autriche. Dans ce but il épousa en 1626 Catherine, sœur de l'électeur de Brandebourg, la maison de Brandebourg s'étant alliée par un mariage à Gustave-Adolphe. D'autre part il entretint de bonnes intelligences avec le divan. Il avait conquis l'admiration des Ottomans par ses talents et sa valeur; personnellement il leur plaisait par ses manières et son langage. Comme tous les Transylvains de son époque, Bethlen parlait le turc, avait la barbe longue et la tête rasée. Les Ottomans promirent leur secours à ce prince, qui s'était constamment montré fidèle à la Porte.

Par son mariage avec Catherine de Brandebourg, Bethlen fut entraîné une troisième fois dans la guerre de trente ans. La cause des protestants était encore en danger lorsqu'il unit ses forces à celles de Mansfeld, et de Jean-Ernest, duc de Weimar. Waldstein l'attendait avec une armée formidable. Bethlen se donna de garde de risquer une bataille; ses hussards inquiétaient les fourrageurs impériaux sous Galgocz, et les dispersaient dans des actions partielles. L'armée autrichienne, manquant de vivres, se retira à Presbourg, serrée de près par les cavaliers hongrois, qui faisaient main basse sur les traînards. Ferdinand II demanda derechef la paix, et le traité de Nicolsbourg fut signé de nouveau. Bethlen ne survécut à cette convention que trois années. Il mourut d'une hydropisie, au moment où il faisait d'immenses préparatifs de guerre. Il allait sans aucun doute tenter l'exécution de ses grands projets, et attaquer à l'est les provinces autrichiennes, tandis que Richelieu se préparait à les envahir à l'ouest.

On put dès lors comprendre, en Transylvanie, quelle influence exerce un seul homme sur un pays entier. Cette principauté, sous l'administration de Gabriel Bethlen, se fit respecter des Turcs, imposa la paix aux Impériaux, et, relevant par trois fois l'opposition protestante en Allemagne, contribua au maintien de l'équilibre européen. Au dedans, Bethlen révisait les codes, fondait des colléges, appelait des savants et des artisans étrangers. Bien qu'il eût livré quarante-deux batailles, et reculé par les armes les frontières de la Transylvanie, il laissa après lui des améliorations qui sont ordinairement le fruit de la paix. Nous nous sommes étendu sur l'histoire de ce prince, parce qu'une foule d'écrivains l'ont dénaturée. Bethlen avait l'ambition des hommes supérieurs, qui se sentent nés pour commander et faire de grandes choses. Il voulut monter sur le trône, et il y monta. Il voulut soutenir ses coreligionnaires, qui fléchissaient en Allemagne, et il les soutint. Les jésuites, qui dominaient sous les Báthori, ont reproché au protestant Bethlen ce qu'ils nommaient son usurpation, et en ont fait un ingrat ambitieux. D'autre part les historiens impériaux ne lui pardonnèrent pas ses victoires, et l'accusèrent d'avoir trahi les intérêts de la chrétienté. Enfin la plupart des écrivains modernes, sans partager les passions de leurs devanciers, ont involontairement adopté leurs préventions, dans l'impossibilité où ils étaient de consulter d'autres sources.

Bethlen avait nourri l'espoir de fonder une dynastie. Dans sa pensée, la Transylvanie, gouvernée par des princes héréditaires, et délivrée des factions qui l'affaiblissaient, devait devenir le noyau d'un état florissant, et à la longue s'agréger la Hongrie : c'était reformer le vieux royaume de saint Etienne. La mort surprit Bethlen au milieu de ses projets. Il put cependant faire passer la couronne à Catherine de Brandebourg, qui fut *prince* après lui. Catherine ne tarda pas à abdiquer, et Etienne Bethlen, frère de Gabriel, monta sur le trône malgré Georges Rákótzi, qui se déclara son compétiteur, et se fit élire par une Diète composée de quelques partisans. Etienne Bethlen demanda du secours au pacha de Bude, livra à Rákótzi une bataille qui ne décida rien, et, sommé par la Diète de suspendre les hostilités, renonça finalement au pouvoir. Georges I justifia son ambition ; il gouverna habilement la principauté, entreprit avec succès de soutenir contre les Impériaux les protestants de Hongrie et de Moravie, fortifia les places des frontières, et accrut considérablement le trésor. Tranquille et prospère, la Transylvanie se sentait assez forte pour refuser de payer au sultan un impôt extraordinaire ; et les Turcs allaient paraître en ennemis lorsque Georges I mourut.

Son fils, Georges II, se hâta d'apaiser le divan pour aller faire la guerre en Pologne. Nous avons raconté ailleurs l'issue malheureuse de cette expédition, et l'énergique résistance de Rákótzi, qui lutta avec une poignée d'hommes contre deux armées turques. Trois ans avant sa mort, la Diète, sommée par le Grand-Seigneur de choisir un prince, avait élu François Rédei, homme d'un caractère doux et pacifique, qui s'estima heureux, après trois mois de règne, de se retirer en Hongrie. Les Turcs lui donnèrent pour successeur Barcsai. Celui-ci n'était pas plus capable de tenir les rênes du gouvernement, et son inertie favorisa l'ambition de Jean Kemény, qui se fit choisir à sa place. Barcsai ayant été égorgé par les partisans de son rival, les Turcs, pour mettre un terme à ces divisions, élevèrent au trône un gentilhomme qui habitait par hasard près de leur camp. Ce gentilhomme, qui n'accepta les honneurs de la principauté que parce qu'il y fut contraint, se nommait Michel Apaffi. Malgré ses protestations, le pacha lui remit le sceptre et la pelisse d'honneur, et, pour lui donner en même temps le pouvoir, tua Kemény dans une bataille sanglante, et reprit sur les rebelles toutes les places du pays (1661).

Apaffi était né pour vivre dans la retraite. Hors d'état de faire face lui-même aux circonstances, il eut du moins l'esprit de confier l'autorité à un ministre qui en était digne. Michel Teleki, élevé à la cour de Georges I Rákótzi, avait rempli auprès de Georges II les fonctions de capitaine des gardes. Admis dans les conseils d'Apaffi, il se fit remarquer par son patriotisme et la sûreté de son jugement. Le prince le nomma commandant de ses meilleures forteresses, administrateur de plusieurs comitats, et finit par se reposer sur lui du soin des affaires. La puissance qui échut à ce ministre lui suscita des envieux, dans ce pays où les grands étaient toujours acharnés les uns contre les autres, et les calomnies lui ont survécu. Pourtant sa correspondance avec Sobieski, et avec le père Dunot, agent de Léopold, montre quels nobles sentiments animaient ce grand citoyen, qui mourut sur le champ de bataille à un âge où ceux qui ont bien mérité de la patrie se reposent ordinairement de leurs longs services.

La gloire de Teleki fut d'étouffer ses propres antipathies, et de consommer la réunion de la Transylvanie à l'empire. Les Hongrois ne lui en ont pas su bon gré, parce que le gouvernement autrichien n'a jamais été populaire. Toutefois il faut reconnaître qu'il eut l'habileté d'obtenir pour son pays la meilleure des capitulations. Sans lui il serait arrivé de deux choses l'une : ou la Transylvanie aurait été reprise aux Turcs par l'Autriche, ou elle serait restée jusqu'à ce jour nominalement soumise à la Porte. Dans le premier cas, on l'eût traitée en province conquise, sans respect pour ses institutions libérales ; dans la seconde hypothèse, elle aurait aujourd'hui le sort des provinces danubiennes. Les princes autrichiens, il est vrai, ne s'attachèrent pas à mériter l'amour de la nation ; mais, à tout prendre, leur gouvernement était préférable au protectorat turc. Le second Nicolas Zrinyi, peu d'instants avant sa mort, contait à ses amis l'apologue suivant, qu'il appliquait à la Hongrie et à la Transylvanie.

Un jour un homme emporté par le diable rencontre un compagnon : « Où vas-tu, camarade ? lui demande celui-ci. Je ne vais pas, dit l'autre, on me porte. — Qui ? — Le diable. — Où ? — En enfer. — Hélas ! te voilà dans une triste situation ; tu ne saurais être pis. — Je suis mal, je l'avoue, mais je pourrais être pis encore. — Qu'y a-t-il de pire que l'enfer ? — C'est juste. Mais si je vais en enfer, je suis porté sur les épaules du diable ; je me repose dans le trajet. Que le diable au contraire me selle et monte sur moi, j'irais en enfer avec la fatigue de plus ; je serais donc plus mal que je ne le suis à présent. » L'empereur, pensait Zrinyi, c'est le diable qui porte ; le sultan, c'est le diable qui se ferait porter.

Il est remarquable que la Transylvanie échappa à la domination turque sous un prince que les Turcs nommèrent de leur propre autorité. Toutefois, pendant la première partie de son règne, Apaffi subit l'influence de la Porte. Adoptant la politique de Botskai, de Bethlen et de Georges I Rákótzi, il se déclara contre l'empereur pour soutenir les mécontents de Hongrie. La noblesse de ce royaume était alors en état de rébellion ouverte : les comtes Pierre Zrinyi, Frangipani et Nádasdi, venaient de périr par la main du bourreau (1671) ; le palatin Wesselényi, après avoir perdu ses forteresses, s'était retiré en Transylvanie ; le prince Rákótzi, fils de Georges II, avait été ramené par les armes, et le comte Etienne Tőkőli était mort assiégé dans son château par les troupes impériales. Peu s'en fallut que son fils, encore enfant, ne tombât entre les mains des Autrichiens. Ses amis lui firent passer à la hâte un vêtement de femme, et l'entraînèrent hors des murailles. Sous les habits d'une innocente jeune fille fuyait le plus implacable ennemi qui se soit jamais levé contre l'Autriche.

Emeric Tőkőli était un homme de génie. Si la barbarie ottomane eût été disciplinable, il l'eût disciplinée, car il gouverna toute sa vie les Turcs. En même temps il intéressait le roi de France à sa cause, et régnait sans partage sur les mécontents hongrois. Tőkoli fut la personnification du sentiment national, de la résistance hongroise à l'oppression autrichienne. Hongrois, il était secondé par les Transylvains. Ennemi de l'Autriche, il était appuyé par les Ottomans. Lorsqu'on se rappelle quelles terribles guerres les Hongrois soutinrent au moyen âge contre les Turcs et les Tatars, on peut s'étonner qu'au 17e siècle ils se soient rapprochés de la Porte. Mais il faut remarquer que les guerres des Turcs se divisent en deux périodes : elles s'ouvrent par l'âge héroïque d'André II ; au temps même de Jean Hunyade, les Ottomans, poussés par le souffle du prophète, sont encore animés de l'ardeur du prosélytisme. C'est la lutte de la croix et du croissant. Les Hongrois défendent vaillamment la chrétienté, et ils vont jusqu'à Varna porter défi à l'islamisme. A partir de Soliman, le caractère de la puissance ottomane se modifie. Les Turcs prennent part aux affaires du continent; ils se laissent guider moins par un fanatisme aveugle que par le calcul et la politique. Leur empire compte entre les états de l'Europe, et les rois de France recherchent leur alliance. Dès lors la mission des Hongrois est terminée. Les guerres qui ensanglantent la Hongrie ne sont plus motivées que par l'ambition personnelle des empereurs et des sultans, qui se disputent le sol; et l'on comprend qu'après s'être placés sous la protection des empereurs pour échapper à la domination de la Porte, les Hongrois, trompés dans leurs espérances et accablés par l'Autriche, aient pu, en se révoltant, accepter les secours des Turcs, comme ils acceptaient ceux de Louis XIV.

Lorsque Emeric Tököli chercha un refuge en Transylvanie, il se mit tout d'abord sous la protection du Grand-Seigneur, et lui paya tribut. Ceci conclu, il résolut de gagner les conseillers d'Apaffi, et ne trouva pas de plus sûr moyen que de captiver l'intérêt des femmes. Il obtint du premier ministre la main de sa fille, et des fiançailles furent célébrées, qui scellèrent l'alliance des Transylvains et des mécontents de Hongrie. Apaffi demanda au sultan un corps d'auxiliaires dans le but de déclarer la guerre à l'Autriche. Sur le refus de la Porte, il s'adressa à Sobieski, roi de Pologne; mais celui-ci, qui venait de signer la paix avec l'empereur, ne donna aucune espérance aux Transylvains. Les députés hongrois se tournèrent alors vers l'ambassadeur de Louis XIV, M. de Forbin-Janson, évêque de Marseille. Ils lui représentèrent que la politique traditionnelle de la France avait été de seconder les Transylvains dans leur lutte contre les Impériaux, et demandèrent des secours en hommes et en argent. M. de Forbin-Janson voulait se ménager le saint-siége, lequel favorisait l'empereur; il fit donc aux députés une réponse négative. Mais à la même époque se trouvait à Varsovie un ambassadeur extraordinaire, le marquis de Béthune, que le roi de France avait envoyé en Pologne pour féliciter Sobieski sur son élection.

M. de Béthune comprit sans peine que Louis XIV, en bonne politique, devait prendre parti pour les Transylvains. De retour à Versailles, il lui fut facile de persuader le roi, qui avait toujours eu pour but de s'attacher la noblesse de Hongrie : on le vit en 1664 envoyer dix mille écus à Nicolas Zrinyi pour le dédommager des pertes qu'il avait éprouvées pendant la guerre des Turcs. Nommé ambassadeur en Pologne (1677) en remplacement de l'évêque de Marseille, M. de Béthune fit partir pour la Transylvanie l'abbé Révérend, et M. de Forval, qu'il chargea des négociations. M. de Forval était un gentilhomme de Normandie, brave et spirituel. Il avait de charmantes manières, un visage agréable, et, au moment du danger, une belle humeur, qui enchantait les Transylvains. Ils reconnaissaient en lui plusieurs qualités hongroises; aussi lui pardonnèrent-ils jusqu'à la franchise un peu vive avec laquelle il apostropha le chef des mécontents, qui n'était pas assez vite accouru à son poste. Il pensa toutefois compromettre le succès des négociations un jour qu'il s'était abandonné à un accès de galanterie française. Il dînait chez la baronne Kapy, l'une des plus belles femmes, disait-on, qui fussent à la cour, et, pour exprimer convenablement son admiration, il s'écria qu'elle était la reine de la Transylvanie. Ce mot fut rapporté à la princesse Apaffi, qui prétendait seule à la souveraineté, et crut voir une atteinte portée à ses droits. Il fallut toute la grâce de M. de Forval pour la désarmer.

L'abbé Révérend avait la finesse, le tact et la prudence d'un diplomate consommé. Il s'adressait aux esprits froids et calculateurs, et se chargeait de convaincre non l'épouse du prince, mais le prince lui-même, ou plutôt son ministre. Du reste, aimable et gai compagnon, il finit par prendre en grande affection ce bon pays de Transylvanie, où l'on trouvait toujours riants visages, beaux chevaux, et excellente chère. Il avait, pour arriver à ses fins, des expédients qui n'étaient qu'à lui. Un jour, Apaffi avait refusé de lui accorder une audience : il s'était cependant promis d'arriver jusqu'à la personne du prince, qu'il avait un pressant besoin de voir. Le refus était si formel, que tout autre que l'abbé Révérend eût perdu courage. Pour lui, il imagina de mettre un costume hongrois et de se faire admirer des principaux seigneurs. Lorsque le prince eut appris ce déguisement, il voulut contempler l'abbé ainsi vêtu, et se hâta de l'appeler. Celui-ci ne manqua pas d'accourir, fit agréer ses demandes, et, loin de s'aliéner le prince par son exigence, reçut au contraire de ses mains, en signe de bonne amitié, la ceinture qui manquait à son costume.

Il fut convenu entre les envoyés français et le gouvernement d'Apaffi que le roi de Pologne, entraîné dans la coalition par M. de Béthune, ferait passer cinq mille hommes en Hongrie, que le prince de Transylvanie lèverait un pareil nombre de combattants, et que ces deux corps, unis aux sept ou huit mille mécontents, entreraient en campagne contre l'empereur. L'abbé Révérend conduisit à Varsovie un ambassadeur d'Apaffi et deux envoyés du parti des mécontents, et le traité fut signé par M. de Béthune au nom de la France. Les régiments polonais arrivèrent sous le commandement du comte de Boham : de concert avec les troupes transylvaines, ils marchèrent au devant des mécontents hongrois. Au lieu des alliés, ils trouvèrent en chemin une armée impériale qui les attaqua avec confiance, et fut mise en déroute. Après la victoire, les confédérés opérèrent leur jonction avec les mécontents, et ce fut alors que M. de Forval, qui s'était distingué dans la bataille, adressa avec vivacité des reproches à Paul Wesselényi, qui commandait les Hongrois, et avait failli, en retardant sa marche, assurer le triomphe des ennemis.

Ce succès enflamma les Transylvains. Ils équipèrent une nouvelle armée de douze mille hommes, auxquels se joignit un corps de Polonais. Tököli n'avait encore que dix-neuf ans et servait comme volontaire ; mais sa naissance, et les talents qu'il déploya tout d'abord, le firent nommer chef des mécontents. L'armée des alliés s'empara de la Haute-Hongrie, et porta ses armes jusqu'à Presbourg. Evitant les actions générales, les soldats hongrois, qui étaient appuyés par les habitants, surprenaient les partis ennemis, et les battaient isolément. Un fait montre quel prestige avait alors le nom français en Hongrie. Le général Kopz ayant un jour fait empaler, contre toutes les lois de la guerre, cent prisonniers hongrois, les Transylvains, par représailles, allèrent attaquer un régiment autrichien qui campait près de Tokay. Ils le massacrèrent, et ne prirent qu'une quarantaine d'hommes, qui furent immédiatement empalés. Un de ces soldats, originaire des Pays-Bas, allait à son tour subir le supplice, lorsqu'il prononça quelques mots de français : cela le sauva.

L'empereur redoutait la guerre en Hongrie. Plusieurs fois il envoya des ambassadeurs aux mécontents, et leur offrit la paix ; mais les partis n'arrivaient jamais à s'entendre. Un jour, pendant les négociations, les Impériaux voulurent enlever Tököli. Un corps d'élite s'avança malgré la trêve vers la résidence du chef hongrois. Mais celui-ci, prévenu à temps, attendit les ennemis de pied ferme et les tailla en pièces. Tőkőli feignit de se réconcilier avec l'empereur : il rompit ostensiblement avec les Transylvains, et renvoya à Teleki l'anneau de fiançailles qu'il avait reçu de sa fille. La cour de Vienne, trompée par ces apparences, laissa Tőkőli épouser la veuve de Rákótzi, et s'emparer tranquillement des forteresses qui appartenaient à cette maison. Elle ne reconnut son erreur que lorsque le chef des mécontents, levant le masque, appela les Turcs à son aide. Le Grand-Seigneur remit le cafetan à Eméric Tőkőli, et le déclara prince régnant de Hongrie. A la mort du prince les Hongrois devaient se choisir un nouveau souverain, lequel serait tributaire de la Porte, comme le prince de Transylvanie.

Pour montrer à tous que le sultan avait en grande estime le chef des mécontents, le visir, qui campait près d'Eszek, lui fit une réception magnifique (1683). « On envoya jusqu'à trois lieues au devant de lui, rapporte le biographe de Tőkőli (1), le chiaous Bassi, accompagné du spahilar Agasi, et de divers autres agas, à qui Maurocordato, premier interprète du Grand-Seigneur, servit de trucheman. Six vingt dellis du visir vinrent lui offrir leur service, et lui firent dire qu'ils venaient pour

(1) Vie du comte Emeric Tekeli. *Cologne*, 1693.

obéir à ses ordres. Ils se mirent à la tête dans le reste de la marche qui était à faire pour se rendre au camp des Turcs. Après eux marchaient cent cinquante hussards bien montés, avec des trompettes et des timbales. L'un d'eux portait un étendard de couleur bleue, où l'on voyait en or un bras avec une épée nue à la main, et le nom de Tőkőli autour. Il y avait encore un étendard rouge avec ses armes, et quelques hommes avec six chevaux de main. Cinquante gentilshommes hongrois, protestants et catholiques, et entre autres le comte Homonnai, marchaient ensuite. On voyait après un cornette qui était suivi de divers Hongrois mêlés parmi les Turcs. Sept autres chevaux de selle étaient conduits après eux par des palefreniers vêtus à la hongroise. On voyait ensuite Tőkőli lui-même sur un cheval superbement harnaché, que le visir lui avait envoyé. Il était environné de six personnes avec des peaux de tigre sur le dos, vêtu à la hongroise, d'un drap gris, fourré de loup cervier, avec des galons d'argent sur les bords, et une longue plume blanche au bonnet. Après était son carrosse, avec six hayduques à chaque portière, vêtus d'une étoffe de soie rouge doublée d'orangé, avec des plumes sur leurs bonnets. Il y avait encore un autre carrosse et deux calèches, suivis d'un étendard vert, à la tête d'une compagnie d'hayduques bien mis et bien armés. Enfin venait une troupe de cavaliers, qui faisaient avec les précédents le nombre de quatre cents. Tőkőli arriva en cet ordre à la tente du visir, qui le régala de cafetans, avec tous ceux qui le suivaient. Le visir lui fit aussi présent d'une veste doublée d'hermine, et couverte d'une étoffe à petites fleurs d'argent sur un fond rouge ; après quoi il fut conduit dans une tente qu'on lui avait préparée, et qui était environnée de diverses autres pour la noblesse qui était avec lui. »

Pendant le siége de Vienne, Tőkőli évita de se joindre aux Turcs, et s'attaqua au château de Presbourg. Kara-Mustapha, forcé d'abandonner l'Autriche, fit retomber sur Tőkőli le mauvais succès de l'expédition, et l'accusa devant le Grand-Seigneur. Tőkőli se rendit seul à Constantinople et se justifia. Calomnié une seconde fois, il fut mis aux fers par le pacha de Grand-Waradein. Les conseillers du sultan voyaient avec envie dominer cet infidèle, dont ils subissaient à regret l'influence ; mais il leur imposait par son génie, et on n'osa pas attenter à ses jours. Les Turcs se hâtèrent de le tirer de prison et de le remettre à leur tête. Pendant sa captivité ils avaient perdu du terrain, et une foule de places s'étaient rendues, hormis Munkáts, que la comtesse Tőkőli défendit avec héroïsme.

Une chose faisait la force de Tőkőli, la haine des Hongrois contre l'Autriche. A peine les Impériaux avaient-ils quitté une province, que les habitants accouraient en foule au devant des mécontents pour s'enrôler. Mais d'autre part la cour de Vienne avait l'art de rendre Tőkőli suspect à la noblesse, et la défection paralysa souvent les ressources des révoltés. Le principal obstacle que Tőkőli eût à surmonter, c'était l'aveugle obstination des Turcs, auxquels il répugnait d'obéir franchement, et qui ne faisaient les choses qu'à demi. Un seul homme commandait à Vienne ; aussi à la longue les Impériaux reprirent-ils l'avantage. En 1688 Louis XIV annonçait hautement son intention de soutenir les Hongrois, et d'employer toutes les forces de la France contre l'empire, lorsque l'avénement de Guillaume d'Orange sur le trône d'Angleterre le détourna de ses desseins. Il se déclara l'ennemi de la Grande-Bretagne, et la guerre d'Allemagne ne fut plus que secondaire. Les Impériaux le sentirent ; aussi, malgré les victoires des Français, la prise de Philipsbourg, de Spire, de Worms, et la conquête du Palatinat, pas un régiment autrichien n'abandonna la Hongrie pour couvrir l'Autriche : on savait à Vienne qu'on pouvait compter sur l'Angleterre. Cependant le roi de France ne laissa pas que de venir en aide à Tőkőli, et les troupes des mécontents étaient régulièrement payées, lorsque depuis plusieurs mois ni les Impériaux ni les Turcs ne recevaient de solde. C'était prolonger une résistance inutile : le triomphe des Impériaux était dès cette époque assuré.

On vit alors un étrange spectacle. Un peuple brave et belliqueux, combattant pour son indépendance, ayant à sa tête un homme de génie, forcé de se soumettre à un gouvernement détesté, à un souverain sans génie ni grandeur. Mémorable enseignement, qui montre une fois de plus que la persévérance, la concorde, sont les éléments indispensables du succès, et que les efforts héroïques d'un moment ne suffisent pas pour faire de grandes choses. Personnellement inférieur à chacun de ses adversaires, l'empereur Léopold, qui avait pour devise *Consilio et industria*, sut l'emporter sur tous. Ses propres troupes n'étaient ni assez nombreuses ni assez aguerries pour se mesurer avec les Hongrois ; il se fit secourir par les soldats de l'Allemagne. Conduites par des généraux étrangers, Louis de Bade, Montécuculli, le prince Eugène, ces troupes étrangères affermirent la puissance de l'empereur.

Léopold savait que la soumission des Hongrois ne serait entière que si la Transylvanie était réunie à la monarchie autrichienne ; aussi chercha-t-il à étendre sa domination sur cette principauté. Il attendait le moment où les États auraient à choisir un nouveau prince, afin de faire valoir ses prétentions. Pour mettre le pays à l'abri des influences étrangères, Teleki résolut de désigner le jeune fils d'Apaffi aux suffrages de la Diète, du vivant même du prince. Lorsque le Grand-Seigneur somma Michel Apaffi de suivre l'armée ottomane qui se dirigeait sur Vienne, le premier ministre représenta aux États que les chances de la guerre étaient dangereuses, et que, pour veiller au salut de la patrie, il convenait, sans attendre la mort du prince, de nommer son successeur. Cette sage prévoyance mettait en lumière les vices du gouvernement électif ; aux yeux des patriotes prudents, il était urgent, pour fermer la brèche à l'ennemi, d'assurer le pouvoir à un individu, fût-ce même à un enfant.

Teleki porta dans ses bras le fils de Michel Apaffi, qui n'avait guère que sept ans, et le déposa sur une table, au milieu de la Diète. On le salua par trois acclamations, et Teleki le ramena chez son père, suivi des États, qui venaient de le reconnaître pour prince. L'armée transylvaine partit ensuite pour guerroyer en Hongrie. Léopold ne se découragea pas ; il s'adressa à celui qui traversait tous ses desseins, au premier ministre Teleki. Il lui rappela les maux qui accablaient la Transylvanie sous la domination de la Porte, et s'engagea à protéger la principauté contre ce brutal despotisme. Il voulait, disait-il, laisser aux Transylvains toutes leurs libertés politiques et religieuses. Teleki demanda qu'un traité fût formulé, et en 1685 un *diplôme* fut expédié de Vienne, qui renfermait les clauses de la convention. M. de Béthune intervint alors, promettant de faire sortir du pays les soldats allemands qui le ravageaient déjà sous prétexte d'en prendre possession, et les négociations furent interrompues.

Elles furent reprises l'année suivante. Un traité secret fut préparé entre l'empereur Léopold et le prince Michel Apaffi, dans le but de soustraire les Transylvains à l'autorité du sultan. L'empereur s'engageait à secourir le prince autant de fois que celui-ci le demanderait; il devait solder ces troupes auxiliaires, et les Transylvains n'étaient tenus que de leur fournir des vivres; placées sous le commandement du prince, ces troupes devaient quitter le pays aussitôt qu'il en donnerait l'ordre; l'empereur rendrait à la Transylvanie tout le territoire transylvain qui serait reconquis sur les Turcs; il ne ferait jamais la paix avec la Porte à l'exclusion de la Transylvanie; enfin le jeune Michel Apaffi devait succéder à son père, et après lui, la Diète, suivant les lois du pays, aurait le droit de choisir librement son successeur. En échange de sa protection, l'empereur ne demandait aux Transylvains qu'un tribut annuel de cinquante mille écus. Ce traité était trop favorable à la Transylvanie pour être rejeté par Teleki. L'empereur s'empressait de l'offrir, parce que l'attitude des mécontents hongrois était menaçante. Il était prudent de tirer parti de cette circonstance, car une victoire pouvait rendre Léopold plus exigeant. Le traité fut accepté.

On s'efforça alors de populariser le nom de l'empereur, et d'effacer les souvenirs que les envoyés français avaient laissés en Transylvanie. Des satires contre Louis XIV étaient fabriquées à Vienne, et distribuées aux principaux gentilshommes (1). Léopold flattait les uns, intimidait les autres. Rien n'était plus significatif que la répugnance qu'il rencontrait partout. On s'alliait à l'Autriche par nécessité, faute de mieux : on subissait le traité pour préserver le pays d'un mal plus grand. D'ailleurs les excès des soldats impériaux suffisaient seuls pour motiver le mécontentement des Transylvains. Admises en 1687, les troupes autrichiennes levèrent des contributions si fortes, que les seigneurs supportèrent la moitié des charges, le peuple ne pouvant y suffire. Aussi, dans les campagnes, les paysans livraient-ils bataille aux soldats « alliés ». Des villages, des villes résistaient. Cronstadt n'ouvrit ses portes au général Veterani qu'après un bombardement.

Dès 1688 la Diète de Fagaras fut contrainte de rappeler à l'empereur que les quatre religions reconnues par la constitution devaient jouir d'une égale liberté ; elle lui représenta en outre que le pays, épuisé par la guerre, ne pouvait payer au delà des cinquante mille écus formant le tribut annuel, et le supplia de rappeler ses troupes aussitôt que la paix serait assurée. Léopold s'engagea à faire droit à toutes ces demandes, car ce ne

---

(1) En feuilletant des archives de famille, nous avons trouvé un des pamphlets manuscrits qui coururent alors de main en main. Il nous a semblé assez curieux, par le fond et par la forme, pour être mis en note à la fin du volume.

fut qu'à force de serments que ce prince parvint à régner sur la Transylvanie. Les Hongrois étaient accoutumés à la bonne foi des Turcs, durs et intraitables, mais loyaux ; et ils ne refusaient pas à un prince chrétien la confiance qu'ils accordaient au sultan. En 1689 Léopold promit tout ce qu'on voulut, et la Transylvanie accepta définitivement le protectorat autrichien. Michel Apaffi mourait l'année suivante, et son fils Michel II montait sur le trône. Le Grand-Seigneur lança alors sur la principauté une armée formidable commandée par Emeric Tőkőli. Nommé souverain par les Turcs, Tőkőli venait à main armée s'emparer du pays. Les Autrichiens, sous le général Heussler, et les Transylvains, ayant à leur tête Michel Teleki, lui livrèrent bataille aux portes de la Transylvanie, à Zernyest. Ils furent vaincus. Ce revers, qui fut effacé par les succès de Louis de Bade, compromit cependant la puissance de Léopold dans la principauté, et devait le rendre plus accommodant. Deux mois après l'invasion de Tőkőli, il expédia de Vienne la charte qui assurait les droits et les libertés des Transylvains, et qui depuis long-temps était préparée.

Le *Diplôme de Léopold*, remis aux Etats le 16 octobre 1690, contenait 18 articles. Voici en résumé les garanties qu'il donnait au pays. Il y aura parfaite égalité entre les religions reçues : tous les priviléges existants seront maintenus ; les lois qui ont jusqu'à ce jour régi la principauté continueront d'être en vigueur ; le gouvernement observera rigoureusement l'ordre habituel dans la composition et la constitution de la Diète, des diverses administrations et des tribunaux ; toutes les charges, soit politiques, soit judiciaires ou administratives, seront données à des citoyens sans égard à leur religion ; à l'exception des comtes suprêmes des comitats, tous les employés seront choisis par le pays, et leur nomination confirmée par le prince ; la Diète sera convoquée chaque année ; l'impôt ne dépassera pas cinquante mille écus pendant la paix, et quatre cent mille florins en temps de guerre ; on n'introduira ni douane ni impôt nouveau ; les Sicules défendront le pays, et garderont les frontières à leurs frais, comme par le passé : aussi n'acquitteront-ils ni dîmes ni taxe ; la principauté ne sera pas chargée de troupes inutiles, les garnisons seront en grande partie composées de soldats indigènes, et le général des troupes impériales ne se mêlera pas des affaires du pays. Pour compléter le diplôme, quelques mesures touchant les affaires religieuses furent concertées entre Pierre Alvintzi, au nom de la Diète, et l'empereur Léopold, et arrêtées en 1693 dans ce qu'on a appelé la *resolutio alvintziana*.

Cette charte est encore la base de la constitution de Transylvanie ; mais il est exact de dire, en rappelant un mot célèbre, qu'elle n'a jamais été une vérité. La mort de Teleki laissa le champ libre aux envahissements de

Léopold. Dès 1695 les réformés étaient écartés des emplois, et on enlevait aux communes et aux écoles protestantes les bénéfices qu'elles avaient reçus des princes. En 1700 on commença à introduire des étrangers dans le gouvernement, et en 1735 il y avait telle administration où ne se trouvait plus un seul Transylvain. La Diète fut convoquée fort irrégulièrement, et la cour de Vienne défendit qu'elle s'assemblât sans l'autorisation impériale. En 1701 Léopold demandait aux Etats huit cent mille florins. Le fléau de cette époque, ce fut la quantité d'avides Autrichiens qui s'abattirent sur la Transylvanie, et la pillèrent sans pudeur. Le gouvernement créa une commission qui devait mettre de l'ordre dans es finances; mais personne ne se méprit sur le but de cette mesure, et l'on disait hautement qu'elle avait été prise pour enrichir de vils personnages qui ne trouvaient plus rien à prendre chez eux. Il semblait que Léopold eût dessein de s'aliéner les Transylvains en envoyant parmi eux des hommes exécrés. Les troupes impériales furent commandées par le comte Caraffa, dur et brutal soldat, qui attacha son nom aux boucheries d'Eperies. Après lui, on ne trouva pas de plus digne général qu'un misérable Rabutin, chassé ignominieusement de France. Rabutin était féroce jusqu'à la folie. Dans une proclamation, il menaçait de faire tuer dans le sein de leurs mères les enfants de ceux qui tenteraient de se révolter. Les Turcs ne s'étaient jamais montrés si odieux. C'est ainsi que l'Autriche récompensa la confiance d'un petit peuple qui acceptait loyalement et pacifiquement une domination repoussée par les armes pendant un siècle et demi.

Lors de l'avénement de Michel II Apaffi, les Etats demandèrent, par une ambassade, que son élection fût confirmée par l'empereur Léopold. Nicolas Bethlen, qui était le chef de la députation, s'adressa aux représentants des puissances protestantes, et réclama leur appui. L'envoyé de l'électeur de Brandebourg, Bankelmann, lord Paget, ambassadeur d'Angleterre, et le ministre hollandais Hemskirken, intercédèrent auprès de l'Autriche en faveur du jeune prince. Apaffi ne devait gouverner qu'à vingt ans. Quatre années après son avénement, en 1694, il fut attiré à Vienne, où on l'accueillit avec honneur. Ce voyage, qui ne dura que quelques mois, devait en faciliter un second qui eut une haute importance politique. En 1696, Apaffi, ayant atteint l'âge de la majorité, reçut de nouveau l'ordre de paraître à la cour d'Autriche. Lichtenstein se présenta à Fejérvár, au nom de l'empereur, en déclarant qu'il avait commission d'emmener le prince de gré ou de force. « Le pauvre agneau », rapporte le manuscrit hongrois de Nicolas Bethlen, « se laissa donc prendre », et se mit en route sous une escorte de cavaliers allemands. On lui proposa à Vienne de changer son titre de souverain de Transylvanie contre celui de prince de l'empire, une pension de dix mille florins, et des domaines considérables dans les pays héréditaires de l'empereur. Apaffi n'était pas en mesure de rejeter les propositions qu'on lui imposait; il renonça au trône, se condamna à un exil éternel, et Léopold, à partir de 1698, gouverna en son propre nom la principauté de Transylvanie.

Il n'entre pas dans notre sujet de donner plus de détails sur l'histoire de ce pays. Nous avons entrepris de rappeler le rôle que joua la Transylvanie sous le gouvernement des princes nationaux, et les circonstances qui amenèrent l'avénement des empereurs. C'est ici que nous devons nous arrêter. Nous ajouterons seulement que la politique de Léopold, comme toutes les politiques qui ne se fondent pas sur la loyauté et la justice, porta des fruits amers. La Transylvanie s'insurgea spontanément, après quelques années de gouvernement autrichien, lorsqu'en 1703 le prince Rákótzi leva en Hongrie l'étendard de la révolte. Pacifiée par Charles VI, cette principauté fut entraînée dans la guerre de sept ans, et prit part, sous le gouvernement de François, aux luttes de géants qui ont jeté un si vif éclat sur les premières années de ce siècle.

L'administration intérieure du pays, que le diplôme de Léopold laissa subsister, remonte aux premiers temps de la monarchie hongroise. Dès le commencement du 11e siècle, saint Etienne divisait le territoire en comitats, dont il confiait l'administration à ses plus fidèles soldats et à ses meilleurs conseillers. Le chef du comitat était secondé par une suite d'employés que choisissaient les nobles. Cette organisation développa à un très haut degré la vie communale. Elle fut introduite en Transylvanie, où elle conserva le même caractère qu'en Hongrie. Il faut seulement remarquer que toute la Transylvanie n'est pas soumise à l'administration par comitats. Le pays occupé par les Sicules a une organisation distincte, qui s'est formée d'elle-même au sein des tribus, avant l'établissement des Hongrois de saint Etienne. D'autre part, le territoire des Saxons est administré d'après certaines coutumes importées d'Allemagne. Nous expliquerons plus loin la constitution sicule et la constitution saxonne, pour ne parler ici que de l'administration des comitats hongrois.

Le territoire hongrois comprend onze comitats et deux districts. En jetant les yeux sur la carte, on peut voir que les comitats sont dessinés de telle façon, qu'ils occupent, d'une frontière à l'autre, toute la largeur du pays. Cette mesure fut prise pour que chaque comitat, aux époques d'invasions, contribuât à la défense commune en veillant aux frontières. Les trois nations établies en Transylvanie ne sont pas agglomérées, ne présentent pas trois corps compactes. Les Saxons et les Sicules possèdent une portion de territoire au milieu du sol qui est affecté aux Hongrois. De leur côté les Hongrois habitent çà et là entre les Saxons, et, partout où ils se trouvent, sont régis par leur propre administration. De là une foule de divisions qui paraissent bizarres au premier aspect, et sont motivées par la différence de nations aussi bien que par la différence des mœurs et des idées. Pendant la dernière Diète, les électeurs du comitat de Felső Fejér, formé des douze fractions dispersées sur le territoire saxon, et marquées sur la carte du numéro deux, envoyaient à leurs députés des instructions d'un libéralisme ardent, tandis que les Saxons faisaient preuve d'une singulière modération.

Dans le comitat, le chef de la hiérarchie administrative a le nom de *supremus comes* (*főispány*); il est appelé *supremus capitaneus* (*főkapitány*) dans les deux districts, parce que les chefs-lieux de ces arrondissements, Kővár et Fagaras, furent autrefois des places fortes. Le comte ou capitaine suprême est nommé par le prince, et veille au maintien des prérogatives royales. Il est le représentant du souverain en face de l'assemblée générale, qui figure l'élément aristocratique. Cette assemblée (*generalis congregatio, marchalis szék*) est formée de tous les propriétaires nobles du comitat. Elle se réunit régulièrement tous les trois mois, et plus souvent si les circonstances l'exigent. C'est le comte suprême qui la convoque et la préside. La « congrégation » choisit les employés du comitat, envoie à la Diète les députés, auxquels elle prescrit des instructions, traite les affaires judiciaires qui sont de sa compétence, ainsi que les affaires politiques qui ne peuvent être vidées sans son concours.

Chaque comitat est divisé en cercles (*circulus*), et chaque cercle en cantons (*processus*). On compte par cercle un juge suprême (*supremus judex nobilium*, *föbiró*), lequel est assisté d'un vice-juge (*vice-judex nobilium*, *szolgabiró*); leurs titres indiquent assez les fonctions qui sont dévolues à ces magistrats. Dans chaque cercle se trouve en outre un vice-comte (*vice-comes*, *al ispány*) qui administre sous le comte suprême, et est spécialement chargé de la police. Un notaire, des vice-notaires, et, sous leurs ordres, des expéditionnaires, font l'office d'archivistes et de greffiers. Chaque cercle renferme encore un percepteur royal, qui, avec l'aide des receveurs et des commissaires vérificateurs, perçoit les impôts (1). Un médecin et des chirurgiens sont attachés

---

(1) Aucun pays en Europe n'est moins imposé que la Transylvanie. Cette principauté, qui compte peut-être deux millions d'habitants, acquittait en 1841-1842 une contribution de 1,437,315 florins 47 kreutzers (3,727,709 fr. 09 cent.). Les comitats, y compris les villes libres hongroises, pour leur part, ont payé 698,929 flor. 39 kreutz. (1,815,120 fr. 30 cent.), qui ont été ainsi répartis :

	fl.	k.
Comitat de Felső Fejér. . . .	32,490	04
— Also Fejér. . . .	100,568	34

au comitat; ils doivent aux paysans des soins gratuits. Enfin l'inspection des routes et la conservation des forêts sont confiées à des officiers spéciaux.

Tous ces employés, à l'exception du comte suprême et du percepteur royal, lequel est nommé à vie par le conseil du gouvernement, sont choisis par la « congrégation », et restent en fonctions pendant deux années. Autrefois le comitat avait son chef-lieu là où le comte suprême avait sa résidence. Depuis 1791 il existe dans chaque arrondissement une maison « prétoriale », où sont

		fl.	k.
Comitat de Kolos.		72,561	35
— Doboka.		41,685	27
— Kükülló.		54,910	57
— Torda.		76,053	26
— Belső Szolnok.		56,484	34
— Hunyad.		71,672	09
— Közép Szolnok.		35,448	54
— Kraszna.		23,519	38
— Zaránd.		25,416	44
District de Kővár.		29,708	07
— Fagaras.		31,194	22
Ville libre de Clausenbourg		24,543	55
— Maros Vásárhely		8,078	09
— Carlsbourg.		4,875	05
— Szamos Ujvár.		6,008	53
— Ebesfalva.		6,709	06

gardées les archives et où se traitent les affaires du comitat. Les « congrégations » ont un aspect extraordinaire, parce que ceux qui viennent y exercer leurs droits de gentilshommes cultivent pour la plupart la terre de leurs mains. Il faut se rappeler en effet qu'après la conquête tous les Magyars, chefs et soldats, étaient nobles, et que ceux seulement furent réduits à l'état de serfs qui avaient subi une peine infamante. Plus tard les princes de Transylvanie anoblirent une foule de paysans. Aussi voit-on dans les campagnes, comme en Hongrie, quantité de gentilshommes qui, par leur costume et leur manière de vivre, se confondent parfaitement avec le reste des villageois. On les appelle *bocskoros nemes ember*, « nobles en sandales », à cause de leur chaussure campagnarde. Ils viennent dans leur costume habituel aux assemblées de comitat pour donner bruyamment leur avis. Pressés par centaines dans la salle des séances, ces hommes simples, qui ne savent pas maîtriser leurs passions, forment l'auditoire le plus impressionnable qui se puisse voir. Le cou tendu, l'œil fixe, ils écoutent les orateurs improvisés qui se lèvent tour à tour au milieu d'eux, et ils expriment leur mécontentement ou leur satisfaction brièvement, avec une rude franchise.

On distingue dans le comitat des villes libres et des villes nobles. Les premières, entre lesquelles on compte Clausenbourg, Carlsbourg, etc., étaient appelées sous les princes nationaux *oppida taxalia*, à cause de la contribution qu'elles doivent payer. Elles sont placées sous la dépendance immédiate du prince, qui est leur *dominus terrestris*. En vertu des anciennes lois, elles sont tenues de l'accueillir et de l'héberger quand il passe dans le pays, ainsi que de donner logis aux troupes. Les villes libres ne sont pas soumises à l'administration du comitat au milieu duquel elles sont situées ; elles ont des fonctionnaires municipaux choisis par les citoyens. Ceux-ci ne sont pas considérés isolément comme nobles, c'est pourquoi ils ne sont pas aptes à remplir tous les emplois ; mais collectivement ils figurent un noble : aussi les villes libres envoient-elles des députés à la Diète. Quant aux villes nobles, *oppida nobilia*, telles que Thorda, Enyed et Dées, elles sont placées sous la juridiction du comitat. Les citoyens des villes nobles ont individuellement rang de gentilshommes, d'où il suit que leurs charges diffèrent des charges imposées à ceux des villes libres. Ils ne paient pas comme ces derniers d'impôt en argent, et ne sont soumis qu'au service militaire, lequel est obligatoire pour les nobles. En cas de guerre ils prennent les armes, et marchent sous le drapeau du comitat.

Sous les rois nationaux, les vayvodes qui administraient la Transylvanie étaient spécialement placés à la tête des comitats hongrois. Plus tard, leurs fonctions appartinrent aux princes électifs ; elles sont remplies aujourd'hui par e conseil du gouvernement (*gubernium*), lequel siége à Clausenbourg. Ce conseil fut créé en 1693 par Léopold ; il est présidé par le gouverneur de Transylvanie, et composé de seize membres appartenant aux trois nations et aux quatre religions reçues. La chancellerie de Transylvanie, qui réside à Vienne, transmet au conseil les ordonnances royales, et en reçoit la communication des actes qui doivent être approuvés par le souverain. Elle fait ses expéditions au nom du prince, et se compose de six conseillers présidés par le chancelier. Celui-ci, de même que le gouverneur, est choisi par le prince sur la présentation de douze candidats, trois de chaque religion, faite par la Diète.

Le principe de l'administration hongroise n'est pas autre chose que le partage du pouvoir entre le chef de l'état et l'*universitas nobilium*, la foule des nobles. Ce fait est sanctionné par la présence de la « congrégation » et du comte suprême, et, sur une scène plus vaste, par l'antagonisme de la Diète et du prince.

La Diète de Transylvanie est composée de régalistes et de députés. Les régalistes sont désignés par le prince, et invités à paraître à la Diète par des lettres royales (*regales*). Les députés sont envoyés par les comitats hongrois, par les siéges sicules et saxons, et par les villes. Pendant la durée de l'assemblée ils reçoivent un traitement. Ils ne parlent et ne votent que d'après les instructions que leur envoient leurs commettants, et, s'ils ne se montrent pas fidèles à leur mandat, ils sont aussitôt rappelés et remplacés. Avec les régalistes et les députés siégent encore quelques dignitaires, tels que les membres de la table royale judiciaire, les comtes suprêmes des comitats, les juges royaux des siéges sicules. Chacune des fractions qui forment la Diète se groupe à des places déterminées. Autour d'une table située au milieu de la salle sont rangés les membres de la table royale. A leur tête est le président des Etats, qui est nommé à vie par l'assemblée. Quelquefois les conseillers du gouvernement, conduits par le gouverneur, entrent dans la salle pour prendre part aux discussions. Alors le président se lève et cède sa place au gouverneur. Les membres de la table royale donnent la leur aux conseillers, et vont s'asseoir dans les rangs de la Diète. Le conseil du gouvernement paraît au milieu des Etats, soit spontanément, soit sur l'invitation qui lui est faite, pour hâter la solution des questions ou pour ramener l'union dans les esprits. Cependant son avis n'infirme pas les décisions de la Diète.

Au temps des princes nationaux, la Diète était pour ainsi dire permanente; elle était convoquée par le prince, et plus d'une fois, quand les circonstances l'exigèrent, se réunit de sa propre autorité : la Diète qui porta Bethlen au trône s'assembla d'elle-même. Aux termes de la loi, les Etats actuellement doivent être convoqués chaque année. Le prince est représenté par un commissaire royal qui ouvre et clot la Diète par une séance solennelle. Le jour de l'ouverture il expose, dans un discours prononcé en latin, les propositions du prince. Avant la domination autrichienne, les Etats ne siégeaient pas invariablement dans le même lieu. Souvent, les villes étant au pouvoir de l'ennemi, ils se réunissaient dans un village. De là l'habitude de désigner la Diète d'une année par le nom du lieu où elle avait été convoquée. Aujourd'hui l'usage veut qu'elle s'assemble à Clausenbourg; les citoyens doivent aux membres le logement gratuit.

On ne parle dans l'assemblée que la langue hongroise, qui a été de tout temps la langue politique et administrative du pays. Le droit d'initiative appartient à la fois au prince et aux Etats. La Diète examine d'abord les propositions du prince, puis ses résolutions, c'est-à-dire les réponses qu'il a faites aux représentations de la dernière assemblée. Viennent ensuite les *gravamina*, les griefs, qui occupent toujours un grand nombre de séances. On passe successivement en revue les griefs du pays, ceux des « nations » et des comitats, et enfin ceux des particuliers. Dans certains cas, dans celui de haute trahison par exemple, la Diète siége comme cour de justice. La charge de secrétaire de la Diète est remplie par un protonotaire qui dresse trois procès-verbaux de chaque séance. L'un est conservé aux archives, un autre est communiqué au commissaire royal; et le dernier est soumis au prince. Les décisions des Diètes, *decreta comitiorum* ou *articuli diætales*, n'ont force de lois que si elles reçoivent la sanction royale. D'autre part, le prince ne peut faire de lois sans le concours des Etats.

Aujourd'hui la majorité de la Diète appartient à la cause libérale, et appelle sincèrement les réformes devenues nécessaires. Pendant la dernière assemblée (1841-1843), les régalistes, c'est-à-dire ceux-là même qui étaient nommés par le prince, votaient en grand nombre avec le parti national. Quant aux députés, il va sans dire qu'ils forment le noyau de l'opposition. Entre les membres qui se signalent par leur patriotisme, on cite M. Joseph Zeyk, le comte Ladislas Teleki, M. Charles Zeyk, le baron Dominique Kemény, le comte Dominique Teleki, et le baron Denis Kemény. Ce dernier, qui conduit l'opposition, possède les qualités qui conviennent au chef de son parti. Ce n'est pas par la violence que la Diète de Transylvanie peut espérer de toucher l'empereur d'Autriche; c'est en lui opposant une résistance à la fois forte et calme, en lui parlant au nom des lois dont il a juré le maintien. Sous l'égide du bon droit, cette assemblée peut adresser les représentations les plus énergiques au souverain et en obtenir des concessions, tandis qu'elle perd toute sa puissance si elle tombe dans les généralités pour formuler vaguement des accusations menaçantes. Sans doute la petite Transylvanie pèse peu dans la monarchie autrichienne ; mais un souverain qui se respecte ne refusera pas d'écouter ceux qui invoquent loyalement sa justice.

Nous avons entendu un jour le baron Denis Kemény entraîner courageusement la Diète à faire, en faveur de la liberté, une démonstration significative. Un mot provoquant, en dehors du domaine des faits, eût mis sa cause en danger ; mais comment attaquer un homme qui n'accuse qu'en citant des preuves matérielles? L'empereur à son avénement jure-t-il de maintenir le diplôme de Léopold? Oui, car la loi l'y oblige. Le diplôme est-il observé? Non, car voici les faits. Comme il s'agissait d'envoyer au prince l'acte de prestation d'hommage : « Un grand citoyen de Rome, s'écria Kemény, avait l'habitude de finir tous ses discours par cette phrase : Je pense qu'il faut détruire Carthage. Nous avons un désir que nous ne saurions trop souvent exprimer : c'est que le diplôme de Léopold soit une vérité. Il y a juste un siècle qu'un système d'administration fut inauguré sous Marie-Thérèse, lequel, en affaiblissant notre constitution, nous a conduits au bord de l'abyme. L'année qui expire rejette cette triste période dans le passé. Espérons que l'année qui commence sera l'aurore d'une ère nouvelle, où nos lois resteront intactes pour la gloire du souverain et de la nation. Dieu le veuille ! » L'orateur établit alors, d'une manière positive, que 17 articles, sur les 18 qui composent le diplôme, n'étaient pas observés. « Je ne prétends pas, ajouta-t-il, que le prince trouve au mal un remède immédiat ; je désire que la Diète lui rappelle que notre charte est annulée, et lui demande d'écouter les adresses que nous avons déjà faites et celles que nous ferons encore. Exprimons la confiance que nous avons dans la justice de l'empereur. » Après ces paroles, tout le monde se leva pour appuyer la motion, et il fut décidé qu'au bas même de l'acte de prestation d'hommage il serait envoyé au prince la liste de tous les articles violés par le gouvernement de Sa Majesté.

Le journal *la Patrie* publiait le 6 février 1842 les lignes suivantes :

« Dans un temps où nos hommes politiques ne semblent avoir d'autre souci que de défendre leur propre intérêt, en s'occupant si peu de celui de la France, il est curieux de comparer leurs discours aux paroles qui se font entendre dans l'assemblée politique d'un pays éloigné, et encore arriéré dans la voie de la civilisation.

» La Diète de Transylvanie, assemblée depuis le 15 novembre, continue l'œuvre de celle de Hongrie en cherchant à émanciper les classes inférieures, tout en défendant contre l'Autriche les libertés déjà existantes. Dernièrement un membre proposait la fondation d'un journal spécial de la Diète, qui contînt les discussions de chaque séance. Un débat s'éleva alors sur la liberté de la presse, et, un député ayant dit que le gouvernement devait garantir cette publicité *autant que possible*, un orateur, le comte Dominique Teleki, parla ainsi :

« La liberté de la presse présente une question que nous n'avons pas encore discutée, malgré son importance, et, quoique tous les peuples constitutionnels regardent la presse comme un moyen puissant de développement, il est certain que la liberté de la presse n'existe pas parmi nous; au contraire, le droit de l'exercer nous est presque ravi. Mais la faute en est au gouvernement, et le pays n'a jamais sanctionné ses mesures. Je désire donc, dans l'intérêt de la liberté, qu'on ne laisse échapper ici aucune expression, aucun mot qui puisse empirer l'état des choses sur ce point. Si nous ne sommes pas assez forts pour faire mieux, laissons au moins le champ libre, que nos fils puissent le cultiver. Si nous nous occupons de la liberté de la presse seulement par incident, nous semblons ne demander la publicité que pour les affaires de la Diète, et reconnaître la censure pour le reste. C'est aussi une faute de demander au gouvernement de garantir *autant que possible* cette publicité. Si un homme est arrêté contrairement aux lois, nous ne dirons pas : « Gouvernement, » rends-le à la liberté *autant que possible* », mais nous demanderons pour lui, la loi à la main, la liberté tout entière. Soyons donc sur nos gardes, et veillons d'abord à ce qu'il ne soit rien mis dans le procès-verbal de cette séance qui puisse nous arrêter un jour, en témoignant que, d'une manière ou d'une autre, nous reconnaissons la censure. »

» Combien y a-t-il de nos représentants qui aient cette sollicitude pour le bien présent et à venir de leur pays (1)? »

(1) L'appréciation sérieuse du mouvement politique qui s'opère à cette heure en Hongrie et en Transylvanie eût pris ici trop de développement. Nous nous réservons de l'étudier prochainement dans un travail sur l'*Esprit public en Hongrie depuis la Révolution française.*

CHAPITRE VI.

Thorda. — Souvenirs des Romains. — *Pratul lui Trajan.*
Crevasse. — *Buvo Patak.* — Toroczkó. — Mines de fer.
Costumes. — Paysans. — Mines de sel de Maros Ujvár.
Griefs des Hongrois.

Thorda était une ville romaine. Quelques uns ont pensé, en raison du sel qui s'y trouve, que là était située la colonie appelée *Salinæ*. Tous les objets qui ont été découverts à Thorda, statues, urnes, pierres, sont dispersés en Transylvanie, ou ont été transportés à Vienne. Il y a cependant sur une maison quatre bas-reliefs romains enfoncés dans le mur, qui représentent sans doute un Neptune et des chevaux marins. Le prêtre réformé en possède un autre d'assez grande dimension : trois figures debout, vêtues de la toge, tiennent un rouleau à la main ; sur le devant, deux enfants sont sculptés à mi-corps. Plusieurs églises et beaucoup de maisons furent élevées en 1455 avec les pierres tirées des ruines romaines. A une lieue de Thorda est un village appelé Koppánd, d'où une eau excellente était apportée dans la ville par un bel aqueduc, dont quelques restes existent encore.

On pouvait reconnaître il y a deux siècles la situation

et pour ainsi dire le plan de la cité antique. La citadelle romaine était placée sur la colline appelée encore aujourd'hui *Vár*, « le fort ». On voyait à cette époque une porte demi-circulaire, formée de grosses pierres carrées sans ciment et surmontée d'une statue de Minerve. Szamoskőzi, qui écrivit en 1604 une description de Thorda, engageait ses concitoyens à la concorde, et leur montrait ce monument, que ni le temps ni les barbares n'avaient renversé. Rappelant le mot de Sénèque, qui compare la société à un édifice, ôtez la clef de la voûte, disait-il, l'édifice tombe : ôtez la concorde, la république s'écroule. « Et la prédiction fut accomplie. Cette porte, qui durant tant de siècles était restée debout, tomba d'elle-même en 1657, et sa chute, que personne ne sut empêcher, présagea la ruine prochaine de la Transylvanie (1). »

Il y a près de Thorda une plaine que les Hongrois appellent le Champ croisé, *Keresztes mező*. Quand les princes régnaient en Transylvanie, la milice nationale y campait et s'y exerçait à la guerre. Il n'y avait pas alors de troupes réglées, mais seulement une milice des campagnes qui était placée sous le commandement du premier capitaine de la cour. Lorsque la guerre était déclarée, le *generalis campestris militiæ* ou tout autre seigneur recevait le titre de généralissime, dans une céré-

---

(1) *Wolffgangi de Bethlen historiarum liber VIII.*

monie militaire, avec le sabre et le bâton doré. Le Champ croisé, comme la plaine de Lutzen, a été témoin de plusieurs batailles. Il est des lieux que la nature semble avoir désignés aux hommes pour y accomplir de grandes choses. Dans les temps modernes, les Hongrois ont gagné là une sanglante bataille sur les Turcs, et l'on a vu long-temps les monceaux de terre qui recouvraient les vaincus, ainsi que les monuments élevés aux vainqueurs. Trajan y a remporté sur Décébale la victoire qui lui livra la Dacie. C'est là qu'il déchira ses vêtements pour les distribuer aux blessés. Les Valaques appellent encore cette plaine *Pratul lui Trajan*.

Les mines de sel situées aux environs de cette ville étaient connues des Romains. Ils creusaient la terre suivant la figure d'un cône renversé. Aujourd'hui on creuse en sens contraire : le souterrain va en s'élargissant. C'est grâce à ce nouveau mode de travail que l'on a obtenu les superbes mines de Maros Ujvár. Les trous faits par les Romains se sont remplis d'une eau extrêmement salée. Des bains y ont été construits, et les malades viennent y chercher la santé. La tradition fait encore remonter aux Romains certaines élévations de terre, rondes et uniformes, qui servaient, dit-on, de magasins souterrains. Dans la plaine montante où elles sont situées, on trouve beaucoup d'albâtre.

A l'ouest de Thorda est une série de montagnes sutement interrompue par une crevasse qui la divise du haut en bas. De chaque côté, la montagne a la même forme, la même hauteur ; au fond coule un torrent, ce qui fait présumer que les eaux amoncelées ont ouvert le roc. Si l'on traverse dans toute sa longueur cette gorge extraordinaire, on trouve à l'extrémité opposée deux murs de rochers brisés et séparés, de telle façon que les anfractuosités coïncident parfaitement; en sorte que, si une force surnaturelle poussait l'une vers l'autre les deux parties de la chaîne, les rochers s'engrèneraient, si on peut ainsi dire, et la montagne se refermerait dans toutes ses parties. Aux flancs de ces murs de roc sont deux grottes, placées précisément l'une en face de l'autre. On les appelle Cavernes de Ladislas, car la légende veut que le saint monarque, pour frayer un passage à son armée, ait fendu la montagne d'un coup de sabre, ou mieux encore Cavernes de Balika. Pendant la « Croisade », lorsque Rákótzi battit en retraite devant le général autrichien Heister, un chef de partisans nommé Balika se retira dans les cavernes de la Crevasse. Les Impériaux le bloquèrent; mais il les bravait du haut de ses rochers. Un chemin souterrain conduisait de là à un village éloigné, nommé Jára. Les partisans recevaient des vivres par cette voie. Cependant la famine se fit bientôt sentir chez les paysans; ils en refusèrent. Balika, qui n'avait pas d'autres ressources, en prit de force. Alors l'issue du souterrain fut montrée aux Autrichiens. La bande affamée périt homme à homme, et

Balika n'avait plus que deux compagnons quand il fut tué dans son aire. On voit encore des traces de fumée, et les constructions qui fortifièrent la redoutable caverne à laquelle les paysans ont donné son nom. Plus d'une fois, au reste, ces grottes ont joué un rôle dans les guerres de Transylvanie. Une charte du 13ᵉ siècle montre que les Tatars s'y étaient alors réfugiés. Vers le même temps les Sicules s'y retranchent, poursuivis par les Tatars qui ravagent la vallée de l'Aranyos; puis, quand les ennemis sont dispersés, ils tombent sur eux à l'improviste, et les chassent.

Tout le pays compris entre Thorda, Toroczkó, et les montagnes indiquées sur la carte, semble avoir été déchiré par quelque commotion terrible. On ne voit partout que des rochers brisés ou divisés violemment. D'Enyed à Toroczkó, on suit durant trois quarts d'heure un ravin qui passe entre des murailles de Titans, et qui tourne sans cesse suivant les caprices du roc. A chaque minute la scène change. Les rochers se penchent en avant, ou s'élèvent perpendiculairement jusqu'à une hauteur effrayante, en conservant de chaque côté des contours parallèles. Par intervalles, des torrents viennent bondir sur le chemin, c'est-à-dire sur le roc que les roues ont usé. Au dessus, les aigles planent.

Dès qu'on s'est engagé dans les montagnes rocheuses de Toroczkó, on voit se former de beaux paysages, qui grandissent à mesure qu'on s'élève, et qui deviennent plus riants à mesure qu'ils s'éloignent. L'Aranyos coule au loin dans une charmante vallée, tandis qu'autour de vous ce ne sont que des rocs à pic, ou des forêts de chênes qui ondoient suivant le mouvement du sol.

Un ruisseau court entre les montagnes qui, tout à coup, tombe dans un abyme de rochers. Puis il se fraie un passage sous la terre, d'où il ne ressort qu'à une heure et demie de là. On l'appelle le « ruisseau qui se cache », *Buvó Patak*. Le lieu où ce torrent disparaît est d'un aspect sauvage et majestueux. Sur le devant, des quartiers de pierre sont jetés pêle-mêle, renversés et entassés les uns sur les autres. Au fond se dresse un immense rocher blanc, lavé et poli par l'eau, percé de trous qui servent de nids aux oiseaux de proie. Le torrent franchit avec fracas les degrés de géants, se couvre d'une épaisse écume, et s'enfonce en bouillonnant sous la pierre. Il reparaît dans un site des plus romantiques. Ses eaux calmées forment un lac limpide, ombragé d'arbres, et l'on navigue doucement sous la voûte naturelle qui s'avance au dessus du lac. Enfin l'eau déborde, s'échappe et se précipite avec l'impétuosité d'un cheval dont on a long-temps comprimé l'ardeur.

Toroczkó est célèbre en Transylvanie par ses mines de fer : elles donneront du métal en abondance quand elles seront convenablement exploitées. Nous visitâmes un souterrain creusé sous une montagne, et long de 720 toises. Il fallait marcher courbé ; l'eau qui suintait à travers la voûte éteignait souvent nos lumières. Au bout d'une demi-heure, nous perdîmes patience, et nous revînmes sur nos pas : nous n'avions pas fait la sixième partie du chemin. Il est à croire que les montagnes de Toroczkó contiennent d'autres richesses naturelles ; des travaux bien entendus amèneraient probablement de nouvelles et utiles découvertes. Au reste les mines et les forges sont ici admirablement placées. Les longues files noires de chevaux qui portent le charbon, les gueules enflammées des fournaises, le bruit des lourds marteaux qui retentit entre les rochers tourmentés, animent merveilleusement cette nature cyclopéenne.

La vallée où se trouvent situés Toroczkó et un village voisin appelé Szent György (1), est dominée par les ruines d'un château qui a été sans doute l'habitation des seigneurs du pays. Un donjon à épaisses murailles s'élève à côté de diverses constructions dont il n'est guère facile aujourd'hui de reconnaître la destination première. Les vieillards se rappellent avoir entendu dire, dans leur enfance, que le château fut occupé par les Tatars. Ces ruines, vues de la vallée, sont d'un bel effet : par malheur elles diminuent tous les ans, et avant un demi-siècle peut-être il n'en restera rien. En face s'étend une longue et haute montagne rocheuse,

(1) Saint-Georges.

appelée la « Pierre Sicule », *Székely Kő*, sur le sommet de laquelle fut construit un autre château, dont on voit à peine quelques restes. Il existait déjà au 13e siècle. Sous le règne de Béla IV, en 1241, Celleus, comte Toroczkai, y fut assiégé par les Tatars ; mais, secondé par une poignée de braves Sicules, il les culbuta ou les mit en fuite. Le comte fit don du château à ses compagnons d'armes ; en même temps il reçut des mains du roi la terre qu'il avait défendue, et que ses descendants possèdent encore.

Les habitants de cette vallée portent un costume à part, qui se distingue entre tous ceux de la Transylvanie. Les jeunes filles ont pour coiffure un cercle de drap d'or, qui rappelle le *párta* des nobles Hongroises, d'où tombe une multitude de rubans de soie. Par dessus la chemise, qui est brodée en rouge ou en noir, elles portent une sorte de veste en toile très courte, bordée de rouge, ouverte sur la poitrine, et lacée avec des rubans de soie. Elles ont autour des reins une ceinture à la hussarde de couleur cramoisie. Le tablier, de lin vert, est orné de broderies orange. Leurs bottes rouges, dont la pointe se relève, ont la tige plissée, afin de s'allonger au besoin. Elles portent, attachés à la ceinture, des mouchoirs de soie, et, au poignet, des manchettes de même tissu. Après qu'elles se sont mariées, elles ont un voile blanc d'étoffe très fine, et un tablier blanc. Pendant la première année de leur mariage, elles prennent une chemise à paillettes de cuivre ; mais, les douze mois écoulés, elles la serrent dans le coffre, et se gardent bien de la porter. Toutes ont des pelisses extrêmement fourrées, dont la peau blanche est garnie de fleurs brodées en soie. Ce costume est à peu près le même à Toroczkó qu'à Szent György. Seulement à Toroczkó il est beaucoup plus riche : les lacets, les rubans de soie et les manchettes, sont rehaussés d'or.

Les hommes ont de larges chapeaux noirs ornés de ganses rouges et de rubans à fleurs. Ils portent une chemise bouffante de toile fine brodée à jour sur la poitrine et aux manches, et une cravate dont les bouts sont également brodés. La culotte, de drap blanc, est bordée de rouge, et les hautes bottes noires sont garnies d'un gland de fil bleu. L'épaisse fourrure de la pelisse se mêle avec leurs longs cheveux, qu'ils partagent sur le milieu de la tête. De temps immémorial ces paysans s'habillent ainsi, sans que personne puisse indiquer l'origine de leur costume. Quoiqu'ils ne parlent pas d'autre langue que le hongrois, ils sont certainement de race étrangère. Ils ont presque tous le teint blanc et la chevelure blonde ; une tradition existe parmi eux qui les fait venir de l'Allemagne.

Plusieurs paysans de Toroczkó doivent au travail des mines une certaine aisance. Ils envoient leurs enfants étudier à Clausenbourg. Quand les fils sortent du collége, ils retournent près de leurs pères et redeviennent villageois. Je fus conduit chez un de ces paysans. Son habitation se ressentait de la fortune qu'il avait acquise. Les chambres étaient tapissées de bandes de toile brodée étendues sur les murs. Le lit, peint à fleurs, était couvert de coussins brodés en rouge ou en bleu. Un lustre de bois doré pendait au plafond. On voyait des journaux hongrois sur la table. Une guitare était jetée sur le lit ; il l'accrocha au mur, et nous dit en passant que le maître de musique de sa fille était sorti. Une longue canardière, plusieurs fusils et pistolets, brillaient dans un angle. Il y avait une pendule qui jouait des airs hongrois. De chaque côté de la fenêtre on voyait les portraits de MM. Szechényi et Wesselényi. Il avait lu l'ouvrage du premier sur le crédit. « C'est un bon livre », disait-il ; puis il se plaignait de son costume. « Nous travaillons pour gagner notre vie ; cet habit là est trop cher pour un villageois. » Et il ajoutait en homme de progrès : « Qu'un seul le quitte, tous le quitteront. »

C'est une chose digne de remarque que ces paysans, après qu'ils sont devenus riches, restent toujours au village, et n'ont guère plus d'ambition que les autres. Celui de Toroczkó dont la fille apprenait la guitare est le plus citadin de tous ; il boit du café et s'occupe de politique. J'ai vu à Szent György un autre villageois qui le blâmait fort de ses excès. Celui-là, quand nous arrivâmes, travaillait avec ses enfants. Il nous fit entrer dans une chambre plus simple que l'appartement du paysan de Toroczkó, mais d'une propreté recherchée. Nous prîmes place autour d'une table, qui fut bientôt couverte d'un linge blanc comme la neige, et on apporta un goûter fort substantiel. Le visage de notre hôte exprimait la bonhomie, et une certaine dignité mêlée de satisfaction : car nous n'étions pas venus seuls, nous avions été accompagnés dans cette visite par la châtelaine du lieu, qui tous les ans va le voir, et qui nous fit, avec une grâce charmante, les honneurs de sa vallée.

Ce fut elle encore qui nous conduisit aux forges de Toroczkó, qui sont situées près de l'Aranyos. Sur le bord du fleuve une tente de feuillage avait été élevée à la hâte pour nous recevoir. Des rosiers attachés par la racine pendaient comme des lustres, et des fleurs cueillies aux champs voisins couvraient presque entièrement la table. Après une halte sous ce toit improvisé, où l'on oubliait la chaleur du jour, nous visitâmes les forges. Un vieux Bohémien qui descendait en droite ligne des cyclopes nous fit voir tous les fourneaux avec une majesté comique. Quand notre inspection fut terminée, il saisit une tenaille d'une dimension colossale, et, l'ouvrant tout à coup, il la referma si vivement sur moi, que je restai son prisonnier. Toutefois il m'avait laissé le bras droit libre, ce qui voulait dire que j'avais la faculté de porter la main à ma poche. En effet, j'obtins ma délivrance pour quelques pièces de monnaie. Le vieux cyclope, souriant dans sa barbe grise, m'assura que lui et ses compagnons eussent été affligés de ne pas boire à ma santé.

A quelques heures de Toroczkó, dont les montagnes donnent du fer, et à peu de distance de l'Aranyos, qui porte de l'or, se trouvent les salines de Maros Ujvár. Là, dit-on, les Romains avaient détourné la rivière, et on montre une éminence qu'ils avaient élevée pour contenir les eaux de la Maros. Une couche de sel s'étend sous la terre qui a neuf cent mètres de longueur et cinq cent cinquante de largeur. On a creusé de nos jours jusqu'à une profondeur de cent vingt mètres. Au bout de trois mètres on rencontre déjà le sel; en me penchant sur les puits, je le voyais briller à quelques pas de moi. On assure que cent cinquante-deux mines de sel pourraient être ouvertes en Transylvanie. Six seulement sont exploitées, et nulle part elles ne sont si belles qu'à Maros Ujvár.

Rien de plus magique en effet que de parcourir, un flambeau à la main, ces rues souterraines. Au dessus de vous, à droite à gauche, partout c'est du sel, je devrais dire du marbre, qui réfléchit la flamme en gerbes éblouissantes de diamants. A mesure que l'on avance, le feu jaillit de toutes parts. On marche ainsi long-temps entre ces murs aux mille couleurs, qui semblent conduire à quelque palais enchanté: on monte, on descend de fragiles escaliers de bois suspendus sur des abymes retentissants, où chaque pas rend un son solennel, puis on arrive dans d'immenses vaisseaux aux proportions gigantesques : ce sont les mines. Je crois que c'est là un des plus magnifiques spectacles qui se puissent voir. Qu'on se figure plusieurs nefs colossales, entièrement creusées dans le sel, dont les murs marbrés se rencontrent à une hauteur prodigieuse, comme les ailes d'une cathédrale gothique. La paille que l'on brûle pour illuminer ces voûtes merveilleuses éclate, en pétillant, comme la mousqueterie. Nous voyons alors les mosaïques bizarres que la nature a dessinées, les figures fantastiques qui courent sur les murs. Tantôt le sel brille, tantôt il est sombre. Là il s'est éboulé, et d'énormes blocs sont couchés sur le sol. En présence de ces temples souterrains, on songe aux tombeaux des Pharaons, aux monuments grandioses que l'antiquité nous a laissés.

Voyez s'agiter ces quelques ombres, ces nains qu'on dirait évoqués par Gœthe ou Hoffmann : ce sont les mineurs. Il y en a deux cents. Leur travail consiste à tailler dans le sol ou dans le mur des blocs d'un pied carré qui sont placés dans un réseau de fortes cordes, et hissés jusqu'à l'ouverture des mines. Il y a des chambres de quelques toises d'étendue, où l'haleine des travailleurs monte, se condense et produit de longues aiguilles de sel qui pendent au plafond, et blesseraient en tombant les mineurs si on ne prenait soin de les abattre.

C'est l'empereur qui exploite pour son compte les

mines de Maros Ujvár. Aussi retrouve-t-on là les vices ordinaires de l'administration autrichienne. Tous frais comptés, chaque quintal de sel (1) coute 17 kreutzers (2) au fisc, qui, au sortir même des mines, le vend aux Transylvains 3 florins 15 kreutzers (3). La plus grande partie du sel est amenée sur la Maros en Hongrie, où il est vendu plus de 6 florins le quintal. On en exporte aussi une certaine quantité, et, pour en faciliter l'écoulement, on le livre hors du royaume à un prix moins élevé, si bien que le roi de Hongrie vend le sel plus cher aux Hongrois qu'aux Turcs. Le sel fourni par la Transylvanie rapporte annuellement 18 millions de francs qui sont versés dans la caisse particulière de l'empereur. Si le gouvernement qui passe pour le plus paternel du monde entendait au moins ses intérêts, il réduirait ces prix exorbitants. Un véritable « service » de contrebande existe sur la frontière, admirablement organisé, dont tout le monde profite, jusqu'aux employés du fisc eux-mêmes. Cette contrebande ne cessera que le jour où l'Autriche aura enfin reconnu qu'il est toujours de mauvais calcul de vouloir tirer autant que possible d'un peuple sans s'inquiéter de ses besoins. Les voisins de la Transylvanie font, grâce

(1) 56 kilog.
(2) 73 centimes.
(3) 8 fr. 44 cent.

à l'empereur, un commerce particulier assez lucratif. Ils revendent aux Hongrois le sel, qu'ils paient moins cher qu'eux, en qualité d'étrangers, et, quoiqu'ils se réservent un gain dans ce marché, ils le livrent à un prix tel, que les Hongrois ont avantage à le leur acheter.

L'exploitation des mines de sel, en Hongrie et en Transylvanie, fut confiée dans l'origine à des particuliers. Puis elle fut entreprise par le roi, et le produit qu'on en tirait, compté entre les revenus de la couronne. Les rois de Hongrie livraient annuellement à leurs officiers une certaine quantité de sel. Ainsi le vayvode de Transylvanie en avait pour une valeur de trois mille florins, le palatin pour deux mille, le ban de Croatie et de Dalmatie pour mille, et le gouverneur de Bude pour cinq cents. La Diète de Transylvanie occupa pour la première fois en 1562 les mines de sel situées sur le territoire des Sicules : cette mesure était nécessitée par les besoins du pays. Depuis ce temps, la Diète disposa toujours du produit de ces mines, qui servait ordinairement à payer le tribut dû aux Turcs. En 1613 elle décrétait que les salines ne pouvaient être affermées. Cependant cet arrêt fut violé par la Diète elle-même en 1659 et 1671. En 1665, on les engageait aux princes pour une somme déterminée.

Ces dates établissent un fait important, à savoir que la Diète de Transylvanie a toujours regardé les mines de sel comme propriété nationale, et qu'elle en cédait seulement l'usufruit aux princes. Quand la Transylvanie se donna à l'Autriche, les empereurs ne manquèrent pas de tirer profit de ces mines. La Diète continua d'abord d'exercer son droit d'en disposer. Ainsi en 1697 elle put décréter que le produit de quelques salines serait affecté à l'entretien des troupes, et servirait ensuite, *pour le soulagement du peuple*, à fournir l'impôt payé à l'Autriche. La Diète prit encore quelques dispositions qui montrent qu'elle ne renonçait pas à sa prérogative, et qu'elle entendait toujours fixer le prix du sel, les mines étant propriété nationale. Mais dans la suite les empereurs s'arrogèrent la propriété des salines, et haussèrent ce prix sans même consulter les États.

En outre, avant la domination autrichienne, et quand déjà les mines étaient exploitées par le fisc, les nobles, si les salines se trouvaient sur leurs terres, pouvaient prendre autant de sel gratis, eux et leurs paysans, que leurs besoins l'exigeaient, car le seigneur a le droit d'user librement de son terrain. Les autres gentilshommes avaient aussi cette faculté, mais ils étaient tenus de rembourser le prix du travail (*ordinarium*). Ce droit était si bien établi, qu'on n'en fit pas même mention quand on donna aux princes l'usufruit des mines. L'Autriche l'a aboli : elle permet seulement l'usage des fontaines salées à certains jours, et avec l'autorisation du fisc. En 1748, et pour solder les appointements des assesseurs de la table royale, la Diète fixa le prix du sel ou plutôt *l'ordinarium* pour les nobles à neuf kreutzers (1) le quintal. En 1765 l'empereur ordonna, de sa propre volonté, que le quintal serait vendu cinquante kreutzers (2), tant aux nobles qu'aux paysans. Plus tard le prix monta à un florin quarante kreutzers (3). Ainsi se suivirent les ordonnances impériales jusqu'à la dernière, qui fait payer le quintal de sel trois florins quinze kreutzers. De plus, tous les Saxons, qui, d'après le privilége d'André II (4), étaient libres, trois fois par an, de prendre le sel gratis, sont dépouillés de leurs droits.

On ne doit pas entendre ici par « nobles » quelques hommes privilégiés, jouissant de leurs prérogatives au préjudice de la foule. Nous avons dit au précédent chapitre que « les gentilshommes en botskor » sont fort nombreux. Ces nobles paysans regardèrent l'impôt sur le sel comme un véritable vol commis à leur préjudice, et tentèrent de reprendre ce qu'ils appelaient leur bien, en pénétrant dans les mines, et en attaquant les chariots du roi qui portaient le sel. Beaucoup de ces malheureux furent tués à coups de fusil, et de temps à autre ces faits se renouvellent encore. Il est même ar-

---

(1) 39 centimes.
(2) 2 fr. 16 cent.
(3) 4 fr. 33 cent.
(4) Voyez le chapitre XVII.

rivé que le fisc a fait jeter dans la Maros les éclats de sel qui encombraient les mines, à tel point que les poissons en moururent. La Diète adressa d'énergiques représentations au roi, et maintenant on les livre aux pauvres à bas prix.

Les griefs des Transylvains contre l'Autriche sont fort nombreux; mais il n'y en a guère de plus graves que ceux qui concernent le sel, puisqu'on reproche à l'empereur de s'être emparé des mines contre toute justice, d'élever illégalement et exorbitamment le prix d'une denrée nécessaire, et d'avoir aboli les droits dont jouissaient, en définitive, la plus grande partie des habitants.

CHAPITRE VII.

L'Aranyos. — Récolte de l'or. — *Les Bohémiens.*

La plupart des rivières qui arrosent la Transylvanie, les deux Szamos, les deux Kőrős (1), l'Ompoly, le Gyógy, le Sztrigy, la Maros, la Bisztricz, la Lápos, la Dumbravitza, portent de l'or. On peut même dire qu'elles en roulent toutes; mais il en est où l'or est si rare, qu'on ne prend pas la peine de les nommer (2). Celle qui en porte en plus grande quantité prend sa source dans les montagnes occidentales de la Transylvanie, traverse le pays de Toroczkó, passe à Thorda, et se jette dans la Maros. Les Hongrois l'appellent l'*Aranyos*, c'est-à-dire la Dorée. Ces rivières sont exploitées par ces hôtes vagabonds que nous appelons fort improprement Bohémiens, et auxquels, dans nos départements du midi, on donne le nom espagnol de Gitanes. On peut retirer les paillettes en jetant continuellement l'eau et le gravier sur une étoffe laineuse à laquelle s'attache l'or; mais ordinairement on lave le sable dans une sorte de planche creusée appelée *tekenyő*. Les Gitanes s'en acquit-

---

(1) Du latin *Chrysius*, χρυσός.
(2) Kőleseri, *Auraria Romano-Dacica.* Cibinii, 1717.

tent avec une adresse et une célérité surprenantes. Ils saisissent le *tekenyö* par les deux bouts, l'agitent doucement, laissent tomber l'eau, en reprennent encore, et la rejettent jusqu'au moment où ils voient briller l'or pur. Quelques instants suffisent pour laver une poignée de sable. C'est une de ces mille scènes inattendues que la Transylvanie offre sans cesse au voyageur, et l'étrange costume des Bohémiens, leur peau noire et leurs cheveux crépus, ajoutent encore à l'effet de ce spectacle extraordinaire, qui vous transporte aux rivages de l'Afrique.

Les Gitanes orpailleurs sont divisés en douze bandes de quatre-vingts, cent ou cent vingt individus. Chaque bande a un surveillant, lequel rend ses comptes à un directeur général, qui réside à Zalathna. Ils sont exempts des charges publiques, mais non des corvées dues au seigneur. Ces bandes n'ont pas de lieu fixe où elles doivent continuellement se tenir; chaque Gitane lave le sable où il lui plaît, aujourd'hui dans une rivière, demain dans une autre, le plus souvent dans l'Aranyos. On lui délivre un permis en vertu duquel il va de côté et d'autre exercer son industrie. En retour, il doit donner tous les ans un *pizète* (1) de poussière d'or, qui lui est acheté 3 florins 40 kreutzers (2). S'il est actif, il peut en retirer

(1) 5 grammes 2 décigrammes.
(2) 9 fr. 52 cent.

trois pizètes par semaine, et chaque pizète lui est payé au même prix. La récolte est plus abondante dans le temps des grosses pluies, quand les torrents entraînent l'or des montagnes. Tout l'or que les Bohémiens retirent doit être remis au surveillant; il leur est défendu de le vendre à d'autres. Jusqu'à ce jour, le maximum d'or lavé dans une année a été de douze kilogrammes.

Il est hors de doute qu'on pourrait en obtenir bien davantage si cette exploitation était confiée à des ouvriers laborieux. Mais il n'y a guère de gens plus fainéants au monde que les Gitanes. Quoiqu'ils aient un moyen rapide de gagner beaucoup, ils n'en profitent point. Souvent même ils ne se donnent pas la peine dans toute l'année d'extraire la quantité d'or exigée par le fisc, et qu'ils pourraient retirer en peu de jours.

On rencontre des Bohémiens dans toutes les contrées de l'Europe. Quel que soit le pays qu'ils habitent, et le peuple au milieu duquel ils sont campés, ils montrent partout les mêmes habitudes et les mêmes vices. Répandue sur tout le continent, et jetée parmi des populations diverses, cette nation dispersée a conservé un caractère particulier qui ne se dément nulle part : elle reste complétement étrangère au mouvement qui entraîne tous les hommes autour d'elle, et il n'y a aucune différence à établir entre les Gitanes qui se voient en Hongrie et ceux qui habitent nos départements des Pyrénées. Les Magyars les appellent *tzigány*, *tzigányok*, et dans un décret rendu par le roi Uladislas, en 1496, ils sont désignés par le nom de *Pharaones*, qui correspond à celui d'Egyptiens, que nous leur donnons aussi. Dans leur langue ils s'appellent Romm. On a long-temps pensé qu'ils étaient originaires de l'Egypte, et que la vengeance divine les condamnait à errer sur la terre, parce que leurs ancêtres avaient refusé d'accueillir la Vierge; il est admis aujourd'hui que ces hordes vagabondes sont d'origine indienne. Cette opinion paraît appuyée par des preuves positives, et récemment encore le missionnaire Wilson, en passant à Pesth, a cru reconnaître que les Gitanes de Hongrie, comme ceux de Turquie, parlent une langue qui se rapproche du dialecte en usage près des bords de l'Indus parmi les Budsurades.

Les proverbes hongrois ne tarissent point sur les Gitanes : importun comme un *tzigány ;* voleur, impudent vantard, bavard comme un *tzigány*, etc. Dès qu'un méfait a été commis, c'est la troupe de Gitanes voisine que l'on accuse, et souvent avec raison. Ils habitent toujours à l'extrémité du village, loin des autres paysans, qui ont pour eux un mépris superbe, et ils reconnaissent l'autorité de l'un des leurs, nommé vayvode par le seigneur et chargé d'exercer la police. Ils se cachent dans des huttes faites de boue qui s'élèvent de quelques pieds, et sous lesquelles ils creusent la terre pour avoir plus d'espace. Toute une famille s'entasse dans ces bouges horribles. La fumée s'échappe par un trou percé à travers le toit, qui est recouvert de plantes sauvages, et des enfants, noirs et nus, jouent devant la porte. Si un cavalier passe, ils accourent, le poursuivent en demandant l'aumône, et accompagnent leur prière de cris étourdissants et de mille tours de force. Au bruit le père et la mère sortent de leur tanière, et les chiens mis en émoi poussent de longs hurlements. Ces Gitanes exercent le métier de cloutiers, de maréchaux, ou font des briques pour le compte du seigneur. C'est surtout alors qu'ils sont effrayants à voir quand ils rôdent comme des spectres autour du foyer ardent.

Il y en a d'autres qui ne sont pas fixés; ils errent à l'aventure, sans souci du lendemain, sans remords du délit commis la veille. Heureusement ils ne sont pas nombreux, car on les redoute. Ceux-là campent chaque soir dans les champs, autour d'un feu. Si on traverse les campagnes avant le lever du soleil, on les voit étendus par terre auprès de quelques tisons éteints; à côté d'eux sont couchés deux ou trois porcs, et un maigre cheval qui transporte leur tente. Quand ils savent quelque métier, ils l'exercent dans les villages qu'ils rencontrent ou sur le bord des chemins. Le groupe de forgerons qui est ici représenté a été pris au daguerréotype sur la lisière d'un bois. Ils font encore des paniers ou taillent des cuillers de bois et des *tekenyö*. C'était jadis une profession très lucrative de dire la bonne aventure.

Les Bohémiens de cette sorte, qui n'ont pas encore renoncé à la vie nomade, ne paient aucun impôt; ils n'existent pas aux yeux de l'administration, et ne comptent pas plus que les loups des forêts. Bien qu'ils vivent d'ordinaire dans une excessive pauvreté, et que leur existence, la plupart du temps, soit des plus problématiques, on nous a assuré que plusieurs d'entre eux ont acquis quelques richesses. Par quel moyen? le diable le sait. Quoi qu'il en soit, on raconte qu'on a vu de ces vagabonds, en arrivant dans un nouveau campement, creuser la terre, y enfouir des ducats, des perles et des bijoux, et, la fosse refermée, planter au dessus la tente trouée qui les abrite. Je tiens ces détails d'un drôle de mes amis — que le lecteur me pardonne cette connaissance! — qui n'avait pas seulement un clou à enfouir, mais qui, pour se consoler, disait, en clignant de l'œil, que quelques uns de ses frères, vagabonds et déguenillés comme lui, avaient les mains pleines d'or. Où la philosophie va-t-elle se nicher? Voilà un homme qui meurt de faim: une métaphore et peut-être un mensonge lui viennent à l'esprit, et il ne demande plus rien au monde!

Un voyageur aperçut un jour un Gitane qui battait sur l'enclume près de la route. Il descendit de voiture et lui demanda ce qu'il faisait: — «Des clous, répondit le tzigány. — Tu n'es pas habile, dit l'étranger, ils ne valent rien. Ne saurais-tu pas forger un clou à cheval?»

Le Gitane lui en présenta un. — « Cela n'est pas mieux. Regarde-moi faire. » Et peu d'instants après il lui montra deux clous de sa façon. Le Gitane ouvrit de grands yeux, puis s'écria en valaque : *bine invetiatu*, « vous êtes bien instruit (1) ! » Il avait raison. L'expert, qui laissa sur l'enclume un prix d'encouragement et disparut, n'était autre que le prince Lobkowitz, lequel, comme président de la chambre générale à Vienne, avait la direction suprême de toutes les mines de la monarchie, et ne dédaignait pas de connaître l'art jusque dans ses derniers détails, au point d'être un excellent forgeron.

L'humeur vagabonde des Gitanes les quitte difficilement. L'empereur Joseph II essaya de les attacher à la terre. Il consulta à cet effet les comitats de la Hongrie et prit des mesures qui semblaient décisives. Leur langue même devait être abolie; on les désignait déjà dans le langage administratif sous le nom de « nouveaux paysans ». Tous ces efforts furent vains. Les Gitanes, qui, d'après les nouvelles ordonnances, ne pouvaient plus quitter les terres du seigneur, s'y prirent de telle façon, qu'ils en furent chassés par les seigneurs eux-mêmes. On leur construisit des maisons commodes; ils y établirent leurs vaches et dressèrent leur tente à côté. Les enfants, qu'on avait mis chez les villageois pour les ac-

---

(1) Plus exactement : « bien appris » !

coutumer au travail, s'échappèrent tous et rejoignirent les tentes de leurs pères. En 1782 il n'y avait dans toute la Hongrie que soixante-dix-sept « sessions » qui fussent cultivées par des Gitanes, et la somme des contributions payées par eux ne dépassait pas vingt mille florins. Dans le recensement fait à cette époque de la population du royaume, on compta, outre ceux qui avaient consenti à devenir laboureurs, 43,787 Gitanes, dont 5,886 se donnèrent pour maréchaux, et 1,582 pour musiciens. On n'a pas fait de conscription nouvelle, mais il est probable qu'ils sont aujourd'hui en moins grand nombre; on dit, en effet, qu'ils diminuent sensiblement, et qu'ils disparaîtraient à la longue si de nouvelles hordes ne venaient de la Valachie et de la Moldavie. Au 16e siècle les Gitanes furent chassés de plusieurs états de l'Europe. La Hongrie et la Transylvanie ont été pour eux plus hospitalières, et on trouve dans les actes des anciennes Diètes divers articles qui les concernent.

Ce qui les entretient dans le goût de la vie errante, outre leur inclination naturelle, c'est l'extrême facilité avec laquelle ils supportent la fatigue et les privations. Ils ont les mêmes haillons pendant les chaleurs excessives de l'été comme pendant le froid rigoureux de l'hiver, et dans le moment où on traverse une rivière en traîneau on les voit quelquefois marcher pieds nus, sans autre vêtement que des lambeaux troués qui les cachent à peine. Cependant tous les Gitanes n'en sont pas à ce degré de misère. Il y en a qui labourent la terre, principalement dans cette partie de la Transylvanie qu'on appelle la *Mezöség* : ils passent là pour d'habiles moissonneurs. Ce fait donne à penser qu'ils ne sont pas aussi indisciplinables qu'on l'a cru jusqu'ici, et que des mesures mieux entendues amèneraient des résultats meilleurs. Nous avons déjà parlé des riches Bohémiens de Clausenbourg. Ceux qui habitent Hermannstadt ont de l'aisance et vivent bien. Ils portent le costume des riches paysans hongrois, en choisissant de préférence les couleurs vives. Leurs gilets écarlates sont couverts de petits boutons de cuivre ronds et brillants; ils portent aussi de grands éperons sonnants. Les femmes se ressentent particulièrement de ce bien-être. La couleur foncée de leur peau disparaît pour faire place à un teint d'une blancheur mate qui fait ressortir l'éclat de leurs yeux noirs. Joseph II, quand il visita la Transylvanie, ne manqua pas de faire cette observation, et on dit qu'il se mêlait une certaine reconnaissance aux sentiments philanthropiques qui l'animaient envers les Bohémiens. Il semble au reste qu'il y ait deux races de Gitanes. Les uns ont les cheveux crépus, les lèvres épaisses, et sont très basanés. D'autres sont olivâtres, ont les traits plus réguliers et les cheveux lisses. Mais, quelle que soit la condition dans laquelle elles se trouvent, toutes les jeunes Bohémiennes sont remarquables par leur taille élancée, qui frappe encore plus sous le haillon.

Quant à leur religion, s'il leur plaît d'en avoir, les Gitanes embrassent sans difficulté celle qui est professée autour d'eux : ils sont ici catholiques, là grecs, et ailleurs réformés. On dit par ironie : « Je te souhaite autant de plaisirs que j'ai vu de tzigánys prêtres. » De préférence, ils choisissent la religion du seigneur, laquelle, suivant leurs idées aristocratiques, doit être la meilleure de toutes. C'est encore par suite de ces idées qu'ils se croient venus du même pays que les Hongrois. «Nos pères sont sortis d'Égypte avec Arpád», me disait sérieusement un Gitane qui affirmait avoir lu beaucoup. Ce mot incroyable m'étonna peu. Je trouvai naturel qu'il cherchât à s'adjuger le berceau du peuple hongrois, de la race victorieuse. C'était la seule patrie qu'il lui semblât décent d'adopter.

La langue que ces tribus ont apportée en Europe a dû s'altérer avec le temps. Un officier hongrois fait prisonnier dans les guerres de l'Empire, et amené en France, m'assura que les Gitanes qui faisaient partie de sa compagnie ne pouvaient comprendre les nôtres. On remarque qu'en Hongrie et en Transylvanie, leur langage a subi, suivant les localités, certaines modifications. Les Gitanes savent toujours la langue du peuple au milieu duquel ils se trouvent. Ceux qui habitent parmi les Saxons ont adopté des mots allemands, tandis que ceux qui se sont fixés dans les Comitats ont introduit dans leur langue des expressions hongroises. Ces circonstances établissent des distinctions entre les dialectes qui paraissent s'être formés.

Nous transcrivons ici quelques mots usités chez les Gitanes de Clausenbourg.

Yek, un.	Tchoumout, lune.
Dui, deux.	Tchirhignia, étoile.
Tri, trois.	Goulodel, Dieu.
Chtar, quatre.	Meripô, mort.
Panntch, cinq.	Djivipô, vie.
Chô, six.	Purô, vieillesse.
Efta, sept.	Thernô, jeunesse.
Okhtô, huit.	Tsinotchaô, enfance.
Ignia, neuf.	Délis, donner.
Dâhe, dix.	Djas, aller.
Chel, cent.	Manrô, pain.
Milliê, mille.	Môl, vin.
Dies, soleil.	Pâgni, eau.
Kham, jour.	Khér, maison.
Somnal, or.	Hanguéri, église.
Somnal kham, le soleil d'or.	

Notre ancienne connaissance, maître Móti, qui me tenait pour un protecteur des beaux-arts, me présenta un jour deux Bohémiennes qu'il me déclara dignes d'être connues. La plus grande et la plus âgée avait les lèvres épaisses, le regard brûlant, et un visage africain. Elle portait une robe de couleur foncée ; un châle noir à ramages de couleur était roulé autour d'elle, et un long mouchoir noir qui lui ombrageait le visage pendait sur son dos. La seconde avait pour costume une veste à la hussarde, de velours noir, un jupon à fleurs, et des bottines. Ses cheveux, brillants comme le jais, disparaissaient en partie sous un voile de gaze, et, en encadrant le visage, donnaient de l'éclat à la blancheur mate de son teint. Elle avait une sorte de beauté mélancolique que j'ai trouvée souvent chez les femmes de sa race qui n'étaient pas dégradées par la misère. Après que Móti eut joué quelques préludes, elles se mirent en devoir de danser. Leurs gestes et leurs pas étaient lents. Elles se tenaient par la main, s'éloignaient, marchaient l'une vers l'autre en se tendant à demi les bras, et faisant flotter leurs voiles, puis se rejoignaient pour exécuter ensemble des mouvements expressifs. Móti avait déposé son instrument. Elles accompagnaient elles-mêmes leurs danses en chantant, dans une mesure extrêmement lente, un air d'une grande douceur et d'une touchante mélancolie, qui exprimait tour à tour la tendresse et le repentir, car la voix vibrante de l'une et les notes graves de l'autre prenaient le dessus suivant le sens des paroles. La danse et surtout les voix me frappèrent tellement, que je n'ai pu m'empêcher de reproduire cette chanson bohémienne.

Les Gitanes sont adroits, vifs et alertes. Ils font tout

avec une dextérité sans égale, quand ils veulent faire.
Mais ils excellent particulièrement, comme musiciens,
dans l'exécution des airs nationaux. « Guidés uniquement
par leurs oreilles, et à l'aide de quelque exercice, ils
parviennent à une promptitude et une vigueur d'exécution à laquelle des maîtres de l'art ne pourraient atteindre. Cette habileté leur assure la préférence dans
les musiques de table, les festins de noces, et toutes
les autres réunions où l'on cède à l'inspiration de la
gaîté et à l'entraînement des mœurs nationales (1). »
D'ordinaire ils ne connaissent pas même les notes,
mais l'instinct musical leur tient lieu de tout, et il n'y
a vraiment que les Gitanes qui sachent jouer les mélodies magyares. La musique hongroise exprime des sentiments profonds et passionnés. Large, grave, triste
même dans certains moments, elle veut des interprètes
à la fois ardents et calmes, qui laissent toujours deviner la vivacité nationale dans les accents les plus mélancoliques. Cette vivacité éclate à son tour en phrases
rapides et animées, qui commandent l'enthousiasme,
et qui rendent merveilleusement bien tout ce que le caractère hongrois a de hardi, de brillant et de chaleureux. Les Gitanes traduisent quelquefois ces mélodies
avec un sentiment et une verve incomparables. Leur

(1) Schwartner, *Statistique du royaume de Hongrie*,
trad. par Wacken. *Francfort-s.-M.*, 1813.

talent se montre non seulement dans l'exécution parfaite du chant, mais encore dans l'art prodigieux avec lequel ils savent improviser les variations les plus intelligentes sur des thèmes qui respirent des sentiments si distincts.

Il s'en faut que tous les artistes bohémiens atteignent cette perfection : je ne parle ici que d'un petit nombre. Mais ces exemples suffisent pour prouver le génie de la nation. On est au reste surpris de l'aisance que déploient les petits enfants auxquels on met un violon entre les mains ; en peu de temps ils arrivent à seconder leurs pères, et on sent que tout tzigány est né musicien. Aussi les Gitanes de chaque village en sont-ils les ménétriers obligés. Les jours de fête ils prennent une supériorité que tout le monde leur reconnaît : ils marchent en tête du cortége quand un mariage est célébré, et deviennent des personnages importants. Sous ce rapport les Gitanes de la Hongrie offrent un certain intérêt. Ils sont les dépositaires de l'art. Ce sont eux qui conservent les airs nationaux, que l'on n'a pas écrits, et qui sont joués d'un bout du pays à l'autre. Souvent ces artistes en guenilles, qui ont à leur disposition des instruments fêlés, ne vous procurent qu'un médiocre plaisir ; mais quelquefois aussi ils surpassent ce que vous attendiez d'eux. On en rencontre partout, et c'était une de mes préoccupations, dans chaque lieu où je m'arrêtais, de penser quelle sorte d'exécutants viendraient se faire entendre sous les fenêtres de l'hôtellerie, car la voiture d'un étranger stationnant à la porte ne manquait jamais d'attirer les Gitanes. Ceux qui ont du talent sont recherchés des seigneurs : pendant l'hiver, ils forment l'orchestre des bals. Un magnat transylvain, à Bethlen, entretient une bande de Czigány qui se sont rendus célèbres, et qui exécutent entre autres d'une façon très touchante l'air fameux de Rákótzi. Ils eurent un jour l'idée d'aller jouer cet air rebelle chez l'archiduc Ferdinand d'Este, envoyé par l'empereur à Clausenbourg, lors de la dissolution violente de la Diète, pour surveiller les Transylvains. Le prince les fit chasser sur-le-champ.

Ainsi que le veut le proverbe hongrois, les Gitanes sont naturellement fort impudents; mais ils poussent ce défaut à l'excès quand leurs talents en musique demandent pour eux quelque indulgence. C'est sans doute le sentiment de leur supériorité artistique qui cause cette assurance; toujours est-il qu'ils usent parfois avec les seigneurs d'une familiarité qui paraît incroyable en Transylvanie. Je me trouvais à Clausenbourg chez un jeune magnat; nous causions seuls dans le salon. Tout à coup une fausse porte s'ouvre, et un Gitane, entrant ainsi comme un habitué, paraît devant nous son violon sous le bras. Grande surprise de notre part. Il nous dit : « Je suis venu jusqu'ici pour vous proposer un concert. Voulez-vous nous entendre?

— Non. — Vous n'êtes pas disposés? Eh bien ! cela sera pour une autre fois. » Et il s'en alla comme il était venu. Il arriva à un autre de jouer devant un seigneur qui était lui-même habile violoniste. Il se surpassa, et, le morceau fini, reçut des compliments. Puis, comme pour mieux assurer son triomphe, il pria hardiment son auditeur d'exécuter aussi quelque chose. La proposition devait paraître impertinente; mais le magnat était un homme d'esprit, et, charmé peut-être de montrer son savoir-faire, il prit l'instrument des mains du Bohémien, et fut à son tour applaudi.

Ce dernier trait achève le croquis du Gitane. Il faut se le représenter déguenillé et amaigri, mais ayant conscience de sa valeur parce qu'il porte un violon sous le bras. C'est l'artiste placé au plus bas degré de l'échelle, insouciant, vagabond, mais doué d'une étonnante organisation musicale. Il a des goûts particuliers, une allure qui n'est qu'à lui, et une bonne humeur qui ne tarit jamais. Dans chaque instant il est prêt à vous divertir : faites un signe, il va venir sous vos fenêtres, et, le nez au vent, l'œil animé, jouera toutes sortes de mélodies, tristes ou gaies, tandis que les auditeurs qui l'entourent se serreront dans leurs pelisses.

Quand je voyageai en Transylvanie, j'aperçus un jour, au moment d'entrer dans une petite ville, deux individus étendus sur l'herbe trempée de rosée. Au bruit de la voiture, l'un d'eux leva la tête, saisit son violon, qui était près de lui, enveloppé dans un lambeau d'étoffe bleue, et regarda attentivement l'équipage qui avançait, se demandant s'il y avait là quelque chose de bon à espérer pour lui. Il paraît que le résultat de l'examen fut à mon avantage : car je le vis tout à coup se lever, faire deux ou trois sauts, préparer son instrument, toucher du pied l'autre individu, et se poster sur le bord de la route. Son compagnon, ou plutôt sa compagne, car l'obscurité ne nous permit de la distinguer que quand nous fûmes plus près, n'avait nullement senti le fraternel et vigoureux coup de talon qu'il lui avait administré en manière d'appel. Elle continua de dormir du sommeil de l'innocence, la tête placée sur ses deux mains jointes, de façon à présenter au passant son profil indien. Elle n'avait d'autre vêtement par dessus sa chemise qu'un corsage écarlate, et quelque chose, dont il était difficile de déterminer le nom et la forme, qui lui couvrait les jambes. Le Bohémien, lui, dès que nous pûmes l'entendre, exécuta chaudement un air de danse, marquant la mesure en frappant le sol de ses pieds nus, sautant à droite, à gauche, et montrant une rangée de dents effrayantes quand il appelait sa partenaire, laquelle ne bougeait pas. Il était vêtu plus légèrement encore, grâce à la multitude de trous qui décoraient sa courte chemise et son unique pantalon de toile. Mais il portait au doigt une grosse bague, volée la veille sans doute, qu'il regardait de temps à autre avec amour. Quand nous l'eûmes dépassé, il n'en joua pas moins bravement, criant d'autant plus que nous nous éloignions davantage, peut-être pour me témoigner sa reconnaissance. Il se livra long-temps encore à ce violent exercice, même lorsqu'il ne nous était plus possible de l'entendre; à la fin il se dirigea, toujours en gambadant, vers la Bohémienne, qu'il allait cette fois réveiller sérieusement pour lui faire part de l'aubaine qui leur était arrivée.

CHAPITRE VIII.

Enyed. — Balásfalva.

Les colléges catholiques, en Transylvanie, sont seuls soutenus par le gouvernement autrichien. Ceux qui appartiennent aux religions réformées ne reçoivent aucune subvention : ils ne subsistent qu'à l'aide des dons faits de nos jours par les particuliers, et des revenus que les princes leur ont autrefois assignés. En outre, la cour de Vienne a toujours eu pour habitude de donner peu d'emplois aux réformés, et de protéger au contraire le parti catholique. Il en est résulté que celui-ci a récompensé ces services par un dévoûment souvent absolu, tandis que ses adversaires se trouvaient naturellement à la tête de tout mouvement d'opposition. Aussi regarde-t-on les protestants comme formant le parti véritablement national, en face des catholiques, qui figurent presque un élément autrichien. Ces distinctions sont bien plutôt politiques que religieuses, et c'est ce qui leur donne toute leur importance. Autrement elles disparaîtraient devant cette communauté d'idées et de principes qui a rapproché depuis un siècle les différentes communions qui se trouvaient en présence dans ce pays.

C'est dans les colléges protestants que se forme la jeunesse libérale. En Transylvanie les colléges renferment non seulement les cours ordinaires de nos lycées, mais de plus ceux qui sont du ressort des facultés, tels par exemple que le cours de droit. L'élève qui y entre enfant en sort homme fait et capable d'embrasser la carrière à laquelle il s'est destiné. Au point de vue national, les colléges réformés ont donc une grande importance, et c'est avec un double intérêt qu'on les visite, car il est beau de voir ces institutions se maintenir au premier rang malgré le mauvais vouloir de l'autorité, et donner une instruction supérieure à celle que reçoivent les élèves du gouvernement; ce qui s'explique par le mouvement et l'activité qui s'emparent des esprits. On conçoit que dans de pareilles conditions le choix d'un professeur soit une chose grave, et même un événement politique. Souvent le parti du gouvernement et le parti libéral entrent en lutte à propos d'un nom, et les élèves ne manquent pas de témoigner bruyamment, suivant le résultat, de leur joie ou de leur mécontentement. Lors de la nomination de M. Brassai au collége unitaire de Clausenbourg, les étudiants exécutèrent la *Marseillaise* dans la salle, au moment même où le professeur fut installé.

On peut apprendre avec étonnement que cet air révolutionnaire est popularisé dans la moitié de l'empire autrichien, c'est-à-dire en Hongrie et en Transylvanie.

Mais il n'est pas surprenant qu'il en soit ainsi dans un pays où vivent des sympathies françaises, et où les idées de liberté préoccupent vivement les hommes généreux. Au moment où s'ouvrait la dernière Diète, j'ai entendu notre air national chanté dans les rues de Presbourg, aux portes de l'Autriche. Dans l'année 1840, quand la guerre paraissait imminente entre la France et l'Europe, la jeunesse de Pesth, qui prenait au sérieux notre enthousiasme du moment, faisait jouer la *Marseillaise* au théâtre national. Ce fait passa inaperçu : c'est pourtant la seule marque de sympathie que nous ayons reçue au delà du Rhin. C'était le temps où l'Allemagne, dans un accès de colère fort regrettable, chantait sur tous les tons la pastorale de M. Becker, qu'elle prenait bonnement pour un chant de guerre.

Ce que nous venons de dire des colléges réformés s'applique particulièrement à celui d'Enyed, qui est le meilleur et le plus nombreux de tous. Les protestants de Transylvanie regardent pour ainsi dire cette institution comme le palladium de la nationalité hongroise : aussi n'est-elle pas fort en faveur auprès du gouvernement. Il y règne une ardeur d'esprit, une liberté d'idées et de paroles qui n'est pas bien vue à Vienne, où l'on aime par dessus tout ce que l'on appelle, en style de chancellerie, les gens tranquilles.

Lorsqu'en 1834 l'opposition hongroise s'organisa sous l'impulsion du baron Wesselényi, un professeur du collége d'Enyed, M. Charles Szász, fut envoyé à la Diète en qualité de député. M. Szász fut un des chefs du parti libéral ; et, bien qu'il eût fait tous ses efforts pour inspirer à l'opposition des idées modérées, il encourut la colère du pouvoir. Il se vit long-temps environné d'une sorte d'espionnage dont il ne fut délivré qu'en s'armant de patience. M. Szász, qui occupait alors la chaire de droit, est aujourd'hui professeur de mathématiques. Bien que ce dernier cours ne permette guère les digressions politiques, il est peut-être soupçonné d'appliquer le carbonarisme à la géométrie.

Ce n'était pas seulement ces principes que l'on condamnait. On saisissait l'occasion, en attaquant sa personne, d'infliger un blâme sévère au collége d'Enyed. En effet la sympathie des étudiants avait suivi le professeur. Les jeunes gens se répétaient les paroles que le maître prononçait à la Diète, et une grande effervescence regnait parmi eux. Ils ne tardèrent pas à leur tour à être inquiétés. Ils s'étaient cotisés pour former une bibliothèque particulière, où se trouvaient réunis la plupart des poëtes allemands et hongrois. La salle où étaient contenus ces livres fut décorée des portraits des héros de la révolution polonaise. Il n'en fallut pas davantage pour que des dénonciations fussent colportées d'Enyed à Clausenbourg. On crut que ces réunions littéraires avaient un caractère politique, et les étudiants furent privés de l'usage de leurs livres.

Il s'en est suivi que l'esprit d'indépendance qui animait le collége d'Enyed s'est singulièrement accru; et de cette situation même il résulte que maîtres et élèves se sont fortement attachés les uns aux autres, car tous se regardent comme champions d'une même cause. Cette étroite union ne peut qu'influer heureusement sur les études. En même temps, les jeunes gens qui apprennent de bonne heure que le pays compte sur eux s'imposent l'obligation de répondre à cette attente, et ils conservent une dignité naturelle, un respect de soi-même, qui ne se trouve pas toujours chez les étudiants de France ou d'Allemagne. A voir la gravité qui tempère l'expression de leurs physionomies spirituelles, on sent que chacun d'eux a pris sa vie au sérieux. Qu'on ne s'imagine pas toutefois que par suite de cette éducation virile la vivacité nationale disparaisse. Quand je visitai les chambres des élèves, je remarquai que des instruments de musique étaient toujours accrochés au mur; et, en me promenant le soir aux abords du collége, j'entendis partir de chaque fenêtre, avec des accompagnements de guitare, des voix accentuées qui chantaient c әлеfeu des airs populaires. Puisque j'ai prononcé le mot de musique, je ne passerai pas outre sans dire que, suivant la recommandation de M. Szász, bon nombre d'élèves nous attendirent dans une salle, leurs instruments à la main, et nous firent entendre plusieurs morceaux qu'ils exécutèrent avec une supériorité incontestable.

Le collége d'Enyed fut créé par le prince Bethlen, et établi d'abord à Fejérvár. Son histoire peut résumer celle du pays. Dès 1658 les Turcs et les Tatars qui ravageaient la Transylvanie égorgent une partie des écoliers, et emmènent le reste en esclavage. Les bâtiments sont détruits, et la bibliothèque, qui contenait encore des livres provenant du palais de Mathias Corvin, est livrée aux flammes. Ceux des étudiants qui ont échappé au massacre s'abritent derrière les murailles de Clausenbourg, et suivent pendant cinq ans les leçons d'un professeur célèbre, Pierre Vásárhelyi. Sous le règne de Michel Apaffi, le collége est transféré dans la petite ville d'Enyed, malgré les réclamations des habitants, qui redoutaient la turbulence des écoliers. Là, de nouveaux malheurs viennent l'assaillir. En 1704 Enyed, qui avait pris part à l'insurrection rakotzienne, est surpris le dimanche des Rameaux par les troupes impériales. Les Autrichiens pillent la ville une heure durant, puis y mettent le feu. Dix-huit étudiants sont tués, un grand nombre sont blessés, ceux qui survivent se dispersent. Six années après, la peste vient décimer les élèves d'Enyed, et les force de chercher ailleurs un refuge.

On peut admirer l'énergie de cette studieuse jeunesse, que la guerre et la peste venaient frapper dans sa retraite, et qui, l'orage passé, se réunissait encore à la voix du maître. Entre les professeurs qui dans ces temps difficiles se sont illustrés par leur courage et leur savoir on cite François Pápay, qui ne cessa pendant quarante ans, de 1676 à 1716, de répandre l'instruction parmi ses compatriotes. Au milieu des épreuves nombreuses qu'il eut à supporter, il conserva assez de sérénité pour écrire sur la langue et sur la littérature nationales des ouvrages qui sont devenus classiques. Un portrait de Pápay est placé en tête de la collection de ses œuvres. Il a la barbe longue, comme les Hongrois la portaient alors, le visage grave, et cette expression qui chez les anciens caractérisait le *vir bonus*.

Une foule d'élèves distingués sont sortis du collége d'Enyed. A toutes les époques, comme aujourd'hui, les nobles transylvains y envoyèrent leurs enfants, et ceux que leurs talents portent à la tête des affaires y ont fait leurs études. Sans aborder des détails qui nous entraîneraient trop loin, nous dirons quelques mots de deux hommes laborieux et modestes dont la jeunesse s'est formée dans cette institution, et qui ont consacré leur vie au service de la science. C'est un devoir, autant qu'il est en nous, de tirer leur nom de l'oubli.

L'un est Nicolas Tótfalusi, auquel ses travaux valurent, au 17e siècle, une réputation européenne. Il était né en 1650, sur les frontières de la Hongrie et de la Transylvanie, à Tótfalu, près de Nagy Bánya. A sa sortie d'Enyed l'école de Fagaras lui fournit quatre cent florins. Avec cette somme il gagne la Hollande, et y acquiert, par de fortes études, des connaissances approfondies. Se souvenant alors de la pénurie des écoles de son pays, de la disette de livres dont il a souffert, il prend la résolution de se faire imprimeur. Il se fixe à Amsterdam; il apprend à fabriquer les presses, à fondre, à graver les caractères, et se perfectionne tellement dans son art, que son maître s'inquiète d'un tel élève. Il reste dix ans en Hollande, où des gens de toute nation, Anglais, Français, Italiens, Flamands, Polonais, Allemands et Juifs, viennent apprendre sous lui. Il envoie des presses jusqu'en Géorgie et en Palestine, et imprime douze mille bibles, évangiles ou psautiers. Côme III, duc de Toscane, l'appelle dans ses états; mais il se contente de doter Florence d'une belle imprimerie, et se hâte de repartir pour la Transylvanie. De retour dans sa patrie il réalise le projet qu'il avait formé: il répand une foule de livres utiles, jusqu'à ce que la mort, en 1702, le surprenne au milieu de ses travaux. A sa mort, écrivit son biographe, la lumière s'éteignit.

Nous nommerons encore Joseph Benkö, qui est l'auteur d'une foule d'excellentes publications sur la Transylvanie. Nous citons ses ouvrages avec reconnaissance, car c'est en puisant à cette source que nous nous sommes initié à l'histoire et aux traditions du pays. Elevé au collége d'Enyed, vers 1750, il étudia chaque science avec une ardeur infatigable, si bien qu'il sut, en traitant de son pays, aborder tous les sujets : histoire, législation, minéralogie, droit, botanique, tout passa par ses mains. Comme il écrivait en latin, ses ouvrages furent connus au dehors. L'Allemagne, étonnée de cette quantité de livres savants publiés sur un seul pays par un seul homme, l'associa à plusieurs académies. Simple pasteur de village, perdu entre les montagnes des Sicules, Benkő était naïvement surpris de ces témoignages flatteurs.

Hors d'état de faire imprimer ses livres à ses frais, il légua à divers colléges ou personnages la plupart de ses manuscrits. Malheureusement la censure autrichienne et la négligence des légataires ont empêché ces ouvrages de voir le jour. Il avait, par exemple, réuni avec beaucoup de soin la collection complète des documents relatifs à l'histoire de la Transylvanie : mémoires, légendes, lettres du temps, il avait tout rassemblé et mis en ordre, copiant de sa main les manuscrits qu'il ne pouvait acheter. Rien de tout cela n'est imprimé, et nous avons peine à comprendre que personne, jusqu'ici, n'ait songé à élever la voix en faveur de cette collection unique, qui paraît oubliée des Transylvains. Voici la simple préface qui la précède : « J'annonce cet ouvrage dans l'intérêt des jeunes gens, auxquels je pense sans cesse, afin qu'ils connaissent les livres qu'ils doivent consulter pour étudier l'histoire de leur pays. Je le fais aussi afin que les étrangers apprennent quelles sont les sources de notre histoire, pour que chacun enfin se serve de ces documents que j'ai réunis dans l'intérêt général, en m'imposant bien des fatigues et des privations, et en négligeant mes propres affaires. »

Vers la fin de sa vie, découragé peut-être par le mauvais vouloir des siens, isolé dans un village reculé, Benkő s'adonna à boire. Un étudiant de Transylvanie visitait un jour un professeur de je ne sais quelle université d'Allemagne. Dès que le professeur eut appris de quel pays venait le jeune homme, il s'empressa de lui parler de son savant compatriote. — *Vivitne adhuc ille Benko?* demanda-t-il. — *Vivit*, repartit l'autre, *sed semper bibit.* Piqué de la réponse irrévérencieuse de l'étudiant, le professeur répliqua: *Ergo, qui non semper bibit, quare tales libros non scribit?*

Aujourd'hui le collége d'Enyed renferme huit cents écoliers, dont cinquante seulement sont logés hors de l'établissement. Aussi les revenus de cette institution, qui atteignent le chiffre de cent mille francs, somme considérable pour le pays, sont-ils invariablement absorbés. Les cours, qui sont gradués, ne durent pas moins de douze ans. Mais tous les élèves ne suivent pas l'échelle jusqu'au bout. Un certain nombre d'entre eux se retirent après avoir traversé les premières classes et acquis une instruction passable. Il n'y a que ceux qui se destinent aux professions libérales qui atteignent les classes supérieures, c'est-à-dire la catégorie que l'on appelle encore des *togati*, bien que les étudiants qui la composent aient quitté la toge, qu'ils portaient jadis, pour l'habit hongrois.

Nous croyons qu'on pourrait apporter au système d'éducation usité présentement à Enyed d'heureuses modifications. Il est évident, par exemple, que le temps des études est beaucoup trop long, bien que le cours de droit, qui, dans d'autres pays, n'appartient pas au collége, figure ici dans le programme de l'institution. On peut s'étonner, en outre, que dans un collége de Transylvanie, cette contrée si riche en minéraux, le cours de minéralogie ne soit pas compté entre les plus importants. Il est facultatif, partant fort négligé ; et cependant le professeur qui s'en charge est rempli de talent. Enfin il serait opportun de supprimer certains enseignements plus ambitieux qu'utiles, et de créer simplement une chaire d'agriculture. Rien ne répondrait mieux, selon nous, non seulement aux besoins du plus grand nombre des élèves d'Enyed, mais encore aux besoins du pays.

Les idées que nous exprimons ici viendront à l'esprit de quiconque visitera, même sans trop d'attention, le collége d'Enyed. S'il nous était permis de formuler nettement notre pensée sur cette institution, voici ce que nous aurions à dire : Il existe en Transylvanie, avec celui d'Enyed, cinq ou six colléges qui tous sont soumis aux mêmes règlements. On y reçoit une foule d'élèves, dont les uns ne demandent qu'un enseignement fort court, qu'ils pourraient trouver dans de bonnes écoles primaires, et dont les autres, après avoir parcouru toutes les classes, vont achever leurs études à l'Université de Berlin. On voit de prime abord quelles mesures seraient à prendre pour réformer le système d'éducation. Multiplier, perfectionner les écoles primaires, dans le but de populariser l'instruction ; en même temps créer ce qu'on appelle en Allemagne une *Université*, laquelle dispense les jeunes gens des voyages à l'étranger, que tous ne peuvent pas faire. Il nous semble que le collége d'Enyed pourrait remplir cette destination, car il est dès aujourd'hui le plus considérable et le plus renommé de tous, et il est situé dans une petite ville qui offre peu de distractions. L'enseignement primaire serait confié aux écoles ; l'enseignement intermédiaire appartiendrait aux colléges qui existent à Clausenbourg et ailleurs ; l'enseignement supérieur serait le partage de l'institution d'Enyed, qui compte déjà huit cents élèves de tout âge, et qui, dans notre hypothèse, en pourrait admettre un plus grand nombre.

La bibliothèque du collége d'Enyed renferme quelques antiquités, une collection de médailles, et un bas-relief mithriaque. On y montre une armure de Jean Hunyade, qui mériterait d'être plus soigneusement conservée, car elle est couverte de poussière et jetée négligemment sur le sol. Un cabinet d'histoire naturelle se forme, grâce à l'activité du professeur, M. Zeyk. M. Zeyk recueille lui-même les minéraux, et dans un pays aussi riche il a beaucoup à ramasser : de plus, il empaille de sa main les animaux que, de leur vivant, il a jugés dignes de prendre rang dans sa collection.

Quant à la ville d'Enyed, il y a peu de chose à en dire. Il paraît certain qu'on y a trouvé jadis des monuments romains, car les archéologues ont cherché le nom que portait cette colonie. Les uns lui ont assigné l'appellation dace de *Singidava* : d'autres l'ont appellée *Amnia colonia*, en s'appuyant sur le voisinage de la Maros. Nous avons parlé du sac de 1704 et du siége de 1658. La tradition a gardé le souvenir de quelques circonstances douloureuses qui se rattachent à ce dernier événement.

L'invasion des Ottomans était motivée par la révolte de Georges II Rákótzi contre l'autorité du Grand-Seigneur. Chaque vallée cachait des troupes de cavaliers qui fondaient tout à coup sur les villes voisines, et les mettaient à feu et à sang. Les habitants d'Enyed veillaient du haut de leurs murailles, et avaient plusieurs jours de suite repoussé des détachements de Turcs et de Tatars. Un jour ces corps isolés se réunissent, au nombre de cinq mille combattants, et marchent contre la ville. La garnison se composait d'une centaine de bourgeois. Ils tentent d'arrêter les infidèles en élevant à la hâte des barricades sur les deux places où l'ennemi déploiera ses forces; mais, pressés par le nombre, ils sont contraints de se réfugier dans le fort. Les Moldaves qui, à la faveur des troubles, avaient passé la frontière pour piller le pays, se mêlent aux assiégeants. On les éloigne en leur payant une rançon.

Restaient encore les Turcs, dont la faible garnison soutenait vaillamment les attaques, quand le gros de l'armée ennemie parut sous les murs. Le khan tatar et le pacha turc amenaient des troupes fraîches. A cette vue, les habitants d'Enyed se précipitent dans l'église que renferme l'enceinte du fort, et implorent la miséricorde de Dieu. Les infidèles battent les murailles en brèche, et, malgré les pertes qu'ils éprouvent, sont sur le point de donner l'assaut. Les bourgeois n'espèrent plus de salut : ils déposent les armes, et apportent au camp des Turcs tout ce qu'ils ont pu trouver d'or et d'argent. Même les vases sacrés ont été enlevés de l'église et sont livrés aux assiégeants. Ce butin ne satisfait pas les Turcs. Le khan tatar exige qu'on lui livre trois des plus belles jeunes filles d'Enyed ; mais à peine a-t-on amené les victimes au camp, qu'une pluie de feu, dit la légende, incendie les tentes de l'ennemi. Les infidèles se dispersent, poursuivis par les assiégés qui ont repris courage, et ils abandonnent ce lieu maudit.

On raconte que depuis cette époque les Tatars n'osèrent jamais s'approcher d'Enyed ; et aujourd'hui encore les habitants de cette ville célèbrent par des jeûnes et des prières l'anniversaire du siége. Le dimanche des Rameaux, en souvenir de 1704, est également un jour consacré. Au reste, on comprend que les traditions se conservent dans ce pays : car les lieux, qui ne changent pas d'aspect, perpétuent la mémoire du passé. Sur la grande place d'Enyed on voit le fort garni de bastions qui protégea les assiégés ; la vieille église qu'ils dépouillèrent pour toucher les Turcs est encore debout, et cette masse noire, qui se détache sur les murs neufs du collége, en face des témoignages de l'activité moderne, rappelle les malheurs des derniers siècles.

Si l'on étudie à Enyed le mouvement intellectuel qui s'opère présentement chez les Hongrois de Transylvanie, l'on peut apprécier non loin de là, à Balásfalva, le travail analogue qui s'accomplit parmi les Valaques. C'est à Balásfalva que réside l'évêque du culte grec uni, et que se trouve le meilleur ou plutôt le seul collége qui appartienne à cette communion. Les popes valaques vous diront avec sang-froid que l'évêché de Balásfalva a été fondé par Justinien, sous prétexte que cet empereur avait établi un évêque en Dacie. Les prélats grecs habitèrent d'abord Fagaras, et perdirent leurs biens sous le gouvernement des princes protestants. Au siècle dernier, l'empereur Charles VI, qui détruisit, pour élever sa citadelle, une église qu'ils possédaient à

Carlsbourg, les dédommagea en leur concédant des domaines considérables. L'évêché ne possède pas moins de sept villages ; mais ses revenus suffisent à peine aux dépenses qui lui sont imposées. Trois cents élèves pauvres, qu'il doit pour la plupart nourrir, sont admis à Balásfalva, et l'entretien des quatorze cents paroisses répandues dans le pays est à sa charge.

Entre l'aristocratie hongroise, qui conquit le sol par son épée, et les colons saxons, qui s'enrichissaient par le commerce, les Valaques de Transylvanie, sont toujours restés un peuple paysan. Pour eux nul progrès, nul développement. Lorsque l'un d'eux s'élevait au dessus des autres, il prenait rang parmi la nation conquérante, et se faisait Hongrois. Aussi s'habituent-ils à regarder les popes comme leurs chefs naturels. Les popes vivaient parmi eux, labouraient comme eux, parlaient leur langue, étaient de leur race : ils devinrent l'objet de la vénération populaire. Le clergé comprit admirablement son rôle et l'accepta. Regardez ce paysan aux longs cheveux qui sort de sa chaumière : il ôte lentement son chapeau parce qu'il voit passer la voiture d'un magnat, mais il fera un détour pour aller baiser la main de son prêtre.

A l'heure présente, les habitants de la Hongrie et de la Transylvanie, arrêtés long-temps par des guerres sanglantes dans la voie de la civilisation, s'agitent et marchent vers un avenir meilleur. Dans ce réveil solennel, le peuple valaque, qui hier encore était serf, ne peut être que le dernier venu. C'est à la voix de son clergé qu'il se mettra en mouvement. Il suivra ceux en qui il a foi depuis tant de siècles, et qui ne l'ont jamais abandonné. J'avais donc un désir légitime de visiter Balásfalva. Ce n'était pas une excursion motivée par une vaine curiosité : j'allais juger à la fois la tête et le cœur d'une nation.

Rappelons ici que la moitié des Grecs de Transylvanie ont conservé le schisme pur; le reste a embrassé un semi-catholicisme qui, dans la pensée des papes, devait amener la réunion des deux églises grecque et latine, et que l'on appelle le culte grec uni. Les Grecs unis communient avec le pain sans levain, reconnaissent que le Saint-Esprit procède du père et du fils, croient à l'existence du purgatoire, et, ce qui est de plus grande importance, admettent la suprématie du pape. Ils ont conservé du culte primitif le rit, la discipline et jusqu'au calendrier. On ne connaît pas assez, parmi nous, le travail religieux qui s'opère parmi les populations de l'Europe orientale. On ne sait pas de quel prestige est entouré l'autorité du tzar, chez lequel réside une puissance double.

Dès le 17e siècle, le prince George I Rákótzi avait fait traduire en langue valaque les livres sacrés, qui jusque a-lors étaient écrits en vieux slavon. On raconte qu'il avait formé le projet de convertir au calvinisme les grecs de

Transylvanie, pour les soustraire à toute influence extérieure. L'empereur Léopold crut atteindre ce but plus sûrement en leur faisant accepter le culte uni, qui avait déjà rattaché à l'Église romaine plusieurs millions de Polonais. Le 26 juin 1698 une partie du clergé grec accepta le catholicisme. L'empereur accordait aux prêtres plusieurs priviléges, celui, entre autres, de désigner les trois candidats entre lesquels il devait choisir l'évêque. Toutefois un grand nombre de popes refusèrent d'abandonner le schisme, et il fallut conserver un évêque non uni, qui reçut pour résidence la ville d'Hermannstadt. Certaines particularités, dont quelques unes ont presque un sens politique, ont accru la distance qui sépara dès l'origine les deux églises. Ainsi, tandis que les grecs purs conservent les lettres cyrilliennes, qui les rapprochent des Slaves, les grecs unis ont adopté, avec l'orthographe italienne, les lettres latines.

Bien qu'une réaction se soit opérée vers 1760, on calcule que depuis Léopold plus de six cent mille Valaques ont embrassé le culte uni. Le nombre des convertis augmente chaque jour, car le travail ne se ralentit pas, tandis que dans un empire voisin le tzar Nicolas, secondé par les dragonnades, impose la religion grecque aux paysans de Pologne. C'est un fait curieux à signaler que cette lutte occulte de la Russie et de l'Autriche, qui, sans se l'avouer, se préparent à une guerre terrible.

Pour me rendre à Balásfalva il me fallait quitter la grande route, ce que j'ai dû faire souvent, et m'engager dans un étroit chemin labouré d'ornières, où j'aurais infailliblement versé si je n'avais eu la prudence de louer une voiture du pays. Je fis prix avec un cocher valaque, qui de soubresauts en soubresauts nous conduisit, non sans peine, à Balásfalva. Notre homme déclara qu'il ne connaissait pas d'auberge où nous pussions descendre, ce qui ne m'étonna que médiocrement; mais il se hâta d'ajouter que l'évêque était fort hospitalier. Il paraissait si flatté de l'honneur de conduire sa voiture dans la cour de l'évêque, de mener ses chevaux dans l'écurie de l'évêque, et de souper avec les gens de l'évêque, que je dus en passer par où il voulait.

Il arrêta donc ses chevaux à la porte du palais épiscopal, et, sans attendre mes ordres, cria à tue-tête qu'un voyageur demandait à entrer. Il exerçait ses poumons dans une cour assez vaste, où se promenaient quelques jeunes prêtres fort graves. Un valet l'entendit, gagna l'appartement du maître, et rapporta l'ordre de m'introduire. On me fit passer par un escalier et des corridors, au bout desquels se trouvait une longue salle décorée des portraits des évêques grecs de Transylvanie. Cette pièce n'était éclairée que par la bougie que portait mon guide, et, à mesure qu'il passait, ces figures austères s'illuminaient et semblaient s'approcher. Le valet poussa la porte qui se trouvait au fond de la salle, et je me trouvai dans une chambre où étaient assis deux personnages.

Le visage vénérable de l'un était orné d'une longue barbe blanche. L'autre, à la physionomie vive et fine, avait une barbe grisonnante artistement coupée. Ce fut ce dernier qui m'accueillit. Il se leva, me tendit la main, me présenta son collègue l'évêque d'Hermannstadt, et répondit affectueusement au compliment que je lui débitai en latin, attendu que je ne me sentais pas assez sûr de mon allemand ni de mon hongrois, et que je n'étais pas fort en état de lui parler valaque. Après les paroles indispensables sur la France et sur la Hongrie, sur les mauvaises routes et sur le beau temps, j'essayai d'amener la conversation sur un sujet qui me touchait beaucoup. Je savais que la discipline grecque, qui tolère les prêtres mariés, défend à l'évêque de garder près de lui sa femme, s'il en a une, et je me demandais si un individu de ma sorte, qui avait reçu le septième sacrement, pouvait réclamer une hospitalité qu'il était bien décidé à ne pas accepter pour lui seul.

Nous parlions de la situation de la Transylvanie. Comme l'évêque s'étonnait qu'un étranger pût discourir sur des sujets aussi difficiles, je lui appris qu'attaché à une famille hongroise, j'étais presque citoyen de son pays. J'ajoutai que mes voyages ne laissaient pas que de m'être fort agréables, par la raison que les fatigues semblent plus légères quand on se trouve deux pour les supporter. « Je suis accompagné, dis-je résolument, d'une personne qui ne me quitte pas. — Où est-elle? demanda l'évêque. — *In curru*, répliquai-je (j'ai dit que nous parlions latin), « dans le char », regrettant d'appliquer ce mot poétique à l'abominable carriole qui nous avait cahotés jusque là. J'attendais l'effet de ce mot décisif; mais à ma grande surprise mon interlocuteur resta impassible. Il ne paraissait ni charmé ni embarrassé; évidemment il n'avait pas entendu. Je pensai que les Hongrois, qui font plier à tous leurs besoins la langue de Cicéron, avaient pu imaginer une expression nouvelle pour signifier « voiture », comme ils ont inventé le mot *sclopetum* pour dire « fusil ». Aussi, afin de convaincre l'évêque que je ne lui adressais pas une métaphore dans le goût de celle que fait Horace dans sa fameuse ode à Mécène, je m'approchai de la fenêtre en indiquant la rue du doigt. Cela faisant, je répétai mon mot classique, dont je ne voulais pas démordre. L'évêque, que cette pantomime avait préparé à l'attention, m'entendit cette fois, et deux minutes après notre cocher valaque, qui ne se doutait pas qu'il avait joué le rôle d'Automédon, amenait son *currus* dans la cour, de l'air d'un conquérant qui rentre dans ses foyers.

Nous n'eûmes qu'à nous louer de l'hospitalité de Balásfalva. Dès le lendemain je visitai le collége, conduit par le professeur de philosophie, M. Joseph Papp, jeune homme plein de cœur et d'intelligence. J'ai dû beaucoup à ses bons et utiles renseignements, et je me plais à le remercier de son chaleureux concours. M. Papp, que ses fonctions astreignent à un travail incessant, a trouvé moyen, dans ses moments de loisir, d'étudier les principales langues de l'Europe, et il parle français, italien, allemand, latin, hongrois, valaque et turc.

Comme tout ce qu'il y a d'intelligence chez les Valaques réside dans le clergé, il s'ensuit que le collége de Balásfalva est proprement un séminaire. Les jeunes gens qui y sont admis en sortent prêtres. Ils y entrent à huit ans, apprennent les langues et la liturgie; après quoi on les marie et on leur confère l'ordination. Je parcourus avec plaisir les salles d'étude et les classes, écoutant cette douce langue valaque, qui me semblait harmonieuse comme le vénitien. Je fus frappé de la physionomie intelligente de plusieurs d'entre les élèves. Parmi les professeurs, quelques uns me représentaient ce qu'ont dû être les bénédictins; d'autres, au regard rapide, avaient une vivacité toute méridionale. J'ai dit que ce séminaire était la seule institution qui appartînt aux grecs unis; j'ajouterai que deux élèves des plus distingués sont envoyés à Vienne aux frais de l'empereur pour y achever leurs études.

J'arrivai à Balásfalva avec des espérances que j'ai conservées. Je pouvais craindre que de vieux ressentiments ne se fussent enracinés dans le cœur des Valaques; : que ce peuple dépossédé par les Hongrois eût repoussé à jamais toute idée de fraternité avec la race victorieuse dont il est resté séparé, et qui le convie aujourd'hui. J'acquis la certitude que le clergé ne nourrissait pas cette haine nationale, si long-temps héréditaire chez les paysans. Il accepte les événements ; il reconnaît que le peuple hongrois, qui domine ce pays depuis mille ans, ne peut plus l'abandonner. Il comptera avec lui, et, en vue de l'avenir, réclamera son concours.

Ces sentiments sont particulièrement ceux du clergé uni. L'autre portion du clergé grec, qui n'échappe pas aux influences étrangères, n'a pas encore adopté ces idées nouvelles. Un parti valaque s'est formé dans le midi de la Transylvanie, dont l'organe est la *Gazetta de Transsilvania*, qui se publie depuis 1838 à Cronstadt. Aux yeux de ceux qui composent cette faction, les Hongrois sont des hôtes incommodes, qui sont venus porter le trouble dans la patrie; des étrangers usurpateurs, qui sont aux Valaques ce que les Turcs sont aux raïas. Ceux-là ne s'aperçoivent pas que, pour être trop patriotes, ils deviennent en définitive mauvais citoyens. C'est ce que les Valaques éclairés leur répètent en répondant à la feuille de Cronstadt dans les journaux de Clausenbourg (1).

(1) Si ces faits trouvaient quelque part un contradicteur,

Hongrois et Valaques sont citoyens d'un même pays. Ils ont combattu pendant une suite de siècles pour la défense d'une patrie commune. Assez long-temps les haines traditionnelles les ont divisés : l'union commencée sur les champs de bataille doit se cimenter dans la paix. Si les idées de fusion gagnent du terrain, il faut en féliciter la noblesse hongroise, qui a su prendre l'initiative. Elle a compris que le temps n'est plus où une bande de guerriers pouvait en une seule bataille annuler l'existence d'une nation, et que, si par une conquête un peuple peut prendre sa place au banquet, il n'a pas le droit de les remplir toutes. Pendant la dernière session de la Diète, au mois de janvier 1843, l'un des plus éminents orateurs, le baron Denis Kemény, a fait entendre, aux applaudissements de l'assemblée, des paroles que les Valaques n'oublieront pas.

Chose singulière ! tandis que l'aristocratie hongroise tend elle-même à faire disparaître les résultats de la conquête, les colons saxons, introduits pacifiquement dans le pays, régi par des lois qui proclament l'égalité, persistent à traiter les Valaques comme une race vaincue et inférieure. On l'a dit : la tyrannie des bourgeois est la pire de toutes.

En 1791 Jean Babb, évêque grec uni, et Gerasim

nous le renverrions aux journaux transylvains. V. la *Gazzetta de Transsilvania* et le *Erdélyi hiradó*, 1842.

Adamovicz, évêque non uni, adressèrent une pétition à l'empereur. Ils le supplièrent de déterminer nettement la situation des Valaques de Transylvanie. Ce placet fut renvoyé à la Diète, qui déclara qu'aux termes de l'article 6 de la loi de 1744, les Valaques ne formaient pas dans le pays un peuple à part, mais faisaient partie de la *nation* sur le terrain de laquelle ils habitaient. Il fut reconnu que le Valaque anobli avait les priviléges du gentilhomme hongrois, et que le paysan valaque devait être traité à l'égal du paysan hongrois ou saxon.

En 1843 (1), M. Lemény, évêque de Balásfalva, et M. Moga, évêque d'Hermannstadt, appelèrent de nouveau sur cette question l'attention de la Diète. Ils rendirent justice aux Hongrois, qui respectent la décision de 1791, mais ils peignirent l'oppression dont souffrent les Valaques habitant le territoire de la *nation* saxonne. En conséquence, et s'appuyant sur le décret de 1791, que les Saxons ont également voté, ils demandèrent que les Valaques pussent jouir des droits des citoyens saxons, être membres des corporations, recevoir dans le village leur part du sol; que la caisse de la *nation* saxonne secourût les étudiants et les prêtres grecs; enfin que la dîme fût payée par les paysans valaques non aux pasteurs saxons, mais aux popes. Il est à souhaiter que ces différends soient résolus par la Diète

(1) Séance du 1er février.

prochaine, et que l'esprit de justice qui a animé la dernière assemblée préside aux délibérations nouvelles.

Nous ne cachons pas la sympathie que nous inspire la race valaque. Peuple roman comme nous, les Valaques habitent non seulement la Hongrie et la Transylvanie, mais encore la Bessarabie, la Moldavie, la Valachie, et d'autres provinces turques. Ils ne comptent pas moins de cinq millions d'hommes. Quelques esprits généreux se sont préoccupés de l'avenir de cette nation dispersée et asservie depuis dix siècles. Plusieurs imaginent une sorte de république fédérative, dont le noyau serait la Moldo-Valachie, et dans laquelle la Russie et l'Autriche entreraient en cédant la première la Bessarabie, la seconde la Transylvanie. Si nous sommes bien informé, ce plan appartient à M. Urquhart, dont les rêveries sentimentales à l'endroit de la Turquie sont fort connues.

Les événements ont prouvé que jusqu'ici M. Urquhart n'était pas heureux dans ses inventions politiques, et il n'est pas nécessaire d'attendre l'expérience pour juger cette nouvelle conception. Sans rechercher jusqu'à quel point la cour de Vienne pourrait disposer de la Transylvanie sans l'assentiment des Diètes hongroise et transylvaine, et, sans insister sur des difficultés qui ne peuvent être appréciées que par ceux qui ont étudié ce pays, il nous suffira d'indiquer quelques considérations générales, et qui pourront frapper tout le monde.

Chacun sait que d'ordinaire les diplomaties ne se mettent pas en frais de vertu ; et, quelque désir que l'on en puisse avoir, nous ne pouvons nous représenter la Russie et l'Autriche abandonnnant ingénument deux provinces qui valent la peine d'être conservées, dans le but charitable de témoigner de la bonté à une race intéressante. D'ailleurs est-on bien inspiré en appelant la fondation de cette petite république? Cet état de quelques millions d'hommes pourrait-il se soustraire à l'ascendant des deux grands empires qui l'entoureraient? Pense-t-on que cette situation précaire, que ces déchirements inévitables, favoriseraient le développement de la population? En un mot, le sort des provinces danubiennes, perpétuellement menacées par le tzar, est-il donc digne d'envie, et veut-on conserver le triste état de choses qui subsiste aujourd'hui?

Nous croyons faire preuve d'un intérêt mieux entendu pour la race valaque en lui souhaitant de se réunir sous le sceptre de l'Autriche, qui compte déjà parmi ses sujets plus de deux millions d'hommes de cette nation. Le peuple valaque ne marchera vers l'unité que sous un gouvernement fort, qui sache au besoin le défendre; et puisqu'il est placé entre l'influence autrichienne et l'influence russe, il convient qu'il subisse la première, qui est plus civilisatrice. Dans la possession de provinces romanes enlevées à la domination turque, l'Autriche trouvera une juste compensation aux pertes qu'elle doit s'attendre à faire dans l'Occident. En s'éloignant de l'Adriatique, elle s'avancera vers la mer Noire, et, dégagée de toute autre préoccupation, fera face à l'invasion russe. Certes, ce n'est pas la France qui empêchera que le cabinet de Vienne n'adopte cette politique : car elle pourrait enfin contracter une alliance continentale, et, ses derrières assurés, porter toute son activité sur l'Océan. Ou nous nous trompons fort, ou telle est la marche que suivront les deux grandes puissances centrales qui représentent les forces du continent. Il leur est réservé d'assurer l'indépendance de l'Europe.

Nous entendons dire que l'occupation de Constantinople par les Russes est un fait inévitable. C'est accepter trop facilement une idée moscovite que certaines gens s'efforcent de populariser. Pour retarder le moment de cette occupation, on n'a rien trouvé de mieux que d'imaginer l'intégrité du territoire ottoman, voire même la régénération de cet empire, bien que personne ne prenne la chose au sérieux. On préfère maintenir le *statu quo*, comme si, en ajournant la solution d'une question, on parvenait à l'éluder.

La race ottomane est débordée de toutes parts par les raïas. Du sein même de l'empire qui tombe s'élèvent des populations jeunes, pleines de sève et d'avenir, en qui réside toute la vie de ce grand corps. Ces peuples, dont on semble oublier l'existence, ne sont-ils pas les héritiers légitimes de la puissance turque? Slaves d'origine, ils ont pour la plupart de fortes tendances à s'unir, et de naturelles sympathies les rapprochent des Hellènes, leurs anciens compagnons de servitude. Sur plusieurs points de la Péninsule la fusion des deux races s'est opérée, et on ne peut douter qu'une destinée commune n'attende ces deux nations, dont les histoires se confondent depuis un temps immémorial. Ce serait à l'Europe, à la France surtout, si elle veut être fidèle à ses anciennes traditions, à seconder les efforts de ces millions de chrétiens : car il y aura't là les éléments d'un empire nouveau, qui remplacerait l'empire croulant des Osmanlis. Baigné par trois mers, ce royaume à la fois slave et grec aurait presque l'étendue de la France, et sa population, qui dès aujourd'hui compterait douze millions d'habitants, s'accroîtrait sous une administration régulière.

Ces peuples ont un ardent désir de vivre de leur vie propre, et, à l'heure présente, le protectorat russe ne leur serait pas plus cher que le protectorat ottoman. Voilà pourquoi ils sont capables de former un état indépendant, qui, avec les ressources et l'heureuse situation du sol, pourrait prétendre à une grande prospérité. Mais il est facile de prévoir que les tzars, installés dans la capitale des sultans, exerceraient à la longue leur influence sur ces provinces slaves, qu'une communauté de race et de religion rattacherait à l'empire. Il est donc vrai de dire que les Russes, une fois maîtres de Constantinople, camperont à vingt heures des côtes d'Italie. Suivant ce que décideront les diplomates, les populations belliqueuses qui occupent la Turquie d'Europe formeront l'avant-garde du continent contre les Russes, ou l'avant-garde des Russes contre le continent.

CHAPITRE IX.

Ketskekö. — Carlsbourg (*Apulensis Colonia*). — Inauguration d'un prince de Transylvanie. — Cathédrale. — Tombeau de Jean Hunyade. — Bibliothèque. — Alvincz.

En suivant la route d'Enyed à Carlsbourg, on voit sur la droite une chaîne de montagnes dont l'une porte à son sommet un rocher à pic que ses abords escarpés ont fait nommer « pierre de la Chèvre », *Ketskekö*, en valaque *Piatra Capri*. Je savais qu'une forteresse avait autrefois existé sur ce rocher, qui me paraissait inabordable à sa base, et pointu à son extrémité. Curieux de voir comment les hommes avaient pu élever des murailles là où il semblait qu'un aigle seul pût bâtir son aire, je résolus de faire l'ascension du *Ketskekö*, et nous nous arrêtâmes dans un village voisin nommé Krakkó, où nous préparâmes notre expédition pour le lendemain.

Nous partîmes de grand matin, munis de sandales valaques, chaussures moins glissantes et plus sûres pour gravir des rochers. Il avait fallu cette fois renoncer aux chevaux. Nous montâmes résolument dans une de ces légères et dures voitures de bois que l'on rencontre dans toute la Hongrie, et à laquelle on avait attelé six bœufs, qui portaient à leurs cornes des fleurs et des branches d'arbre. Des bœufs seuls, en effet, pouvaient nous mener dans le chemin abominable que nous suivions. Souvent, après une montée presque verticale, arrivait une descente où nous glissions rapidement, entraînés avec les pierres qui se détachaient sous les roues. Nos guides se pendaient au côté de la voiture pour faire contre-poids, ou se cramponnaient aux cornes des bœufs pour les retenir, avec une profusion de gestes et de cris rauques comme les Valaques savent en trouver. Après trois heures de marche nous arrivâmes au sommet de la montagne, où commence le rocher. Là nous descendîmes de voiture, et nous nous mîmes en devoir de gravir la *Piatra Capri*. Une sorte d'escalier qui fait le tour du rocher a été à la fin creusé dans la pierre. Mais on ne met pas le pied sans péril dans ces trous usés et polis; un seul faux pas suffirait pour vous faire rouler, en moins d'une minute, jusqu'au bas de la montagne. Aussi chacun de nous marchait-il entre deux guides, sur lesquels il s'appuyait dans les moments difficiles. Au bout d'une heure nous atteignions la cime du rocher.

Nous trouvâmes une petite plaine de peu d'étendue, où croissaient des plantes sauvages. Un roc nu qui surplombe et n'est pas trop éloigné a pu être joint au rocher principal par des murs, de manière à offrir aux habitants de la forteresse un assez grand espace. Un des guides prétendait que deux hommes déterminés, placés à deux endroits qu'il désignait, pouvaient, avec des pierres et des vivres, défier des compagnies. Certes, ce devait être une place formidable, car les amis eux-mêmes n'y arrivaient qu'en bravant la mort. On voit encore une partie du mur d'enceinte, qui a la solidité des constructions romaines. On ignore l'époque où le château fut élevé. Les paysans, frappés de la hardiesse d'un tel ouvrage, l'attribuèrent aux esprits surnaturels, et la tradition ajoute qu'il fut habité par Tündér Ilona. On lit qu'en 1272 le roi saint Ladislas y construisit un cloître, qu'il dota d'une rente de huit cents pains de sel. Bâti sans doute sous les premiers rois de Hongrie pour protéger le pays d'alentour, et réparé dans ce but par Mathias Corvin, le *castrum ketskés* devint, au 16e siècle, l'asyle des brigands de la montagne. Les gentilshommes de la plaine se réunirent, les attaquèrent, et les punirent cruellement de leurs rapines. Mais les bandits reparurent, et, sur les plaintes des habitants, un décret royal ordonna en 1515 la destruction de la forteresse.

Le temps était couvert; nous ne pouvions voir le beau panorama qui se déroulait à nos pieds, et qui s'étend, nous disait-on, au nord jusqu'au mont du Roi, au sud jusqu'à Hermannstadt. Les nuages qui passaient au dessous de nous s'ouvraient devant le roc pour se refermer ensuite. Dans les moments d'éclaircie nous apercevions des montagnes boisées, des plaines arrosées par la Maros et des côtes couvertes de vignes. Les villages environnants, Krakkó, Czelna, Boros Botsárd, Igen, produisent le meilleur vin de la Transylvanie. D'une montagne voisine coule un torrent d'eau glacée sous lequel se placent les paysans malades, et qui est appelé ruisseau turc, *Török patak*. On raconte que des fuyards turcs qui s'y étaient cachés y furent surpris par les habitants. Ceux-ci placèrent dans le torrent des pierres qui, lancées par l'eau, écrasèrent les barbares.

La pluie menaçait de rendre glissant le chemin périlleux que nous avions à descendre. Nous quittâmes à regret le *Ketskekő*, et nous arrivâmes au bas du rocher suivis de plusieurs chevriers qui nous avaient rejoints en sautant gaîment par dessus les abîmes. Nous étions assis sous les arbres, près d'une source, pour reprendre des forces. Un Valaque survint qui s'arrêta et nous regarda avec étonnement. On lui offrit du pain, du vin et du lard. Il jeta à terre sa hache, son chapeau orné d'une plume de paon, et s'avança. C'était un beau jeune homme de vingt-cinq ans, grand et bien fait, avec un profil romain. Il portait sur le côté gauche une seule natte de cheveux noirs et luisants. Sa chemise était brodée avec luxe. Une écharpe de laine rouge était mise par dessus sa large ceinture de cuir, qu'il avait remplie de mouchoirs de toutes couleurs. Sur sa poitrine brillait une chaîne d'acier où étaient passées une trentaine de bagues de cuivre, dons d'amour, disait-il, des filles de son village. On l'engagea à venir avec ces belles à Krakkó, où les paysans devaient danser le soir même. « Oh! répondit-il, elles ne voudraient pas venir avec moi si loin. » Il s'accouda sur un rocher, les chevriers se rangèrent autour de lui, et dans leurs sauvages costumes ils formaient un groupe qui s'harmoniait parfaitement avec la beauté agreste du lieu.

La chaîne de montagnes d'où s'élève la Pierre de la chèvre se dirige au loin vers le midi, et de son flanc sort une série de collines qui descendent en s'abaissant vers Carlsbourg.

Cette ville paraît avoir été élevée sur l'emplacement d'une cité dace que les Romains agrandirent et nommèrent *Apulensis colonia* (1) du torrent *Apulus* (Ompoly), dont parle Ovide.

> Danubiusque rapax et dacicus orbe remoto
> Apulus....

Le voisinage de l'Ompoly et les inscriptions qui ont été découvertes à Carlsbourg ne permettent pas de douter du nom que portait cette colonie. Les Romains y avaient une école des mines qui fournissait des ingénieurs pour la Dacie. On y a trouvé jadis des monuments de toutes sortes et des pierres couvertes d'inscriptions curieuses dont quelques unes se voient encore

(1) *Pandect.*, lib. L, tit. xv, *De censibus*, § 8 et 9.

devant l'église grecque. Des statues romaines sont placées en guise de bornes aux coins des rues.

Toute la vallée de l'Ompoly, jusqu'à Sárd, était couverte de ruines romaines : on présume qu'il y avait là un aqueduc. Un château était situé non loin de là, à Tótfalu, qui fut construit avec les débris des monuments romains ; dans les mauvais jours les paysans y portaient leur avoir. Mais les Tatars ont fort simplifié les études des savants. Carlsbourg a été plusieurs fois détruite, et il ne reste que peu de vestiges de son antiquité.

L'Italien Roggeri a fait une description de cette ville lors de la terrible invasion des Tatars en 1241. « Huit jours après notre sortie de la forêt, nous arrivons à la ville de Fejérvár;... nous n'y trouvons qu'ossements et têtes coupées..., les murs abattus des palais et des églises sont teints, hélas! de sang chrétien; et bien que la terre nous dérobe la vue de ce sang innocent, qu'elle avait bu déjà, les pierres rougies se montrent à nous, au milieu desquelles, si vite que nous passions, nous poussons de profonds soupirs et de continuels gémissements....»

Les habitants de cette ville malheureuse se lassèrent de rebâtir leurs maisons : ils s'abritèrent sous des huttes faites à la hâte, et il fallut que la diète de 1618 ordonnât à chacun de construire des habitations « dignes de la résidence d'un prince », sous peine d'amende et de confiscation. Si on en croit la tradition, la ville romaine a été relevée et habitée par Gyula, celui des sept chefs magyars auquel échut la Transylvanie, et elle porta son nom *Gyula Fejérvár*, *Alba Julia*, jusqu'au siècle dernier. Quand les Tatars avaient passé par la ville, on l'appelait *Nigra*, « la Noire ». Sous le règne de l'empereur Charles VI, le prince Eugène éleva, sur les ruines du vieux château de pierre, une citadelle destinée à protéger la Maros, et le nom de Gyula fit place à celui de Karoly (1). Depuis ce temps les Allemands l'appellent Karlsburg. C'est la seule place forte du pays, et elle pourrait soutenir un long siége.

Fejérvár était la résidence des vayvodes et des princes de Transylvanie. Aussi les magnats y avaient-ils des droits particuliers. Les jours de foire, par exemple, ils partageaient avec les personnes de la cour le privilége d'acheter les premiers; ce n'était qu'après dix heures sonnées que le marché était ouvert pour les autres. Le palais des princes fut embelli par Jean Sigismond, « qui lui donna, dit Wolfang Bethlen, une splendeur digne de sa destination. Les murailles furent ornées de belles peintures représentant des emblèmes guerriers, afin que la magnificence royale éclatât dans la demeure du souverain ». Ce palais n'existe plus, et on voit aujour-

---

(1) Les Hongrois disent aujourd'hui *Karoly Fejérvár*, « forteresse blanche de Charles. » Les Valaques l'appellent *Belgrad*.

d'hui l'évêché à la place qu'il occupait. L'inauguration des princes de Transylvanie avait lieu ordinairement à Fejérvár. Voici sur cette cérémonie quelques détails caractéristiques qui se trouvent dans l'un des ouvrages de Joseph Benkő, auquel j'ai fait de fréquents emprunts :

Le prince, en grand costume national, et le bonnet orné d'une plume de héron, sortait du palais précédé du grand maréchal, qui marchait à sa gauche et lui ouvrait les portes, et suivi du chancelier et des conseillers. Il était reçu avec de grandes démonstrations de joie par les grands et les hommes de guerre à pied ou à cheval. Puis il montait dans un carrosse *suspendu* (1), aidé à sa droite par le chancelier, à sa gauche par le grand-maréchal. Comme la distance du palais à l'église de Saint-Michel-Archange, où se célébrait la cérémonie, était très courte, le cortége faisait le tour de la grande place et des faubourgs de la ville dans l'ordre suivant : Le général des troupes de la garde, le capitaine des soldats allemands (2) (*német kapitány*), si le prince vou-

(1) Un carrosse suspendu, chose fort rare à cette époque, n'était autre qu'une caisse étroite, placée sur deux longues bandes de cuir qui allaient d'un essieu à l'autre, et devaient être retendues par intervalles. On voyait encore de pareilles voitures en Transylvanie à la fin du siècle dernier.

(2) Les princes de Transylvanie, par prudence ou par luxe,

lait en avoir, avec l'élite de leurs hommes ; le grand maréchal portant les insignes de la principauté remis par un ambassadeur de la Porte, la masse d'armes (*buzogány*), l'étendard, le cafetan et le sceptre ; des chevaux magnifiques couverts d'ornements ; le carrosse, au fond duquel le prince était assis : sur le devant on voyait le chancelier portant l'acte d'investiture turc (1) enveloppé de soie et d'or ; les valets de cour, à pied, de chaque côté du carrosse ; les conseillers du gouvernement, les assesseurs de la Table du Prince (2), les comtes suprêmes, les régalistes, les députés des comitats, siéges et villes, suivaient dans des carrosses ordinaires ; enfin venaient le généralissime des troupes transylvaines, puis des soldats d'élite. La marche était fermée par une foule de peuple. Le cortége se dirigeait ainsi vers l'église, salué par des fanfares et des coups de canon. Le prince descendait de carrosse avec l'assistance du chancelier et du grand maréchal, et, suivi des magnats qui portaient les insignes et l'acte d'investiture, il entrait dans l'église et montait sur un trône. Après une pause, pendant laquelle les ambassadeurs étaient introduits, le chanchelier faisait

entretenaient une garde allemande, comme nos rois eurent des compagnies écossaises et suisses.

(1) Appelé en turc *athname*.
(2) Aujourd'hui table royale. V. chap. XXVIII.

un discours au nom du prince, qui ajoutait quelques mots, puis il lisait l'acte turc traduit en langue hongroise. Le président des États répondait par des paroles de félicitation, lisait les conditions imposées par les États au nouveau prince, et lui demandait en hongrois s'il promettait et jurait de gouverner la Transylvanie selon les lois et coutumes des trois nations et les libertés des quatre religions reçues. « Je le promets et je le jure », disait le prince. Alors les seigneurs laïques et ecclésiastiques pouvaient adresser la parole au prince, tandis qu'au dehors se faisait de nouveau entendre le bruit des trompettes et des canons. Tout étant terminé, le cortége retournait dans le même ordre au palais où se trouvaient des tables somptueusement servies. On y prenait place de manière que le côté droit fût occupé par les ambassadeurs et les magnats, le côté gauche par le prince, les hauts dignitaires et les prélats. Une table placée sur une estrade était appelée *majestas*, et une autre dite *inferior* était dressée dans la même salle. Les convives faisaient des ablutions à la turque avant et après le festin. Enfin l'on dansait, puis les ambassadeurs étaient reconduits à leurs logements par les principaux seigneurs.

L'église Saint-Michel, dont il est ici question, est le monument de ce genre le plus intéressant qui subsiste en Transylvanie. Elle est bâtie, dit-on, sur l'emplacement d'un temple païen ; cependant les antiquités que ll'on a découvertes à Carlsbourg ont été trouvées fort oin de là. On présume avec plus de raison qu'elle a été élevée par saint Etienne. Ce prince érigea douze évèchés dans son royaume : onze furent institués en Hongrie, la position du douzième est inconnue. Il est probable qu'il fut établi en Transylvanie, car saint Etienne réunit cette province à sa couronne, et y introduisit l'administration par comitats. Aussi loin que l'on peut rechercher, un siècle après Etienne, on voit que l'évêque résidait à Féjervár. Il est donc vraisemblable que là fut bâtie, dès l'origine, l'église diocésaine. Mais le temps et les guerres ont détruit les murs primitifs, et la basilique actuelle est due à Jean Hunyade.

Un siècle et demi après Hunyade il fallut la restaurer; on bâtit de nouveaux murs sous Gabriel Báthori, sous Charles VI, sous Marie-Thérèse, car les monuments ne se conservaient pas sur cette terre brûlante. Aussi la cathédrale est-elle moins belle que curieuse. Elle est intéressante surtout pour l'histoire de l'art. L'église Saint-Michel est gothique ; elle n'a pas les dimensions de nos cathédrales. Presque toutes les murailles sont nouvelles : le portail est moderne, ainsi qu'une tour carrée, sur laquelle sont imparfaitement reproduits les ornements dans le goût arabe qui décoraient la vieille tour. Çà et là, au milieu des pierres blanches, ressort une frise dont les figures sont à demi brisées, surgissent des têtes de saints entre lesquels, chose bizarre, on a placé des vestales romaines. Sur le côté une porte gothique sculptée avec art se cache dans la terre. L'intérieur de l'église a été blanchi, et on a placé dans le chœur des colonnes torses avec de gros soleils en cuivre. Mais, telle qu'elle est aujourd'hui, la cathédrale de Carlsbourg constate ce fait que, si les Hongrois avaient eu le loisir d'honorer Dieu autrement que par leur valeur, si les champs de bataille où ils arrêtaient les infidèles n'avaient pas été leurs seules églises, l'art, dans ce pays, se serait ressenti du contact des deux civilisations sur les limites desquelles la Hongrie se trouvait placée, et eût été tout à la fois gothique et byzantin.

Cette église était la sépulture des vayvodes et des princes de Transylvanie. Il y aurait là de curieuses études à faire si leurs statues eussent été conservées; mais dans l'année 1601 l'église Saint-Michel fut saccagée par les Impériaux, les Valaques et les Haiduques révoltés. Plus tard, quand les catholiques et les protestants se disputèrent la possession de la cathédrale, chaque parti proscrivit à son tour les dépouilles et les images des princes qui avaient professé la foi contraire. Dans ces assauts de vandalisme et de sacrilége le tombeau du grand Hunyade n'a pas été épargné. Il est vide. C'est un simple cercueil de pierre. Sur les côtés sont sculptés des bas-reliefs. La pierre qui le recouvre porte une statue couchée dont les jambes sont brisées. Le héros est placé dans un manteau, revêtu de l'*attila* boutonnée sur la poitrine, et qui descend jusqu'aux genoux. On ne distingue rien du visage si ce n'est de longues moustaches. La main gauche est sur le fourreau. La droite, qui est brisée, tenait l'épée appuyée sur l'épaule. Encore n'est-il pas sûr que cette statue soit celle de Hunyade. Deux Hongrois consacrèrent un jour plusieurs heures à l'examen attentif du tombeau. Ils trouvèrent que la pierre supérieure, qui n'a pas les proportions du cercueil, n'a dû être placée que long-temps après, puisque l'inscription qui fait le tour de la statue est gravée en caractères plus modernes que celle qui se lit à côté des bas-reliefs. Peut-être que les profanateurs auront tenté de cacher leur crime en couvrant d'une pierre menteuse la tombe qui reçut le héros de la Hongrie. On voit encore le sarcophage du frère de Hunyade (1), et celui de son fils Ladislas, qui eut la tête tranchée à Bude. Ladislas est couvert d'une armure. Deux tombeaux en marbre sont plus grands et mieux

(1) Quoique les Hongrois lui donnassent aussi le nom de Jean Hunyade, il s'appelait *Jean Székely de Szent György*, ou *Zekel de Zenth Geurgh*, comme on l'écrivait alors. Il était Ban de Dalmatie, de Croatie et d'Esclavonie, et chef du prieuré d'Aurania, de l'ordre de Saint-Jean de Jérusalem, fondé vers 1345 par le roi Louis I. *Joannes Zekel, qui a Valachis et Tracibus Secula vocabatur, Joan. Hunyad ab Hungaris, et cui dextra manus detruncata in prælio fuit, jacet in Alba Transylvaniæ sepultus.* (Istvánfi.)

conservés ; ce sont ceux de Jean Zápolya et d'Isabelle. Les bas-reliefs sont en bon état ; ils représentent des siéges et des batailles. Les statues, d'un travail supérieur aux précédentes, sont fort curieuses.

Le palais épiscopal, qui n'offre rien d'intéressant, est voisin de l'église. Je remarquai dans la cour une pierre que l'on a retirée de la Maros, et sur laquelle se trouve une inscription grecque dont je ne pus lire que le premier mot Ηλιω..., au soleil. L'évêque de Transylvanie avait autrefois rang et titre de libre baron. Il devait rejoindre l'armée sur l'ordre du roi, avec un certain nombre de gens de guerre ; aussi le courage comptait-il entre les vertus évangéliques qui le désignaient au choix du prince. L'évêque Georges Lépes fut tué vers 1440 par les Turcs dans la déroute qui précéda la victoire de Szent Imre. Aujourd'hui l'évêque de Transylvanie siége à la Diète en qualité de conseiller du gouvernement, et, par une singularité inconcevable, il joint à sa dignité de prélat un titre religieux sur les Israélites : c'est lui qui nomme les rabbins. Ses revenus dépassent cent mille francs.

Carlsbourg, dont la population s'élève à six mille habitants, contient encore un observatoire, des colléges, un arsenal et un hôtel des monnaies (1). La bibliothèque

(1) On y frappe chaque année des monnaies d'or et d'argent pour une valeur de cinq millions de francs.

de l'évêché est fort belle. Elle est placée tout entière dans l'église d'un ancien couvent, et renferme vingt-cinq mille volumes dont quelques uns ont fait partie, dit-on, de la célèbre bibliothèque du roi Mathias. C'est le comte Battyáni, dernier évêque de Carlsbourg, qui l'a fondée, ainsi que l'observatoire. Il y a là des antiquités romaines, entre autres quatre bas-reliefs mithriaques, des médailles curieuses, et une fort belle collection de manuscrits du moyen âge. On montre un superbe manuscrit des évangiles dont les images et les lettres ornées sont admirables. La plupart ont été faits à Bude. Plusieurs portent à la première page l'écusson fleurdelisé à côté des armes de Hongrie : ils datent des princes français.

Dans une chapelle latérale de l'église Saint-Michel on voit sur le sol une pierre carrée, longue, dont l'inscription est un peu effacée, et sur laquelle est grossièrement représenté un personnage revêtu des habits de prêtre. C'est le tombeau du cardinal Martinuzzi. Il est remarquable qu'une même enceinte renferme aujourd'hui ses restes et ceux d'Isabelle. Cette tombe modeste, que n'eût pas pressentie le puissant cardinal, lui fut accordée par grâce : son corps resta deux mois entiers dépouillé et sanglant dans la chambre même où il avait été assassiné.

Terrible vicissitude! ce fut au moment où il venait de prendre Lippa sur les Turcs, au moment où Jues III le proclamait cardinal, quand son pouvoir lui paraissait inébranlable, que Martinuzzi fut tué. Le messager qui lui annonça la nouvelle dignité dont le pape l'avait investi précéda de quelques jours celui qui apportait l'ordre de sa mort.

Castaldo avec les Espagnols et les Allemands, et Martinuzzi à la tête des Hongrois, assiégeaient Lippa. On donna l'assaut le 14 novembre 1551. Sept soldats espagnols, impatients de voler aux murailles, sortirent des rangs avant le signal, conduits par un porte-étendard nommé Botto. Ils furent tués. Le désordre se manifestait parmi les assiégeants, quand Martinuzzi et Siméon Forgács accourent avec les Hongrois. Les chrétiens reprennent l'avantage. Pressés de toutes parts, les Turcs abandonnent la ville et se retirent dans la citadelle. Martinuzzi donna aux Hongrois une part du butin; les Allemands et les Espagnols reçurent la leur de Castaldo. Le 18 on eut avis que les Turcs voulaient se rendre. Ce n'était pas l'usage dans ces guerres, où les uns et les autres se battaient jusqu'à la dernière extrémité sans espérer de merci. Le cardinal, voulant ménager dans l'avenir cette ressource aux chrétiens, conseilla d'accepter la proposition des Turcs. Castaldo et les siens s'écrièrent qu'il ne fallait pas de condition à un ennemi en détresse. Les deux chefs discutèrent plusieurs jours sans pouvoir s'entendre; aucun d'eux ne voulait céder à son rival. Castaldo écrivit alors à Ferdinand que la Transylvanie ne serait jamais tranquille tant que Martinuzzi vivrait. On se rappelle que l'empereur avait toujours rencontré le cardinal comme un obstacle à ses desseins. Il répondit que, si sans Martinuzzi les affaires devaient plus facilement s'arranger, on eût à agir comme le commandait le bien public. Pendant ce temps Lippa s'était rendu.

Castaldo y laissa une partie de ses Espagnols et partit dans le même carrosse que Martinuzzi. Kruppai, fou du cardinal, frappé de pressentiments funestes, s'approcha de son maître et lui conseilla de se défier des Espagnols. Martinuzzi pria Castaldo d'excuser l'insolence du misérable, qu'il fit jeter en prison. Ils arrivèrent au mois de décembre à Alvincz. C'est un gros village peu distant de Carlsbourg, où Martinuzzi avait un château. Il est situé près de la Maros, en face de Borberek, qui à cette époque était encore dominé par la vieille forteresse de Zeberink. Pallavicini, colonel du régiment espagnol, et André Lopez, officier du même corps, avaient reçu les ordres de Castaldo. Ils postent Pierre Avilez et vingt-quatre soldats armés de toutes pièces à la porte tournée vers Müllenbach, et, se faisant suivre de quatre Espagnols déterminés, ils pénètrent dans l'appartement du cardinal. C'était au milieu de la nuit. Marc-Antoine Ferrari, secrétaire de Castaldo, se joint à eux. Arrivés à la porte même de la salle où se tenait Martinuzzi, il frappe légèrement, se disant porteur de dépêches que Castaldo expédie à Ferdinand, et pour lesquelles il réclame la signature du cardinal. La porte s'ouvre. Martinuzzi, une plume à la main, s'apprête à écrire : au même instant il reçoit deux coups de poignard que Ferrari lui porte à la gorge et à la poitrine. Quoique blessé et sans armes, Martinuzzi saisit l'assassin et le renverse. Au bruit Pallavicini se précipite dans la chambre et d'un coup de sabre fend la tête du malheureux, qui respire encore et s'écrie : « Mes frères, qu'ai-je fait ? qu'ai-je mérité ? » Enfin un des Espagnols l'acheva avec son poignard. Personne ne l'avait secouru si ce n'est un jeune homme attaché à sa personne, François Wass, qui s'était jeté à demi vêtu au devant des meurtriers, l'épée à la main, et qui reçut sept blessures.

En pillant le château d'Alvincz les Espagnols découvrirent cinquante mille ducats, dont Castaldo se fit remettre une partie; le reste leur fut abandonné. Puis Castaldo s'occupa de faire rendre à Ferdinand les forteresses de Martinuzzi. Le trésor du cardinal était gardé dans celle de Szamos Ujvár, dont Paul Csáki était gouverneur. On y trouva deux cent cinquante mille florins hongrois, huit cent soixante-douze poids d'or non monnayé, chaque poids étant de seize onces; deux mille trois cent quatre-vingt-sept poids d'argent; quatre mille lysimaques valant chacun quatre ducats hongrois; dix-sept poids d'or tiré des mines ou lavé dans les rivières de Transylvanie; une masse d'argent fondu de quatre cent soixante-six poids; de grands vases dorés, des coupes, des colliers, des bagues, des aiguières, des bassins, et autres objets de table; la vaisselle particulière du cardinal, qui semblait être celle d'un roi; des habits de luxe, des tapis, une quantité de fourrures précieuses; trois cents chevaux magnifiques achetés à grands frais en Turquie; des armes, des harnais splendides, et tout un haras des plus belles juments.

CHAPITRE X.

Guerres des Turcs. — Les Corvins. — Szent Imre.
Le Champ du Pain.

Les Hongrois se sont immortalisés par leurs guerres contre les Turcs. Ils ont sauvé l'Europe à plusieurs reprises. Pour comprendre tout ce que ces luttes gigantesques avaient de terrible, il faut parcourir la Hongrie, voir les ruines, interroger les traditions encore vivantes. Ces églises mutilées et noircies, ces forteresses rasées, ces noms de lieux qui vous frappent tout à coup, ces grands villages où s'agglomérait une population menacée, tout cela rappelle puissamment l'âge héroïque des Corvins.

Nous nous faisons généralement une fausse idée de ces guerres. Quand on se représente une bataille entre les Turcs et les Chrétiens, on accorde aux premiers la supériorité du nombre, aux seconds celle de la tactique, et comme il semble que l'intelligence doive toujours triompher de la force brutale, ceux-ci paraissent placés dans les meilleures conditions. Au moyen âge, où la tactique n'existe pas encore, les Chrétiens ont du moins l'avantage d'être parfaitement armés. On se figure aisément ce qu'a pu être la bataille de Tours. Nous voyons les légers cavaliers d'Abderame inonder la plaine, pareils à la marée qui monte, et se briser contre la digue vivante des guerriers pesamment armés de Charles. Puis cette muraille se meut, et les lourds cavaliers francs écrasent, martellent leurs ennemis.

Les circonstances changent quand on assiste aux guerres des Hongrois et des Turcs.

Tandis que les Magyars, après des haltes successives, s'établissaient en Pannonie et se faisaient chrétiens, les Ottomans, leurs voisins en Asie, refoulés comme eux par les Mongols, faisaient route vers les provinces méridionales, embrassaient en chemin l'islamisme, et s'emparaient du Bosphore; en sorte que ces deux peuples de même race, partis des mêmes lieux, se retrouvaient ennemis en Europe. De part et d'autre c'étaient donc les mêmes hommes qui s'attaquaient, des Orientaux, qui portaient les coups à leur manière. On se souciait peu des règles de la tactique européenne. Tous combattaient en vrais fils de l'Asie, à cheval. Il y avait là une effroyable mêlée, chacun y allant pour son compte. C'étaient cent mille duels à armes égales, car les Hongrois, qui endossaient l'armure dans les guerres d'Allemagne, reprenaient leur costume et le sabre recourbé quand ils marchaient contre les Ottomans. Ils se couvraient seulement la poitrine d'une cuirasse légère ou d'une chemise de mailles; sur le reste du corps brillait l'habit national, qui, pour la splendeur, ne le cédait pas aux riches vêtements des Turcs.

Au moment de livrer bataille les Hongrois n'avaient donc sur les Ottomans aucun avantage. Ils se ruaient intrépidement sur la foule des ennemis, et il fallait que leur valeur suppléât à tout. Leur art militaire consistait à attaquer avec furie et à ne pas reculer. C'est pourquoi ils ôtaient les éperons au cavalier qui portait l'étendard, sur lequel était représenté la Vierge, patronne de Hongrie ; cela voulait dire qu'il ne pouvait fuir. Souvent la supériorité de la science moderne appartenait aux Turcs. A Mohács, les Hongrois, qui combattaient un contre dix, ne furent vaincus que parce qu'ils manquaient d'artillerie ; les Turcs avaient vingt pièces de canon. Ceci s'explique par la composition des armées hongroises. Le roi appelait à lui tous les nobles du royaume, c'est-à-dire des hussards qui n'aimaient qu'à manier le sabre. L'arme blanche, qui permet aux braves de se joindre, est si bien l'arme favorite des Hongrois, qu'au siècle dernier, dans leur révolte contre l'Autriche, ils ne se servaient qu'avec répugnance du mousquet. Ils appelaient *lobontz* (de *lobantás*, flamme) les Impériaux, qui, avec leurs armes à feu, aimaient mieux combattre de loin.

Les Hongrois ne faillirent jamais à la mission qu'ils s'étaient imposée comme défenseurs de la chrétienté. Les Turcs leur rappelaient leur communauté d'origine et les conviaient au partage de l'Europe. Ils restèrent inébranlables et usèrent leurs forces dans ces luttes héroïques. Au reste, ils n'attendirent pas que les musulmans vinssent menacer leur territoire. Dès 1173, on voit deux seigneurs hongrois partir du village de Czege, en Transylvanie, gagner à cheval Constantinople, et offrir à l'empereur le secours de leurs bras. Ils rejoignent en Asie l'armée des Grecs et combattent si vaillamment les Turcs, qu'on les appelle « les hommes de fer ». Ce glorieux surnom les précède dans leur patrie, si bien qu'ils le gardent au retour et le transmettent à leurs descendants. La famille Was, « fer », existe encore.

Les guerres des Turcs durent jusqu'au temps où la puissance ottomane cesse de menacer l'Europe, c'est-à-dire jusqu'au 17e siècle. Dès lors la lutte change de caractère. La Porte, abandonnant l'impulsion religieuse du prophète, participe à la politique de l'Occident. Les empereurs et les sultans se battent pour leurs motifs personnels. Les Hongrois composent, il est vrai, la plus grande partie des armées autrichiennes ; mais aussi dans leurs révoltes ils acceptent les secours des Turcs, comme ils sollicitent ceux de la France. Ce n'est plus là l'âge des guerres saintes. Pour le trouver, il faut remonter plus haut. La grande époque est celle des Corvins. Hunyade est l'Achille de cette longue épopée.

Chacun de nous a ses héros de prédilection. On se passionne, en lisant l'histoire, pour certains personnages dont le caractère et les actions excitent notre sympathie. Bien avant mes voyages en Hongrie, j'avais un culte pour Jean Hunyade, ce héros chrétien qui consuma sa vie avec une pieuse abnégation pour le salut de sa religion et de sa patrie, dont la mort frappa de douleur l'Europe entière, et que le sultan lui-même pleura en s'écriant : Jamais il n'y eut un plus grand homme ! Tous nous pouvons revendiquer sa gloire, car il fut notre rempart à tous. Sans ses victoires les Turcs pénétraient dans l'Allemagne divisée, dans la France affaiblie, et c'en était fait peut-être de la civilisation. On éprouve de la tristesse à le dire, l'envie, cette cruelle suivante du génie, n'épargna pas un si beau dévoûment. Jean Hunyade eut à se plaindre des hommes, pour lesquels il se sacrifiait.

Le sentiment mélancolique avec lequel on suit l'histoire de sa vie s'accroît quand on foule le sol qui l'a vu naître : il redouble en face de son tombeau. Il n'y a pas de palais en ruines, pas d'église dévastée, dont la vue m'ait laissé une impression plus triste que ce simple cercueil de pierre, que cette mauvaise statue à demi brisée, à laquelle on ne sait pas s'il faut donner le nom de Jean Hunyade. C'est qu'aussi en la dure carrière du héros se résument les destinées de la noble nation qu'il a illustrée. Hunyade, qui combattit toute sa vie les Turcs, qui resta toujours grand au milieu des vicissitudes et des injustices, et dont la tombe ne devait pas être respectée, est dans l'histoire le représentant du peuple hongrois, peuple héroïque, qui soutint en défendant la chrétienté des guerres effroyables oubliées aujourd'hui, et qui verse son sang depuis trois siècles au profit de princes ingrats, pour des querelles qui ne sont pas les siennes.

Hunyade gagna sur les Turcs plus de soixante batailles, et ne vit la victoire lui échapper que dans trois combats. Il illustra trois règnes. Il était déjà la terreur des ennemis du nom chrétien quand le roi Albert mourut. Loin de prendre parti pour sa veuve, ce qui lui eût donné l'occasion d'agrandir sa propre puissance, il fut de ceux qui appelèrent au pouvoir Uladislas, roi de Pologne, lequel était plus capable de défendre la Hongrie. A peine le nouveau souverain est-il affermi sur son trône que les Turcs apparaissent menaçants sur la frontière. Hunyade vole au devant d'eux : il les bat coup sur coup à Belgrade, à Szent Imre, aux Portes de Fer. Un jour il précède l'armée hongroise à la tête de douze mille hussards. Il rencontre successivement trois corps de troupes, commandés chacun par un pacha, et les écrase. Comme il revenait vers le camp royal il voit tout à coup se développer dans une grande plaine les lignes innombrables des Turcs. Jetant les yeux sur les cavaliers qui le suivaient, il s'arrêta un moment et parut hésiter. Puis, haranguant les siens, il se précipita hardiment sur l'armée ottomane, s'empara dans la charge de quelques chefs ennemis, et les amena à Uladislas. Amurat, furieux de tant d'échecs, lança contre les Hongrois une dernière armée commandée par le pacha d'Asie-Mineure. Celui-ci suivit les traces de Hunyade, et, trouvant sur sa route quelques chrétiens malades et blessés, il les envoya à son maître. « O sultan, écrivit-il, voilà ces Hongrois que tu redoutes. » — « Quand tu les auras combattus, lui fit répondre Amurat, tu me diras ce qu'ils valent. » Peu de jours après le pacha vaincu rejoignait le camp des infidèles.

Amurat demanda la paix. La Diète convoquée à Szeged par Uladislas fut d'avis qu'on l'accordât : les Hongrois étaient affaiblis par leurs victoires. On mit fin aux hostilités, et Hunyade prêta serment, au nom du roi et du pays, devant les envoyés turcs. A peine la convention était-elle signée que tous les princes chrétiens de l'Europe reprochèrent à Uladislas de n'avoir pas poursuivi ses succès. Jusque-là ils étaient restés sourds aux appels des Hongrois, et ne répondaient que par de vagues promesses aux demandes de secours qui leur étaient faites. Ils s'engagèrent alors, si le roi rompait la trêve, à conduire des troupes nombreuses contre les infidèles. Le pape envoya à Szeged le cardinal Julien, qui devait délier les Hongrois de leur serment. Uladislas fut ébranlé, puis céda. Il était plus difficile de triompher de Jean Hunyade. Long-temps il résista. Mais le cardinal lui représenta qu'il devait profiter des offres des princes chrétiens. Hunyade savait qu'avec leurs secours il pouvait abattre pour toujours la puissance des Turcs. Il vit déjà la chrétienté sauvée, et pensa que ce magnifique résultat devait être obtenu même au prix de sa parole violée. Après avoir risqué sa vie, il sacrifiait son honneur. Cependant ce fut avec une répugnance visible qu'il promit au cardinal de recommencer la guerre. L'armée elle-même n'approuvait pas cette rupture. Les cavaliers dans leur loyauté se disaient que le bon droit n'était pas pour eux. Quiconque connaît le caractère hongrois et sait quel profond respect le dernier paysan professe pour la justice pourra prévoir le résultat de la nouvelle lutte qui s'engage. La bataille fut livrée devant Varna. Uladislas ayant péri au commencement de l'action, les Hongrois virent dans cette mort un coup du ciel, perdirent courage et se laissèrent battre. Aucun des princes chrétiens n'avait envoyé les troupes promises.

Échappé au carnage, Hunyade fut fait prisonnier par le vayvode de Valachie, Drakula, qui, sur les menaces des magnats de Hongrie, lui rendit la liberté. Il engagea la Diète à donner la couronne au fils d'Albert, que l'empereur Frédéric retenait à Vienne : avant tout il voulait que les discordes qui accompagnaient l'élection des rois fussent étouffées. Quand le choix du jeune Ladislas fut arrêté, il tourna toute son ardeur contre les Turcs. Il réclama les secours des rois de l'Europe. Charles VII de France promit de lui venir en aide aussitôt qu'il aurait chassé les Anglais de ses états. Les autres souverains restèrent muets. Certain qu'il n'avait rien à espérer du dehors, et qu'il ne devait compter que sur les Hongrois seuls, Hunyade attendit patiemment l'occasion de venger la défaite de Varna. Il commença par écraser les comtes de Cilley, qui avaient formé en Esclavonie une sorte de principauté indépendante, et dont la fidélité était suspecte. Cependant l'empereur gardait Ladislas V à Vienne et s'opposait à son départ pour Bude. Frédéric pressentait que le moment était proche où cette belle couronne de Hongrie allait définitivement tomber aux mains de la maison d'Autriche, qui l'avait convoitée pendant tout le moyen âge.

Les nobles hongrois s'assemblèrent sur la plaine de Rákos, qui servait à l'élection des rois, et nommèrent Jean Hunyade gouverneur du royaume de Hongrie. Avec les subsides qu'ils lui accordèrent, il put ramener dans le devoir la Valachie et la Moldavie, qui aspiraient à l'indépendance, et ravager les états de Frédéric. Il ouvrit enfin la campagne contre les Turcs avec une armée de quarante mille Hongrois. Les ennemis comptaient cent cinquante mille soldats. Une bataille dura tout un jour sans résultat décisif. Le lendemain, tandis que Hunyade mettait en déroute l'armée d'Asie, celle d'Europe tomba sur ses derrières et enleva la victoire aux troupes chrétiennes. Plus de huit mille Hongrois périrent, mais trente-quatre mille Ottomans restèrent sur le champ de bataille. Hunyade lui-même fut un moment au pouvoir des infidèles. Par bonheur les deux Turcs qui l'avaient fait prisonnier se disputèrent la croix d'or qui brillait sur sa poitrine. Il tua l'un et mit l'autre en fuite. Un guide avec lequel il voulait gagnait Belgrade le conduisit chez le traître Brankovitz, despote des Rasciens, qui l'eût gardé sans l'intervention des magnats.

Enfin Ladislas put quitter Vienne et prendre possession de la couronne de Hongrie, grâce au zèle et à la fidélité de Jean Hunyade. On vit ce héros couvert de gloire, adoré de l'armée et de la nation, remettre le sceptre au jeune roi qu'il n'avait cessé d'appeler. Tout à coup la conquête de Constantinople par les Turcs apprit aux Hongrois que le danger qui menaçait l'Europe s'était accru. Mahomet avait dit : Il ne doit exister qu'un maître sur la terre comme il n'y a qu'un Dieu dans le ciel. La Diète fit un appel énergique à l'enthousiasme des Hongrois. Tout le monde courut aux armes, et Hunyade arriva à temps pour détruire une nombreuse armée qui envahissait le royaume. Mais la foule des musulmans grossissait toujours. Mahomet assembla des troupes de toutes les parties de son empire, et vint de nouveau attaquer la Hongrie, qui n'avait plus de forces nombreuses à lui opposer. Dans ce moment solennel, Hunyade en appela une dernière fois aux princes chrétiens. Il demandait que tous ensemble envoyassent cent mille soldats, et s'engageait à expulser les Turcs d'Europe en moins de trois mois. Le butin dont il comptait s'emparer aurait servi à la solde des troupes coalisées. On a peine à comprendre que la voix du peuple hongrois n'ait pas été entendue. Nul doute que Jean Hunyade aurait tenu parole, et que, s'il eût été secouru, les Ottomans étaient refoulés en Asie.

Abandonnés à eux-mêmes, les Hongrois puisèrent de nouvelles forces dans leur dévoûment. Hunyade leva à ses frais dix mille hussards. Le roi lui-même, qui, en présence du danger, s'était enfui à Vienne, abandonnant à la Providence le salut du royaume, équipa vingt mille hommes. Tous les Hongrois en état de prendre les armes volèrent à la défense de Belgrade, le premier boulevart du royaume, que deux cent mille Ottomans tenaient assiégée. Mahomet avait dans son camp des munitions de toutes sortes, et jusqu'aux chiens qui devaient dévorer les prisonniers hongrois. Ses énormes canons de vingt-sept pieds de long, dont on entendait le grondement à une distance de vingt-cinq milles, lançaient sur Belgrade des projectiles inconnus jusque alors. C'en était fait de Belgrade si Hunyade ne fût accouru. Il résolut tout d'abord de détruire la flottille turque qui fermait le Danube. Il ouvrit son plan à son beau-frère Michel Szilágyi, qui commandait Belgrade, et au moment où Hunyade attaquait de front les bateaux ennemis, les assiégés tombèrent sur eux par derrière. Cette manœuvre anéantit la flottille ottomane, et Hunyade put entrer dans la ville avec les troupes qu'il amenait. Restait l'armée de terre que Mahomet conduisait en personne. Quand la brèche fut praticable, les Turcs donnèrent l'assaut. Deux fois ils s'emparèrent des ouvrages extérieurs qui protégeaient Belgrade, deux fois ils furent repoussés. Dans un suprême effort ils s'élancèrent aux murailles avec une furie telle, que le carnage dura vingt heures sans cesser un instant. A la fin, ils firent retraite. Les Hongrois sortirent hardiment de Belgrade et les poursuivirent jusqu'à leur camp. Un dernier combat s'engagea autour des tentes de Mahomet. Le sultan, blessé à la tête, fut enlevé du champ de bataille, et les Turcs épouvantés s'enfuirent abandonnant toute leur artillerie et un riche butin. L'Europe était encore sauvée.

Trente ans de glorieux travaux avaient épuisé Jean Hunyade. Une fièvre violente, dont il oubliait les atteintes pendant l'ardeur du siége, l'emporta après quelques jours de repos. Sa dernière prière fut une exhortation aux magnats à rester unis.

Nous avons rappelé en peu de mots la vie de Jean Hunyade. Nous avons montré ce vaillant preux usant sa vie à la défense de l'Europe, qui l'abandonnait. A voir un si constant dévoûment, qui eût pensé qu'au sein de sa patrie des ennemis conspiraient sa perte, que le roi lui-même ordonnait en secret sa mort? Allemand par sa naissance et son éducation, Ladislas ne sut pas s'appuyer sur le peuple hongrois. Instrument docile de la maison d'Autriche et du comte Ulric de Cilley, il préparait les desseins de l'une, et servait la vengeance de l'autre. Abandonné à ces influences, Ladislas devait être l'ennemi de Jean Hunyade : car le gouverneur avait abattu les comtes de Cilley, qui pouvaient nuire à sa patrie, et, en rendant au royaume son antique splendeur, il éloignait l'époque où la Hongrie deviendrait la proie de l'Autriche.

Hunyade avait reconnu, le premier de tous, l'autorité du jeune Ladislas. Il s'était empressé d'abdiquer en sa faveur le pouvoir royal qu'il avait reçu en dépôt, et qu'il aurait conservé sans peine s'il eût eu d'autre ambition que celle de servir son pays. Sa modération et sa loyauté devaient ouvrir les yeux du roi. Les conseils de la maison d'Autriche prévalurent, dans l'esprit de Ladislas, sur les inspirations de son propre cœur. Les nobles hongrois, fort attachés à Jean Hunyade, désirèrent que le jeune roi remerciât publiquement le gouverneur des services rendus à la patrie. C'était là un acte de justice auquel Ladislas dut souscrire ; mais ses conseillers saisirent cette occasion d'accuser Hunyade. Il affectait la soumission, disaient-ils, et convoitait la couronne. Chaque fois que Hunyade remportait une victoire nouvelle, on persuadait au prince que son général cherchait à s'attacher l'armée et à se populariser par la gloire. Enfin le comte Ulric de Cilley fut assez habile pour répandre le plus absurde comme le plus odieux mensonge. Il affirma que Jean Hunyade attentait à la vie du roi. Ladislas le crut, et manda le gouverneur à Vienne, n'osant pas le frapper en Hongrie. Hunyade se mit en route avec bonne foi ; mais, averti à temps par les magnats, qui lui étaient dévoués, il déclara qu'il ne franchirait pas la frontière du royaume. Ulric, impatient de le voir arriver, vint à sa rencontre jusqu'à Kőpcsin. Hunyade le rejoignit à la tête de deux mille Hongrois fidèles ; mais, après quelques pourparlers, il rebroussa chemin. Il avait compris qu'Ulric cherchait à l'attirer dans la ville pour se rendre maître de sa personne.

Cependant Hunyade avait à cœur de rejoindre le roi et de lui dévoiler les intrigues dont il était entouré. Il partit une seconde fois pour Vienne ; mais, s'arrêtant à la frontière de Hongrie, il exigea, avant d'aller plus loin, un sauf-conduit de Ladislas. Ulric promit de l'apporter lui-même, et annonça que le roi arrivait à la rencontre de Jean Hunyade. Celui-ci entra donc en Autriche ; il se dirigeait avec confiance sur Vienne, quand ses amis lui conseillèrent de s'arrêter. Ni le roi ni Ulric n'étaient venus. Tout à coup Ulric paraît ; il assure qu'il porte lui-même le sauf-conduit, et un messager qui survient lui donne la fausse nouvelle que Ladislas approche. Hunyade devina aussitôt la vérité. « Ami, dit-il avec bonté au messager, n'est-il pas vrai que tu as menti? » Puis, se tournant vers Ulric : « Traître, s'écrie-t-il, prends garde de creuser pour toi-même la tombe que tu me destines! Tu es en mon pouvoir. Je t'imposerais le châtiment que tu mérites, si le respect et l'amour que je dois à mon souverain ne retenaient mon bras. Fuis, et ne reparais plus devant mes yeux, car je ne t'épargnerais pas. »

Hunyade se vengea de la perfidie du roi en sauvant Belgrade : car ce fut peu de temps avant sa mort qu'il faillit être victime de ses ennemis. Telle était la récompense d'une vie si longue et si pleine ! Les Turcs au moins lui rendaient justice. Mahomet déplora sa perte, et long-temps encore après lui les femmes de Constantinople effrayaient leurs enfants rebelles en prononçant le nom de Jean Hunyade.

Le gouverneur avait laissé deux fils sur lesquels retomba la haine de la maison d'Autriche. Ladislas, l'aîné, avait fait la guerre avec succès en Bohême dès l'âge de vingt ans. Il avait secondé son père, et s'était signalé à la défense de Belgrade. Ce fut sur lui que les Hongrois, qui n'espéraient plus avoir un roi allemand, jetèrent les yeux dès que le gouverneur eut expiré. A la surprise de tous, le roi confia au comte de Cilley les charges que remplissait Jean Hunyade. Ulric n'ambitionnait le pouvoir que pour perdre les Corvins. Un astrologue avait prédit que le fils de Hunyade porterait un jour la couronne de Hongrie. Ce fait, rapporté par Ulric, jeta la défiance dans l'esprit du roi. Ladislas n'ignorait pas qu'il avait reçu en héritage la haine du comte de Cilley. Ses amis interceptèrent une lettre où Ulric promettait à son beau-père, Brankovitz, la tête du jeune Hunyade. Quand le roi arriva à Belgrade avec sa cour, Ladislas résolut d'exprimer à Ulric son indignation. Il le fit appeler à la maison de ville un jour que le roi se rendait à l'église. Aux reproches qui lui furent adressés Ulric répondit par de nouvelles accusations : les deux ennemis s'animèrent, et la dispute devint si vive, que Cilley, tirant l'épée, frappa Ladislas, qui était sans armes. Celui-ci eût été tué s'il n'eût paré le coup avec le bras droit; il reçut une large blessure à la tête. Au bruit, les nobles hongrois, qui ne quittaient pas le jeune Hunyade, se précipitèrent dans la salle, et, voyant qu'Ulric avait attaqué Ladislas désarmé, ils se jetèrent sur lui et le tuèrent à coups de sabre.

Ladislas parut devant le roi, accusant Ulric d'avoir lui-même hâté sa mort. Le roi répondit par des paroles de pardon, mais quitta sur-le-champ Belgrade. A Temesvár, il trouva la veuve de Jean Hunyade, Elisabeth Szilágyi, qui venait à sa rencontre, suivie de son plus jeune fils, Mathias. Tous deux étaient vêtus de noir. Le roi les accueillit gracieusement, les consola, parla de la gloire du gouverneur, et, faisant apporter de belles étoffes de velours rouge, leur ordonna de quitter les habits de deuil. Il promit à Elisabeth de ne venger jamais la mort du comte de Cilley; il en fit serment sur le corps du Christ. Rassuré par les discours du roi, Ladislas quitta ses forteresses, ses amis, et suivit la cour à Bude. Dans sa loyauté, il ne devinait pas que le roi cherchait à l'attirer pour le frapper plus sûrement. Lorsque le bruit se répandit que les Turcs allaient de nouveau inonder la Hongrie, Ladislas rassembla ses troupes, et s'apprêta à marcher au devant de l'ennemi. On lui défendit de sortir de Bude avant que le jeune Mathias s'y rendît. Le roi voulait tenir en son pouvoir les deux fils de Jean Hunyade. Ils furent arrêtés dans le même moment.

Enfermé au château de Bude, Ladislas attendait qu'on lui signifiât le crime dont il était accusé; il lui était facile d'établir son innocence aux yeux des juges. Voulait-on lui faire expier le meurtre de Cilley? Mais il n'en était pas coupable, et d'ailleurs le roi l'avait oublié. Pourquoi l'avait-on jeté en prison?... Au bout de trois jours on le conduisit dans une cour intérieure où était dressé un échafaud. Dès qu'il parut, une voix cria : « Ainsi périt tout sujet traître à son roi ! » L'angoisse qui était peinte sur son visage fit place à une expression de mâle courage quand il eut appris la sentence royale. Il voulut prendre la parole, mais on empêcha que sa voix ne fût entendue. Les assistants, qui étaient en petit nombre, et qu'on avait choisis entre les partisans de l'Autriche, ne purent se défendre de murmurer contre les ordres du roi quand ils virent s'avancer ce noble jeune homme, dont les yeux exprimaient à la fois la douceur et la fermeté. Il n'avait que vingt-quatre ans, et déjà il s'annonçait comme le second sauveur de la Hongrie : les Turcs et les Bohêmes pouvaient attester sa valeur. Dans ce moment, la majesté de la mort ajoutait à sa beauté naturelle. Vêtu d'une longue robe de drap d'or, il s'avança d'un pas ferme vers l'échafaud, et s'agenouilla. Le bourreau le frappa trois fois sans le tuer. Au quatrième coup, il le renversa. Ladislas se releva d'un bond, et, invoquant les lois du pays, s'écria qu'ayant reçu les trois coups sans mourir, il devait être gracié. Mais il s'embarrassa dans les plis de sa robe, et tomba. Le bourreau hésitait à le frapper une dernière fois. On lui ordonna de l'achever. Les nobles et les bourgeois qui assiégeaient la porte du château protestaient énergiquement de l'innocence de Ladislas. Si l'exécution avait eu lieu suivant les formes ordinaires, on l'eût arraché vivant des mains du bourreau ; mais tout se passa si secrètement, que le peuple apprit en même temps la condamnation et la mort du jeune Hunyade. Tous les Hongrois accompagnèrent ses restes à l'église, où ils furent déposés parmi les corps de trente-deux magnats décapités peu de temps auparavant. Dans la suite, Michel Szilágyi le fit inhumer à Fejervár.

Dès lors les Hongrois ne cachèrent plus leur aversion pour le roi, qui jugea prudent de quitter ses états. Quant au jeune Mathias, on se contenta de le garder étroitement en Autriche, puis en Bohême; enfin, quand le trône de saint Etienne devint vacant, les Hongrois le délivrèrent, et lui donnèrent la couronne que son père avait si vaillamment défendue. Mathias Corvin se vengea des Allemands par de brillantes victoires.

Ainsi, dans cette longue lutte des Corvins et de la maison d'Autriche, celle-ci finit par succomber. Mais elle remporta un sanglant triomphe en obtenant la mort de Ladislas. Elle avait été funeste à Jean Hunyade, dont ses intrigues abrégèrent la vie. C'est donc, à tout prendre, une triste et lamentable histoire que celle de ces glorieux Corvins, qui défendaient si noblement l'indépendance nationale. Entre les détails de cette vie empoisonnée et de cette mort douloureuse, on oublie facilement que le dernier des Corvins a régné dans Vienne. Il nous reste maintenant à achever cette histoire. Il faut dire comment les cendres de ces illustres morts furent insultés un siècle et demi après les événements que nous venons de retracer.

Lorsque Michel, vayvode de Valachie, et Georges Basta, général des Impériaux, eurent remporté sur les Transylvains, en 1601, la victoire de Goroszló, ils envoyèrent leurs troupes piller le pays en détail. Les Valaques pénétrèrent dans Fejérvár, massacrèrent ceux des habitants qui n'avaient pas pris la fuite, et dévastèrent les églises. Ils étaient suivis d'une troupe d'Allemands et de Haiduques révoltés. Au milieu du pillage de la cathédrale, les brigands ouvrirent les tombeaux des princes : l'un d'eux, quand on brisa le monument de Jean Hunyade, se saisit du sceptre qui était déposé dans le cercueil du gouverneur. Il s'enfuit à toute bride, quitta la Transylvanie, et, se présentant devant Pierre Orsi, capitaine d'Esztergom : « Voici, lui dit-il, le sceptre que porta jadis le héros de la Hongrie, Jean Hunyade, des mains duquel je l'ai arraché. J'ai cherché un homme qui méritât de le recevoir, et je n'en ai pas trouvé de plus digne que toi, dont le courage m'est connu. — Peux-tu me prouver, repartit le capitaine hongrois, que c'est là le sceptre du grand Hunyade? » Le soldat invoqua le témoignage de ses compagnons, qui assurèrent qu'il disait vrai. « Je te remercie, camarade, continua Pierre Orsi, de m'avoir apporté d'aussi loin un tel présent. » — Et il se fit remettre le sceptre. — « Mais comme tu as violé la tombe d'un grand homme, comme tu as profané de tes mains sacriléges des mânes sacrées, tu n'es plus digne de vivre. » Puis, le faisant garrotter, il ordonne qu'on le porte sur le pont du Danube. S'adressant alors au sceptre, il dit : « Dans la main de ton illustre maître Jean Hunyade, tu sauvas le Danube et le sol hongrois du joug des Infidèles. Personne aujourd'hui n'est digne de te porter. Mais le fleuve que tu as défendu dans les calamités passées te protégera contre les souillures à venir. » A ces mots, il jeta le sceptre dans le Danube. Enfin, faisant précipiter le soldat :

« Reçois maintenant, s'écrie-t-il, la récompense que tu mérites. »

Ce qui rend plus odieux ce sacrilége, c'est que là même où il a été commis le sol parle des gloires de Jean Hunyade. Aux portes de Carlsbourg, le gouverneur gagna sur les Turcs une des plus importantes batailles qu'il leur ait livrées. Comment les profanateurs n'ont-ils pas reculé devant l'ombre victorieuse du héros ?

En effet, on se souvient encore, dans le petit village de Szent Imre (1), de la sanglante journée où Amurat perdit la plus belle armée qu'il ait fait marcher contre les Hongrois. C'est dans la grande plaine qui sépare Szent Imre de Carlsbourg que l'action s'engagea. Dans l'imminence du danger, Hunyade avait envoyé de village en village un sabre ensanglanté, suivant la vieille coutume des Huns, pour appeler toute la population aux armes. Il s'avançait à la tête de quelques troupes, attendant la levée générale des habitants, quand il fut attaqué à l'improviste par les Turcs. Surpris avant de se mettre en ordre, les Hongrois perdirent du terrain et lâchèrent pied. Plusieurs chefs illustres succombèrent, et avec eux l'évêque de Transylvanie, qui combattait à la tête de sa baronnie. Cette action n'était que le prélude d'une bataille plus générale, à laquelle prirent part tous les hommes de guerre qui répondirent à l'appel de Hunyade.

(1) Saint-Emeric.

Le général ottoman, Mezet-Beg, recommanda aux siens de diriger tous leurs coups sur le grand chef des Hongrois. C'était le moyen le plus sûr de remporter la victoire. Le bruit se répandit parmi les chrétiens que les Turcs avaient résolu de tuer Hunyade dans le combat. L'alarme était grande, quand un gentilhomme nommé Simon Kemény, de la même taille et du même air que le gouverneur, s'offrit à se dévouer. Il prit l'habit, les armes et le cheval de Hunyade, et se plaça de manière à attirer les regards de l'ennemi. J'ai vu à Enyed la demi-cuirasse et le bonnet de mailles qu'il emprunta à Hunyade ; ils sont percés de coups. Kemény fut tué à la première charge, tandis que le gouverneur combattait avec cette valeur qui le rendait redoutable. Effrayés de l'apparition de ce nouvel ennemi, les Turcs abandonnèrent le champ de bataille, où vingt mille des leurs périrent. Mezet et son fils furent comptés parmi les morts. Hunyade envoya au roi plusieurs chariots chargés du butin repris sur les Turcs, et, après les largesses faites à son armée, il put encore élever quatre églises en souvenir de cette mémorable victoire.

Il faut remarquer que les grandes batailles se livrent aux environs de Carlsbourg. La longue vallée que forme le cours de la Maros est une route naturelle que suivent les armées envahissantes. C'est près de Carlsbourg, à Szent Imre, que Jean Hyunade anéantit l'armée d'Amurat. C'est encore près de Carlsbourg, entre cette ville et Szászváros, que les Hongrois remportèrent leur fameuse victoire de 1479. Assistons à cette dernière journée. Si le lecteur n'a pas pour agréables tous ces récits de bataille, qu'il s'en prenne aux Turcs. Je n'écris pas un roman. Je voyage l'histoire à la main.

Au moment où Mathias Corvin attaquait les Turcs en Hongrie, Ali-Beg envahit la Transylvanie à la tête de cent mille hommes. Le vayvode Etienne Báthori rassembla à la hâte les soldats qui n'avaient pas été rejoindre en Hongrie l'armée royale, et appela à son aide Paul Kinisi, ban de Temesvár. Il marcha à la rencontre des Turcs, qui chassaient devant eux la population, et prit position dans une plaine étendue, que sa fertilité a fait nommer *Kenyér mező*, « le champ du Pain ». C'est un vaste amphithéâtre qu'on dirait destiné à servir d'arêne à des combats de géants. Des collines qui figurent d'immenses gradins l'entourent circulairement ; une petite rivière le partage en deux parties et détermine la position des deux armées; enfin la Maros, longeant l'extrémité de la plaine, semble placée là pour emporter les morts. Etienne Báthori comptait moins sur les troupes nouvellement levées qu'il commandait que sur les secours qu'il attendait de Hongrie. Cependant il excita le courage des siens en leur rappelant les nombreuses défaites des Ottomans. « Dieu et Báthori, s'écria-t-il, seront partout où sera le danger. » Le jour où l'armée ottomane vint accepter la bataille, tous les chrétiens entendirent le service divin, et communièrent avec de la terre bénie. Le vayvode avait placé à la droite les Saxons, et derrière eux les Valaques; la gauche était formée de Sicules; lui-même, à la tête des cavaliers les mieux armés, occupait le centre. Les Saxons commencèrent l'attaque, puis se replièrent sur la ligne des Valaques, tandis que les Sicules soutenaient de leur côté l'effort des Ottomans. On combattait de part et d'autre avec un égal courage. Báthori choisit ce moment pour charger à la tête des cavaliers. Son attaque eut un plein succès : il traversa les rangs ennemis; mais, ayant reçu six blessures, il fut renversé de cheval. Les Transylvains ne doutèrent pas qu'il n'eût péri, et sans espérer désormais la victoire, ils résolurent de vendre chèrement leur vie.

La cavalerie hongroise était en désordre, deux mille Saxons et Valaques et huit mille Sicules avaient déjà trouvé la mort; les Turcs, réunis en une seule masse, étaient sur le point d'écraser ce qui restait de chrétiens, quand des cris et des fanfares retentirent sur les collines. On vit tout à coup les hussards de Hongrie descendre au galop, conduits par Paul Kinisi. Tous les combattants s'animèrent d'une fureur nouvelle. Les Turcs, qui avaient encore la supériorité du nombre, espéraient triompher de ces nouveaux ennemis, tandis que les Transylvains, retrouvant le corps de Báthori, qui respirait encore, reprenaient l'offensive. Les cavaliers de

Hongrie décidèrent la victoire. Kinisi, éperonnant son cheval, s'était lancé dans la mêlée, un sabre à chaque main. Il parcourut le champ de bataille, fauchant, pour ainsi dire, la foule des Ottomans. A la fin, après avoir perdu quarante mille des leurs, les Infidèles furent contraints de prendre la fuite. On les poursuivit long-temps, et les paysans, s'armant à la hâte, égorgèrent ceux qui avaient échappé aux soldats. Les vainqueurs délivrèrent des milliers de captifs que les Turcs avaient chargés de chaînes. C'était toujours ainsi que se terminaient ces grandes journées. Combien se cherchaient, se retrouvaient, qui se croyaient à jamais séparés ! Les Hongrois regagnèrent le champ de bataille, et se reposèrent, dit une chronique, *super hostium cadavera*.

Un trait montre combien les mœurs asiatiques avaient encore de force en Hongrie à cette époque. Les vainqueurs exécutèrent au milieu des morts des danses guerrières, et firent un repas copieux. On a cru voir dans ce fait les transports d'une joie immodérée, et, grâce aux exagérations des historiens, on l'a mal expliqué. Pour le comprendre, il faut savoir qu'aujourd'hui encore, en Hongrie, comme autrefois chez beaucoup de peuples de l'Europe, il ne se fait pas de funérailles importantes sans festin. Il faut surtout connaître la danse hongroise. Cette danse caractéristique, exécutée par des hommes seuls rangés en cercle, et faisant sonner l'éperon au son d'une musique tour à tour brillante et grave, est née évidemment sur un champ de bataille un jour de victoire. Placez dans le cercle les corps des braves tués dans le combat, et vous devinerez que ceux qui survivent rendent hommage à leurs compagnons en célébrant leur courage et déplorant leur mort. Chez les peuples primitifs, la danse a toujours un caractère sacré.

CHAPITRE XI.

Zalathna. — Traces romaines. — Vulkoj. — Les mineurs.

La route de Carlsbourg à Zalathna s'enfonce dans les montagnes que l'on a côtoyées jusqu'ici. Le chemin, quand je le parcourus, était si mauvais malgré la belle saison, que nous préférâmes plus d'une fois à la voie administrative le lit pierreux d'un ruisseau. A quelque distance de Carlsbourg on s'arrêta. Le hasard voulut que ce fût devant une chaumière pittoresquement placée au dessus d'un torrent et ceinte d'une haie de rosiers sauvages. Au cri « *Ape* (1) » poussé par le cocher une belle Valaque en sortit, tenant à la main un de ces gracieux vases de forme étrusque dont on se sert encore dans le pays. Elle avait le beau costume des montagnardes de Zalathna : un mouchoir blanc roulé en turban, dont les bouts brodés retombent sur le côté gauche et en dessous duquel paraît une tresse de cheveux noirs qui entoure le front; des colliers de verroterie; la chemise à longues et larges manches, attachée aux poignets et au cou par un cercle de broderies rouges ; un corsage de peau découpé sur la poitrine et fixé par

---

(1) Eau.

une ceinture de diverses couleurs d'où pend le double tablier de laine rayé. Autour des jambes est roulée une pièce de drap blanc assujettie par les courroies des *opinci*.

La Valaque s'approcha les yeux baissés, nous offrit à boire et se retira.

Ces montagnes sont hospitalières entre toutes. Je vis sur le chemin, attachée à un arbre, une sorte de niche faite en bois. Sur le devant se trouvaient deux vases; au fond on distinguait à peine une madone grossièrement peinte. Le lieu était désert. Personne ne passait. L'un de ces vases était encore plein d'eau, l'autre était déjà vide. Qui les avait placés là? je l'ignorais. Pour qui avaient-ils été remplis? pour moi, si j'eusse voulu. Quand je parcourus à cheval ces montagnes, j'en rencontrai souvent. Un jour en moins de deux heures je comptai onze vases mis sous les arbres par des mains inconnues, et auxquels j'aurais pu me désaltérer. Chaque matin les Valaques vont les remplir pour le voyageur qui passera dans la journée et qui peut être un ennemi. Quelques reproches qu'on soit en droit de faire aux Valaques, il faut pardonner beaucoup à des hommes qui pratiquent cette touchante et pieuse coutume.

Plus loin nous rencontrâmes un village. Les Valaques s'assemblaient pour la danse, car c'était jour de fête. Les femmes, dans leur costume élégant, étaient remarquablement belles. Les hommes, en chemise brodée et portant le *harisnya* de drap blanc, déployaient une agilité étonnante. Ils avaient de longs bâtons dont ils se servaient, dans leurs courses, pour sauter les ruisseaux.

La route est semée, çà et là, de rocs à demi enfoncés dans la terre et qui semblent tombés au hasard de la main d'un géant. Ils sont ordinairement ronds et couverts d'arbres. Entre deux collines quelques roches pointues sont placées en ligne droite comme les arches d'un pont colossal; on dirait qu'ici l'ordre d'un architecte a remplacé le hasard. Les Valaques expliquent cela par la tradition suivante. Un jour les deux filles d'un roi se partagèrent leur héritage. Quand chacune eut reçu sa part, l'aînée dit : « Avec l'aide de Dieu je vais me bâtir une forteresse. »—« Sans l'aide de Dieu, repartit l'autre, j'en élèverai une. » Toutes deux se mirent à l'ouvrage. La première bâtit Déva, mais la seconde n'a jamais pu construire que quelques murs, et ce sont les pierres que vous voyez à bas.

A partir de Zalathna les montagnes abondent en mines de toutes sortes. C'est là que sont situés les fourneaux où l'on extrait l'or et l'argent. Un nuage de fumée plane au dessus du bourg, dans les arbres, et on entend un bruit d'usine oublié depuis long-temps. C'est une chose étrange que de retrouver l'industrie dans ce pays de légendes et de traditions, que de voir un Valaque aux longs cheveux, vêtu comme l'étaient les Daces il y a quinze siècles, et qui croit volontiers aux sorciers, observer tranquillement un piston ou entretenir le feu d'une machine à vapeur. Des ruisseaux habilement dirigés vont d'un bâtiment à l'autre, courent entre deux rives noires et fumantes, et tombent sur des roues qui animent d'énormes soufflets. Une machine à vapeur faite à Vienne remplit également cette fonction. On voit le métal rouler comme un fleuve de feu, on l'entend rugir dans l'eau ; puis des hommes emportent des plaques de cuivre refroidi et traînent le charbon.

Environ 1,250 kilogrammes d'or pur et 1,700 kilogrammes d'argent sortent chaque année des usines de Zalathna, dont la dixième partie revient à l'empereur, et qui sont de suite achetés par le trésor pour être monnayés à Carlsbourg. L'empereur ne possède que peu de mines dans ces montagnes ; la plus grande partie appartient à des particuliers, quelques unes à des Français. Les mines extraites sont portées et fondues à Zalathna. L'or et l'argent doivent toujours être vendus au trésor, qui achète les 16 lots (0_k,280) d'or 364 florins (944 fr. 94 cent.), et les 16 lots d'argent 24 florins (62 fr. 30 cent.). Ordinairement le cuivre est mêlé à l'or, mais souvent aussi l'or et l'argent se trouvent seuls combinés dans la pierre. Je vis justement passer à la coupelle quelques minerais récemment extraits. Cette opération se pratique ici comme partout ailleurs. Une parcelle de l'échantillon est broyée, lavée, mêlée avec du plomb réduit en poudre et placé sur le feu. L'alliage obtenu est mis dans un creuset fait de bière et de poudre d'os, qui à la température rouge absorbe le plomb. Il reste une petite boule brillante formée d'or et d'argent, qui est soumis à l'action de l'acide nitrique. De cette façon l'on connaît d'avance la quantité d'or et celle d'argent que contient la mine apportée.

Zalathna était une ville romaine appelée *Auraria minor*; tel est du moins le nom que l'on assigne à cette colonie. Le surintendant des mines de la Dacie y résidait. On y retrouve encore des traces romaines. J'ai vu dans un seul jardin plusieurs statues, des pierres tumulaires, et des bas-reliefs antiques. Une haute montagne située au dessus de Zalathna est appelée par les Valaques « côte de Trajan ». La petite rivière qui coule à travers le bourg est bordée de dalles qui retiennent le sol ; entre ces dalles je remarquai des pierres sculptées à demi cachées par l'eau, d'autres qui portaient des inscriptions effacées. La tradition raconte que là s'établirent les Juifs appelés en Dacie par le roi Décébale. Il faut sans doute chercher ailleurs l'origine du nom *Zsidovár*, « forteresse juive », que porte aussi Zalathna ; mais ce qu'il y a de singulier, c'est que l'entrée de Zalathna est précisément interdite aux Juifs par une loi du moyen âge qui subsiste encore, en vertu de laquelle ils doivent se tenir éloignés des mines au moins à une distance de quatre lieues.

Une belle route qui s'achève conduira avant peu à Abrud-Banya en passant par de beaux bois et de charmantes vallées. Mais il faut gravir la côte de Trajan si l'on veut voir les riches montagnes des environs, il faut suivre des sentiers à pic sur lesquels on ne peut s'engager qu'avec des chevaux du pays. Il est impossible de se faire une idée de ces chemins si on ne les a parcourus; ils sont envahis par les torrents dans la saison des pluies, et les pierres dont ils sont semés les rendent fort dangereux. L'hiver, les chevaux glissent sur la glace, et parfois monture et cavalier roulent et s'abyment dans la neige. Les différents points qui méritent d'être visités se trouvent ainsi fort éloignés. Nous restâmes trois jours à cheval dans ces montagnes. Un guide valaque nous précédait; souvent les mouvements du terrain le faisaient perdre de vue, mais son chant mélancolique et prolongé nous disait la route. A quelques heures de Zalathna, au détour d'un chemin raide et pierreux, on aperçoit tout à coup cinq maisons de bois entre les sapins. C'est Vulkoj. On mit pied à terre avec joie dans ce lieu romantique et les fatigues furent oubliées.

Toutes les montagnes que l'on voit de Vulkoj donnent de l'or. L'une d'elles a été complétement fendue par les Romains. Quatre-vingt-quatorze mines sont aujourd'hui exploitées, d'où l'on tire presque toujours l'or pur; il est rarement mêlé de cuivre. Aussi la manière d'obtenir le métal est-elle fort simple. Les pierres retirées de la mine, car l'or est toujours engagé dans des roches, sont broyées par de lourds pilons de bois que mettent en jeu des torrents ; un cours d'eau passe continuellement sur les pierres broyées et en emporte la poussière, tandis que l'or, plus lourd, reste sous les marteaux. Cependant une certaine quantité d'or est aussi enlevée ; pour qu'elle ne soit pas perdue on a disposé en étages plusieurs hommes qui, l'un après l'autre, reçoivent dans un réservoir la boue formée d'eau et de poussière dont ils extraient l'or emporté. Cet or est purifié ensuite au moyen de l'amalgation. Il s'agit seulement d'avoir de l'eau. Au cœur de l'hiver comme au cœur de l'été cette condition ne se trouvait pas remplie. Voici comment on a résolu la difficulté. On a construit une machine telle, qu'une colonne d'eau d'un diamètre de six pouces met en mouvement vingt-quatre pilons. L'eau, qui arrive par un conduit souterrain, ne gèle pas l'hiver : la machine fonctionne donc par le plus grand froid ; et comme la colonne tombe d'une hauteur de trente-six toises, elle a toujours la force d'animer au moins douze pilons, même dans la plus grande sécheresse. Cette machine est la première qui ait été faite en Transylvanie ; elle a été construite sous la direction d'un mécanicien français.

Le même procédé est usité dans presque toutes les mines d'or de Transylvanie. C'est en bocardant les roches sur place qu'on extrait ordinairement le métal.

Cependant une certaine quantité de minerais est transportée à Zalathna et soumise au grillage.

On trouve souvent entre les pierres l'or natif, tantôt cristallisé, tantôt sous l'apparence de mousse, ou affectant la forme de feuilles. Ces merveilleuses découvertes de masses précieuses qui s'offrent subitement à l'œil du travailleur ne sont pas rares. Il n'y a pas longtemps que fut trouvé un monceau d'or du poids de cinq kilogrammes. L'or vierge se voit aussi non loin de là, à Oláhpián, en forme de fils qui quelquefois sont droits, d'autres fois sont nattés ; cet or est à vingt-trois carats : il n'y a donc qu'une vingt-quatrième partie de substance étrangère. D'une montagne voisine a été extraite, il y a peu d'années, une masse d'argent qui pesait quarante kilogrammes. Au commencement de ce siècle on découvrit une lame d'or sur laquelle se lisait une N parfaitement dessinée. Un magnat qui partait pour la France se la procura dans l'intention de l'offrir au premier consul Bonaparte. On la lui vola à Vienne. Qu'eût pensé le César moderne en voyant que si loin la terre battait monnaie à son nom ?

Les trésors de ces montagnes attirent quelquefois de hardis voleurs. Une nuit les mineurs qui travaillaient à une riche veine récemment découverte furent surpris, bâillonnés et liés par une bande d'hommes masqués qui prit tout et s'enfuit.

Il y a deux sortes de mines. Les unes sont travaillées

d'après les statuts du trésor, qui les surveille, et par des ouvriers dont la paie est déterminée. Le propriétaire de ces mines a quelques avantages. Il vend ses minerais selon leur valeur, et quand les fouilles ne sont pas heureuses le trésor lui abandonne la dîme qu'il a le droit de percevoir. Mais en revanche il a à souffrir de la malveillance des employés. La chambre qui a la haute juridiction de ces mines (1) réside à Hersmannstadt ; elle est presque entièrement composée de Saxons, qui, par esprit d'opposition nationale, suscitent une foule d'obstacles aux Hongrois. Pour donner une idée de ce mauvais vouloir inconcevable il suffit de citer le fait suivant : la chambre n'a jamais voulu autoriser l'érection de la très utile machine de Vulkoj ; un propriétaire influent, le baron Bruckenthal, dut prendre tout sur lui et l'éleva de force. Il fallut construire une maison qui abritât la machine : la chambre défendit qu'on coupât un seul arbre dans les forêts au milieu desquelles est situé Vulkoj, et qui appartiennent au trésor. Tous les matériaux furent apportés de très loin et à grand'peine, si bien que les quatre murs et le toit nécessaire pour couvrir un espace de quelques mètres carrés ont coûté la somme énorme de onze mille florins. En 1842 il y avait déjà sept ans que la machine fonctionnait, et sept ans que la chambre s'obstinait à la regarder comme

(1) *Regius thesaurariatus.*

inutile. Ce n'est pas l'autorité supérieure qu'il faut accuser, mais bien la filière des petits bureaucrates, qui forme une corporation trop indépendante.

D'autres mines sont exploitées par des travailleurs libres. Dans les lieux où les fouilles ne seraient pas assez productives, là où les Romains ont creusé, par exemple, on abandonne les veines aux paysans moyennant une redevance annuelle de deux planches et cinq arbres, une demi-journée de travail par semaine, et chaque cinquième pellée de minerai extrait. Ces paysans ne peuvent pas creuser plus de sept toises en profondeur et en largeur ; le trésor ne renonce jamais pour eux à la dîme, et il achète toujours leurs minerais, quelle qu'en soit la valeur, au prix de trois florins (1) le *pizète* (2). Il y a encore des hommes auxquels on laisse prendre les pierres broyées, à la condition de rendre le cinquième de l'or qu'ils en retirent. Je vis assise au bord d'un ruisseau une petite fille valaque qui lavait avec attention la boue grisâtre qu'un vieillard lui apportait. Elle mettait cette boue dans une sorte d'écuelle pleine d'eau qu'elle agitait, laissait couler l'eau, en remettait encore, et continuait ainsi jusqu'à ce que, la pierre étant peu à peu enlevée, il restât au fond quelques parcelles brillantes. A ses côtés se tenait son

---

(1) 7 fr. 79 cent.
(2) 5 grammes 2 décigrammes.

frère, plus jeune qu'elle, qui apprenait à l'imiter. Il avait dans ses petites mains une écuelle d'où quelquefois il laissait tout tomber dans le courant. J'aurais voulu apprendre que ce vieillard et ces enfants recueillaient beaucoup d'or ; mais depuis quelques mois ils n'étaient pas heureux.

Toutes les vallées qui environnent Vulkoj sont semées de maisons dont les habitants vivent du travail des mines. Un seul village valaque, Bucsum, compte trois mille feux, et a quelques lieues d'étendue ; il est divisé en une foule de hameaux dont l'un s'appelle *Valea alba*, « vallée blanche ». Le prêtre grec d'un autre hameau, Isbita, a fait des fouilles si heureuses, que peu de magnats possèdent, dit-on, une fortune égale à la sienne. Il vient toujours travailler aux mines dans ses vêtements de toile et son gros manteau blanc.

Nombre de mineurs sont logés dans les quelques maisons de bois qui forment Vulkoj. Le soir, pendant qu'ils se séchaient, un homme passa en jouant de la cornemuse. Tous sortirent, fatigués et mouillés qu'ils étaient, pour ne rien perdre de cette musique abominable. Ils entouraient le virtuose et écoutaient avec une joie bruyante les sons lents et rauques qu'il tirait de son instrument. Un grand feu fut allumé. Ils s'accroupirent à l'entour en poussant par intervalles de longs cris qui témoignaient de leur enthousiasme. Quand des branches de sapin étaient mises au feu, la flamme, se ravivant, jetait une clarté rougeâtre sur leurs visages noirs. A la fin le musicien se leva ; ils le suivirent. Ils disparurent dans l'ombre, et on entendait seulement leurs cris sauvages. Puis ils revinrent, et, cornemuse en tête, défilèrent un à un devant le feu, dont les dernières lueurs éclairèrent cette procession infernale.

Parmi les hameaux qui avoisinent Vulkoj et dont les chaumières hérissent les flancs des montagnes, il en est un qui a été bâti par les premiers mineurs qui travaillèrent dans ce pays, les Saxons que Geyza II fit venir en Transylanie vers 1150. Geyza donna plusieurs priviléges à ces étrangers, qui apprirent aux habitants l'art oublié de trouver l'or. Leurs fils firent comme eux ; et de génération en génération ils vont tous travailler aux mines où travaillaient leurs pères, et rebâtissent leurs chaumières tombées là où leurs pères les avaient construites. Les descendants, qui à la longue sont devenus Valaques, ont joui jusqu'à ce jour des priviléges octroyés par Geyza, et dont le principal est de ne payer d'autre impôt que la capitation. Un conseiller saxon a suggéré à la chambre l'idée spirituelle de leur demander les titres sur lesquels ils fondent leurs droits. Pas un d'eux n'a vu en sa vie un parchemin. Ces pauvres gens répondirent qu'ils ne savaient pas où se trouvaient leurs chartes, mais qu'ils possédaient bel et bien leurs priviléges. Il s'en est suivi une enquête, et il est à craindre qu'on ne les force injustement à payer l'impôt. J'aime à croire que cet agréable conseiller n'est pas descendu dans la vallée privée de soleil qu'habitent ces mineurs : s'il avait aperçu de loin leurs misérables huttes que le vent renverse quand il veut, s'il les avait vus revenir tout trempés des mines où ils travaillent quelquefois dans l'eau et à plat ventre, il se serait abstenu de réclamer une part d'un pécule si péniblement acquis, et cela peut-être pour en garnir la poche de quelques employés malhonnêtes.

Les paysans de ces montagnes sont presque tous Valaques. Ils se distinguent entre ceux de leur nation par une allure plus décidée, un esprit plus vif, et une beauté de forme remarquable. Les Valaques du nord de la Transylvanie font pitié ; mais ceux-là, qui depuis longtemps ont acquis par le travail plus d'aisance et de liberté, montrent des physionomies nouvelles. Ils ont un respect étonnant pour les femmes, qu'ils traitent toujours avec les plus grands égards. Toutefois il faut dire le mal comme le bien. Ces hommes sont vindicatifs, et cruels dans leur vengeance. Les deux prédécesseurs de l'inspecteur de Vulkoj, qui me donnait ces détails, avaient été tués par eux. « Et vous ne craignez rien ? lui dis-je. — Non, répondit-il, je suis sévère, mais juste. » Quelquefois pourtant, sans qu'ils les traitent avec injustice, les employés sont en danger parmi eux, surtout lorsqu'ils leur infligent une punition. Quand j'étais à Vulkoj, plusieurs mineurs cherchaient l'occasion de tuer un contrôleur qui les avait surpris en flagrant délit de vol. Cet employé le savait.

Un jour les habitants de Bucsum eurent je ne sais quelle contestation avec l'autorité. On fit venir des grenadiers et des hussards. Il fallut une heure de combat pour les ramener. Du reste, vifs et ardents, ces Valaques sont un peu fatalistes. Il ne se passe pas de semaine qu'un ou plusieurs mineurs ne soient blessés ou tués, grâce à l'imprudence qu'ils professent, sous prétexte que ce qui doit arriver arrive. Est-ce l'habitude de rire du danger qui les rend caustiques, comme les marins? En visitant les mines à Veres-Patak, je remarquai sur leurs figures ce sourire qui épanouit le visage des matelots quand un candide Parisien se hasarde à mettre le pied sur quelque bâtiment. Un médecin donnait des soins à un Valaque dangereusement blessé. La cure fut longue, et le malade ne cessa de répéter au docteur qu'il le croyait peu savant dans son art, puisqu'il ne pouvait le tirer d'affaire. Quand vint la guérison, le médecin se félicita. « Cela ne vous regarde pas, dit l'autre; Dieu l'a voulu, voilà tout. »

Je ne quitterai pas Vulkoj sans dire quelles compensations j'y ai trouvées aux fatigues de la route. Il y a peu de plaisirs plus vifs que celui qu'éprouve le voyageur lorsqu'au détour du chemin, vers la fin de la journée, il aperçoit la maison qui doit s'ouvrir pour lui. Mais le plaisir est doublé quand ce toit hospitalier qu'il voit pour la première fois devient pour lui comme une ancienne connaissance, grâce à la cordialité de son hôte. J'ai eu souvent de ces bonheurs-là en Hongrie, et je m'empresse particulièrement de remercier M. Szborai des soins dont il m'a comblé dans son châlet de Vulkoj.

CHAPITRE XII.

Detonata. — Veres Patak. — Riche paysan valaque. — *Cetate*. — Exploitation des mines sous les Daces et sous les Romains. — Oláhpián. — Nagy Ág.

Entre Vulkoj et Veres Patak, sur une montagne couverte de sapins, est une belle roche basaltique de quatre-vingt-dix mètres d'élévation. Elle est formée de colonnes à plusieurs faces, qui tantôt montent perpendiculairement jusqu'à une hauteur de trente-six mètres, tantôt se croisent et se coupent dans tous les sens. Un vieux paysan, que nous trouvâmes là, racontait que six années avant une partie de la roche s'était écroulée, et que la montagne en avait été ébranlée. Vue d'un certain côté, il semble qu'elle s'affaisse; et l'on voit, couchés sur le sol, comme des tuyaux d'orgue brisés. Les Valaques disent que la foudre la détruit, et ils l'appellent Frappée du tonnerre, *Detonata*. Ils nomment une autre roche basaltique, qui est encore couverte de sapins, *Detonata flocose*, «Detonata velue», pour la distinguer de la première, dont la masse grise tranche fortement sur le vert foncé des arbres, et qu'ils appellent « nue », *golc*. Pendant nos observations, les nuages s'étaient amoncelés au dessus de nous. Soudain un coup de tonnerre retentit, qui fit tressaillir les chevaux, et de larges gouttes de pluie commencèrent à tomber. Un conseil fut convoqué, et on agita la question de faire halte ou de pousser plus avant. Le guide craignait fort la foudre et conseillait de partir. Le vieux Valaque parla de son expérience et donna le même avis. Le coup de tonnerre avait simplifié la discussion. Il y eut unanimité. Il fallait fuir ou se faire *detonare*. Le premier parti fut trouvé le plus raisonnable, car le ciel était pris de tous les côtés, la pluie menaçait de durer long-temps et les arbres n'offraient plus d'abri. Ce n'était pas la peine après cela de braver la foudre, et nous nous décidâmes à continuer notre route. En conséquence les manteaux furent dépliés et l'on partit pour gagner Veres Patak avant que la route fût détrempée.

Nous gravissions en silence un à un les chemins qui serpentent aux flancs des montagnes. Deux jeunes filles nous rejoignirent, bravement montées sur des chevaux qu'elles conduisaient sans brides, et chassant devant elles d'autres chevaux qui s'arrêtaient à chaque pas. Elles galopaient de l'un à l'autre, levant le bras pour les faire avancer. Quand les gestes ne suffisaient pas, elles sautaient à terre, ramassaient un caillou qu'elles jetaient adroitement au dernier, et, rapides comme l'éclair, se retrouvaient dans le même instant à cheval. Elles escaladaient les rochers en courant comme devaient le faire les vaillantes femmes des Daces. Au reste, chaque habitant de ces montagnes, femme ou homme, monte à cheval avec une hardiesse incroyable. C'est à cheval que les montagnards vont, de côté et d'autre, porter leurs minerais, dans toute saison et par toutes sortes de chemins. A Veres Patak les mineurs travaillent bottés et éperonnés.

Là, comme à Vulkoj, on ne voit que des étages de moulins à pilons qui broyent les pierres ; c'est le même bruit d'un bout du village à l'autre. Seulement il y en a bien davantage, ce qui fait que l'eau a une valeur inouïe. Un cours d'eau se loue quarante ducats par an et s'achète douze à quinze cents ducats (1). Les quelques maisons où j'entrai étaient garnies d'un moulin, qui fonctionnait admirablement. Il me semblait que chacun possédait là son moulin, comme on a ailleurs son jardin ou sa cave. Il est en effet très raisonnable, pour peu qu'on soit maître d'un filet d'eau quelconque, d'avoir un de ces instruments commodes, quoiqu'un peu bruyants, qui, au bout de huit jours, en échange des pierres apportées, rendent une assez forte quantité d'or.

Je ne calomnie pas ces instruments précieux en les qualifiant de bruyants, et j'ai mieux que personne le droit d'en parler. Nous descendîmes à Veres Patak chez un jeune médecin du village, M. Vég, dans la maison duquel le guide nous avait conduits par la seule raison

---

(1) Le ducat vaut 11 fr. 86 cent.

qu'elle se trouvait sur notre chemin. Notre hôte improvisé nous accueillit avec la cordialité d'usage en pareil cas ; et, après un copieux déjeuner auquel il invita, pour me faire honneur, le peu de gens qui savaient l'allemand, il nous conduisit vers son moulin à pilon, qui n'avait pas cessé de battre à quelques pas de nous. Il l'arrêta un moment; et, plongeant la main dans le réservoir, il en retira une poignée de poussière d'or, provenant d'une charge de pierres, qu'il avait placées sous les pilons trois jours auparavant.

A Veres Patak, comme à Vulkoj, on trouve des masses d'or natif. Je vis une cristallisation sous laquelle on avait découvert un monceau d'or du poids de quinze kilogrammes. Partout où on cherche l'or on le trouve. Les montagnes de Veres Patak sont les plus riches de la Transylvanie ; et il n'y a peut-être pas dans le monde un lieu où, dans un espace si resserré, on trouve une telle quantité d'or. Aussi y a-t-il de tous côtés des mines, qui toutes rapportent. J'en visitai une fort belle, large et haute, de cent trente toises de profondeur, au moment où les mineurs employaient la poudre. Le bruit de la détonation, qui se prolongeait dans la galerie sombre, produisait un effet étrange et saisissant. On eût dit une tempête souterraine.

Quand les pluies ont fait déborder les torrents, on trouve l'or dans la boue du chemin. Sous ce rapport le temps nous avait assez favorisés pour que nous pussions voir cette merveille. Un homme ramassa de la terre devant nous, la lava quelque temps, et nous montra au fond de son écuelle de la poussière d'or. Tous les paysans recueillent l'or à Veres Patak. Ils s'empressent, dès qu'ils en ont le moyen, d'acheter un champ, et la récolte de l'or est toujours si abondante, que dans ce petit coin de la Transylvanie le terrain est d'un prix beaucoup plus élevé qu'en France. On me fit voir une prairie d'une médiocre étendue qui venait d'être achetée onze cent cinquante ducats.

Il y a à Veres Patak des Valaques qui ont gagné aux mines une fortune prodigieuse. J'allai voir le plus riche d'entre eux, dont on m'avait beaucoup parlé. Il était sorti. Sa femme, en bottes rouges et en robe d'étoffe imprimée, nous reçut. Elle achevait de mettre le couvert dans une chambre grossièrement meublée. Aux murs étaient accrochés de vieux fusils et des bottes ; des planches supportaient des assiettes de terre. La table était garnie de gros linge et de couverts en fer. Jusque là il n'y avait rien qui annonçât l'opulence des habitants de la maison. On nous fit monter un escalier : la scène changea. Nous entrâmes dans des pièces élégantes, où rien ne manquait. Plusieurs fusils, dont la crosse était damasquinée de cuivre et d'argent, pendaient aux murs entre des gravures et des tableaux. Dans une salle était une armoire vitrée, où brillaient une belle argenterie et des plats d'or et de vermeil. Des pendules arrêtées décoraient les consoles. Il y avait dans tout cela un goût valaque, qui s'était manifesté surtout dans le choix des tableaux. A côté d'une bonne gravure de la Cène, par Léonard de Vinci, était cloué un comique saint Pierre dans le goût de ces peintures primitives qu'on voit chez tous les paysans, lequel portait sur l'épaule un petit coq rouge fort curieux. Il va sans dire que la maîtresse du logis nous offrit du vin et du gâteau de maïs.

Le Valaque qui possède ces richesses les a gagnées en travaillant; pourtant il n'est pas avare, et, quoiqu'il ait été pauvre, il n'a pas la vanité des hommes enrichis. Il a gardé la même manière de vivre et porte toujours ses habits de paysan. Cependant il sait faire parade de sa fortune devant ceux qui méprisent la pauvreté des gens de sa nation. Alors il les humilie à son tour en éveillant leur cupidité. Un jour qu'il revenait à pied de Carlsbourg, où il avait reçu une grosse somme, il rencontra un intendant monté sur un cheval qu'il lui prit fantaisie d'acheter. « Combien vaut ce cheval? » demanda-t-il. Le cavalier trouva la question impertinente et répondit fièrement : « Ce cheval est trop beau pour toi. — Mais encore.... — Eh bien ! cent ducats. » Le cheval n'en valait pas dix. « Cent ducats? reprit-il, descends, les voilà. » Et il tendit sa main pleine d'or. L'intendant se garda bien de manquer une aussi bonne affaire; il descendit, remit le cheval, et le paysan lui compta dans son chapeau cent ducats, qu'il dut recevoir en rougissant. Il entre une autre fois à Clausenbourg chez un marchand arménien et demande du drap blanc. On lui montre une étoffe grossière. « Voilà tout ce qu'il te faut », lui dit-on. « Ce n'est pas assez beau », répondit-il. On lui en offre d'autres. « Ce n'est pas assez beau », dit-il encore. « Veux-tu par hasard du drap d'officier ? » demande en riant le marchand. « Précisément. » Il s'en fait couper une pièce, qu'il déchire dédaigneusement en deux morceaux, les roule autour de ses jambes, remet ses sandales, paie et sort. L'Arménien se repentit trop tard d'avoir blessé ce paysan, qui portait de l'or. Il le suivit des yeux et le vit entrer dans une boutique voisine, où il acheta quarante livres de sucre, autant de café, etc.

On voit à Veres Patak un prodigieux monument de la persévérance romaine. Ce n'est pas moins qu'une montagne de rochers que les Romains ont entièrement creusée pour en tirer de l'or pur. Ils ont laissé debout, au dehors, de hautes murailles de roches, de façon qu'on croit entrer dans la cour intérieure d'un château féodal. Les Valaques l'appellent « les forteresses ». Deux véritables cours sont résultées de ce travail de géants. L'une, « la grande forteresse », haute et taillée dans tous les sens, montre des trous ronds et polis sur le roc, où l'on peut suivre la trace de l'outil romain. Des quartiers de roches soutiennent des masses qui semblent prêtes à tomber. Des cavernes profondes s'ouvrent sous les pieds. L'autre, « la petite forteresse », est littéralement à jour. L'ouvrier semble y avoir fouillé de côté et d'autre, selon son caprice. Une sorte d'arche s'élève qui a presque quelque chose d'élégant. Une effroyable ouverture, d'où pendent des pierres qui écraseraient vingt hommes, éclaire un souterrain au fond duquel on entendait les coups secs et répétés des mineurs, car on creuse toujours ces rochers. Des ingénieurs habiles ont constaté que la terre qui les porte est pleine d'or, et peut-être un jour la spéculation engagera-t-elle les hommes à détruire ce magnifique ouvrage.

Du mot latin *civitas* nous avons fait *cité*, les Italiens ont fait *città*, et les Valaques *cetate*. Mais comme les villes bâties par les Romains en Dacie étaient nécessairement fortifiées, puisque le pays était toujours remuant, le mot *cetate* signifie plutôt « forteresse » que « ville ». Les Valaques appellent les forteresses de Veres Patak *cetate*. La grande forteresse se nomme *Cetate mare* (major), et la petite forteresse *Cetate mica* (minor).

Cet énorme rocher, vide, si on peut dire ainsi, creusé patiemment, ligne à ligne, avec des moyens imparfaits, porte le cachet fortement empreint du génie romain, grand, ferme et inflexible. C'est là en effet l'œuvre des prisonniers. Ceux qui étaient convaincus de crimes contre l'état ou accusés de christianisme descendaient dans ces cachots éternels. Leurs femmes et leurs enfants les accompagnaient jusqu'au bord du gouffre, puis ils disparaissaient pour ne revoir jamais le jour.

Quand les prisonniers ne suffisaient pas, on forçait les habitants à creuser la terre et à donner de l'or. Le nombre des malheureux voués à ce travail était immense. Polybe rapporte que les seules mines d'Espagne, dont la richesse était comparativement médiocre, occupaient quarante mille ouvriers ; qu'on juge combien de milliers d'hommes étaient employés dans celles de la Dacie, puisqu'elles rapportaient deux cent huit livres d'or par semaine, outre l'impôt en or levé sur les habitants des montagnes(1) !

On s'est plusieurs fois demandé si les mines de Transylvanie avaient été exploitées par les Daces. Il est à peu près sûr qu'ils savaient tirer l'or ou du moins qu'ils lavaient le sable des ruisseaux aurifères. Dromichœtes, il est vrai, en parlant à Lysimaque, représenta son pays comme une contrée pauvre et qui ne pouvait tenter les conquérants. Mais Hérodote fait mention des richesses de la Dacie et de l'or qu'elle produisait. Il faut donc que les Agathyrses, qui l'habitaient de son temps, aient connu le secret que Dromichœtes prétendait ignorer. Les monnaies de Sarmiz, toutes grossières qu'elles sont, montrent que les Daces connaissaient aussi l'art de frapper les pièces.

Quand eut lieu la découverte des cozons et des lysimaques trouvés dans la colline de Muntsel il y a une

(1) V. Kőleseri, et l'ouvrage de M. Henne, *Beytræge zur dacischen Geschichte*. Hermannstadt, 1836.

quarantaine d'années, chacun s'empressa de fouiller les environs pour déterrer un trésor. La chambre elle-même ordonna des recherches. Mais les travaux n'eurent pas le résultat qu'on espérait. On découvrit toutefois, au sein des montagnes, des cavités, et même un ruisseau qui coulait sous la terre ; on découvrit encore de vieilles murailles cachées jusque alors dans le sol, là où ni l'histoire ni la tradition ne plaçaient de colonies. Enfin l'on trouva un amphithéâtre construit et pavé en pierres ; sur les murs étaient des inscriptions que personne ne sut lire, et dont les lettres n'étaient ni latines ni grecques. Il y avait encore les restes d'une fonderie et quelques quintaux de minerais d'or très riches. Cette dernière circonstance porte à croire que les travailleurs ont été interrompus presque subitement par un événement imprévu, comme une invasion. Si cela était, on ne pourrait guère attribuer ces constructions aux Romains, qui abandonnèrent d'eux-mêmes la Dacie, et se retirèrent tranquillement, en prenant à l'avance toutes leurs mesures. Peut-on les faire remonter jusqu'aux Daces, jusqu'à l'époque où Trajan attaqua Décébale ? Ou plutôt ces lettres, qui n'étaient ni grecques ni latines, c'est-à-dire ni daces ni romaines, n'avaient-elles pas été gravées au 12º siècle par les mineurs allemands venus au temps de Geyza II, et qui, un siècle après, s'enfuyaient devant la grande invasion mongole de 1241 ? La question reste indécise.

Il faut croire qu'une bien faible partie des mines était exploitée par les Daces, à en juger par l'inscription suivante, qui montre que les richesses de la Dacie ne furent vraiment découvertes que par les Romains :

IOVI· INVENTORI
DITI· PATRI· TERRAE· MATRI
DETECTIS· DACIAE· THESAVRIS
DIVVS· NERVA· TRAJANVS
CAES· AVG
VOTVM SOLVIT.

L'opinion que cette inscription a rapport à la découverte du trésor de Décébale, livré à Trajan par un certain Bicilis ou Biculus, est sans consistance. Décébale cacha, dit-on, sous le Sztrigy toutes ses richesses, afin de les dérober aux envahisseurs; livrées aux Romains, elles servirent à l'érection de la colonne trajane et à la construction du pont du Danube. Sur quoi s'appuyaient ceux qui ont raconté cette histoire? Il est impossible de le dire. Aucun des écrivains contemporains de Trajan, et il y en a beaucoup qui parlent en détail de la Dacie, ne fait mention du prétendu trésor de Décébale. Ce ne fut que huit siècles après l'époque de la conquête romaine que cette fable prit naissance; et on l'a tellement répétée et variée, qu'aujourd'hui encore bien des gens en Transylvanie cherchent le trésor de Décébale avec autant de persévérance et aussi peu de succès que ceux qui s'acharnent à vouloir trouver les richesses de Darius. Comment supposer d'ailleurs que le roi des Daces, qui possédait un pays étendu et hérissé de montagnes, ait caché ses trésors dans la vallée de Hátzeg, c'est-à-dire sous les pas même des Romains? Comment encore les aurait-il cachés sous le Sztrigy, c'est-à-dire sous une petite rivière qui est presque à sec pendant l'été, et qui se grossit tellement dans les temps de pluie, qu'elle entraîne tout le sable avec elle?

On peut facilement se figurer, avec le secours des inscriptions qui subsistent, comment était organisée sous les Romains l'administration des mines. Trajan s'en occupa dès les premiers temps de la conquête. Il fonda un *collegium Aurariorum*, qu'il plaça sans doute à Carlsbourg, où étaient aussi les autres colléges (*Negotiatorum*, *Hecatenorum* et *Dendrophororum*). Il institua encore un *collegium Fabrorum*. Un *procurator* eut la direction suprême des mines, et présida le collége des *Aurarii*. Les inscriptions mentionnent une suite non interrompue de procurateurs jusqu'à l'abandon de la Dacie par les Romains. Ils occupaient un rang élevé dans la hiérarchie administrative, et leurs cendres étaient transportées à Rome. Un *subprocurator*, qui résidait dans les montagnes mêmes où se trouvent les mines, exerçait sous les ordres du procurateur une surveillance plus immédiate. Plusieurs *decuriones* dirigeaient les travaux, et faisaient leurs rapports au procurateur. Après eux venaient les *triumviri monetales*, chargés plus spécialement des fonderies ; les *quæstores* ou receveurs, et les *lustralis auri coactores*, qui levaient l'impôt en or sur les habitants.

D'après quels procédés ces mines étaient-elles exploitées ? On n'a guère à ce sujet de données certaines, mais on peut présumer que les ouvriers de la Dacie suivaient la méthode usitée en Espagne et décrite par Pline (1), c'est-à-dire que l'eau était employée comme principal agent. On peut s'en convaincre en recherchant les traces des premiers mineurs, et en examinant ce qui reste de leurs travaux. Il y a, par exemple, à Veres Patak deux de ces étangs ou réservoirs comme les Romains en creusaient dans les montagnes, et dans lesquels ils faisaient arriver des cours d'eau qui entraînaient l'or. Ailleurs on reconnaît les puits et les canaux qu'ils ont percés suivant leurs règles ordinaires.

Les mines de Transylvanie furent abandonnées pendant les invasions qui désolèrent ce pays du 5e au 11e siècle. Dans le courant du 12e, les rois de Hongrie firent venir d'Allemagne des ouvriers qui les exploitèrent. Il est à croire que l'art de ces mineurs n'était pas fort avancé, car leurs produits étaient peu considérables. Sous le gouvernement des princes, les travaux prirent quelque extension. Christophe Báthori, Gabriel

---

(1) Liv. 34.

Bethlen et Georges Rákótzi, encouragèrent activement les mineurs. Mais leur bon vouloir n'amena pas les résultats qu'on pouvait attendre, car à l'époque où les Tatars et les Turcs ravagèrent la province sous Georges II toutes les villes du district des mines furent saccagées. L'industrie s'arrêta subitement.

L'exploitation des mines n'a pas discontinué depuis que la Transylvanie s'est soumise au gouvernement autrichien. Les travaux sont constamment en pleine activité; toutefois on peut regretter qu'ils ne soient pas dirigés avec intelligence. Nous avons exposé au précédent chapitre le mode d'exploitation usité dans ces mines. Les paysans fouillent de côté et d'autre, en pleine liberté, sous la condition d'apporter au trésor une partie de leur récolte. C'est là un moyen en apparence fort commode et surtout très économique pour le trésor, qui perçoit chaque année et sans frais un revenu net considérable; mais il en résulte de très graves inconvénients.

On confie des travaux d'art à des hommes ignorants et isolés, tout à fait incapables de les mener à bien. Au moindre obstacle qu'ils rencontrent ils se rebutent, abandonnent la mine et vont chercher ailleurs, car il leur faut nécessairement une récolte qui les fasse vivre. Il arrive alors que le paysan a perdu ses efforts, tandis que sa mauvaise besogne exige des travaux de réparation. En outre il s'est accoutumé à se méfier des officiers du fisc : il ne s'aide jamais de leurs lumières, et préfère demander conseil au hasard. Il peut se plaindre encore qu'on n'ait pas organisé dans les montagnes plusieurs dépôts où les minerais puissent être apportés : il se voit forcé, par des chemins presque impraticables, de venir à la ville, qui est souvent fort éloignée, et perd une grande somme de temps. Le mauvais vouloir des bureaux ajoute encore aux obstacles du paysan mineur. Et d'ailleurs quels moyens a-t-il à sa disposition? Les mêmes, à peu de chose près, que les colons de Trajan. Sous un certain point de vue il peut être intéressant pour un voyageur du 19e siècle de retrouver l'industrie romaine sur cette terre semi-classique ; mais il est fâcheux, par rapport à l'art, que les plus riches mines de l'Europe ne soient pas confiées à des mains plus dignes. Toute une population vit de la récolte de l'or. Aussi ne souhaitons-nous pas qu'on lui enlève ce moyen de subsistance : il suffirait seulement que les statuts du trésor fussent exécutés.

Au village d'Oláhpián on fait dans de gigantesques proportions des lavages d'or d'après le procédé décrit par Pline. Un immense bassin pourvoit d'eau une foule de lavoirs placés en dessous. Sur la pente des montagnes, chaque orpailleur a un champ qui lui est particulièrement assigné, et où il fait arriver l'eau d'une distance de 4 à 500 toises. Le terrain est entraîné dans une fosse dont le fond se compose d'argile bien battue, et se rend de là dans une auge d'un mètre de long, où il se repose. Cette auge est fortement entaillée d'un bout à l'autre, en sorte que le sable aurifère est retenu aux entailles par sa pesanteur. L'eau emporte le reste.

Il faudrait écrire un livre spécial sur les mines de Transylvanie : c'est ce que je n'ai pas la prétention de faire. Aussi, pour éviter les redites, me hâterai-je d'en finir avec toutes ces richesses. Je ne parlerai pas d'Offenbánya, où les ouvriers allemands du 12ᵉ siècle ouvrirent leurs premières mines. On en retirait alors une grande quantité de plomb : aujourd'hui on y trouve de l'or, de l'argent et du tellure. Je ne dirai rien non plus des usines d'Abrud Bánya, gros bourg perdu dans les montagnes, et bâti, assure-t-on, sur les ruines d'une ville romaine, *Auraria major* (1). On en tire chaque année 1,100 kilogrammes d'or, et 2,200 kilogrammes d'argent. Je ne mentionnerai qu'en passant le ruisseau l'Ompoly, sur les deux rives duquel on recueille du cinabre dont on extrait annuellement, d'après la statistique de Benigni, 2,360 kilogrammes de mercure. Cependant, malgré

(1) Nous n'avons pas de preuves suffisantes pour combattre l'opinion admise. Nous dirons seulement que dans les tablettes de cire trouvées aux environs (Voyez la note à la fin du tome II) Abrud Bánya est disigné sous le nom d'*Alburnum majus*. Le nom que lui donnent les Valaques, *Abrudu*, et par suite la dénomination hongroise (*Abrud Bánya*, mine d'Abrud), semblent dériver d'*Alburnum*.

mon désir d'être court, je ne puis me dispenser de faire une dernière halte à Nagy Ag.

Les veines à Nagy Ag sont continues, tandis qu'à Veres Patak l'or est comme éparpillé çà et là. J'arrivai dans ces nouvelles mines vers le milieu du jour. Les trois cents ouvriers qui y travaillaient en avaient retiré de l'or, depuis la nuit précédente, pour une valeur de vingt-six mille francs. On y trouve aussi des masses d'or natif, comme dans tout le reste des montagnes. Les minerais extraits à Nagy Ag contiennent en général si peu de corps étrangers, qu'on les broie à sec. L'eau, qui enlève ailleurs les substances mauvaises, n'est ici nécessaire que dans peu de moulins. La poussière métallique est ensuite apportée à Zalathna, où l'on opère la séparation des métaux. A Nagy Ag l'or est mêlé d'argent, de tellure, et d'une très petite quantité d'antimoine. Mais la quantité d'or est double de celle d'argent.

Les montagnes de Nagy Ag sont percées de mille souterrains qui se prolongent et se coupent de manière à figurer les rameaux d'un arbre immense et étendu. Il faut, dit-on, quinze jours pour les parcourir. Une de ces galeries a près de onze cents toises de longueur; elle fut commencée par les deux bouts, et le lieu où les travailleurs se sont rencontrés est à une profondeur de trois cents toises. On mit douze ans à la percer. Elle est voûtée dans toute sa longueur, sauf quelques endroits où se trouvent des veines de porphyre. Un chemin de fer a été établi dans toute la longueur du souterrain, pour le transport des minerais. On nous offrit une promenade en vagon : une voiture basse attelée d'un cheval s'avança, la porte du souterrain s'ouvrit, et nous partîmes. A peine s'était-elle refermée que nous entendîmes derrière nous chanter des mélodies allemandes avec cet accent que chacun sait donner aux airs du pays. C'étaient les étudiants de l'École des Mines qui nous suivaient dans un second vagon : leurs chants ne cessèrent qu'à la sortie du souterrain. C'était quelque chose de frappant que d'entendre sous ces voûtes ténébreuses et sonores la prière de Kœrner, chantée en chœur par des Allemands, accompagnée du bruit sourd et lugubre des roues de fer.

Il y a peu de temps que l'Ecole des Mines existe. C'est l'empereur actuel qui l'a fondée. Elle est destinée à former des ingénieurs pour les mines de Transylvanie. En 1841 on y comptait trente-cinq élèves : en 1842 il s'en trouvait soixante. Les jeunes gens y entrent à dix-huit ans. Au bout de deux ans ils quittent l'école.

Nous disions plus haut que les mines de Transylvanie étaient déplorablement exploitées. Néanmoins nous ferons exception en faveur de celles de Nagy Ag. On n'y laisse pas les paysans travailler selon leur bon plaisir, comme à Veres Patak. Les règlements du fisc sont en vigueur, et tout le monde doit s'y soumettre (1). Une sage prévoyance guide les mineurs. On se contente de creuser le sol horizontalement en prolongeant les souterrains, et on réserve pour l'avenir les richesses que l'on trouverait si on fouillait profondément. « Nous marchons ici sur des trésors, me dit un moment l'inspecteur; on aura cela après nous. » Toutefois les mines rapportent chaque année 600 kilog. d'or. Il y a à peine cent ans qu'elles sont ouvertes, et la seule dîme prélevée sur les mines des particuliers a produit une somme de deux millions cinq cent mille francs.

C'est en effet vers le milieu du siècle dernier que les mines de Nagy Ag ont été découvertes. Un paysan du village voisin Nozság, nommé Armantin Tanassi, trouva le premier minerai, qu'il montra à son seigneur. Celui-ci n'y prit garde; mais il se rencontra là un officier d'artillerie qui examina l'échantillon, et déclara qu'il contenait de l'or mêlé d'argent. Cette certitude une fois acquise, on ouvrit les mines, on attira des ouvriers, et un nouveau village s'éleva. Nagy Ag est situé dans une vallée trop resserrée pour contenir tous les mineurs, en sorte que les maisons grimpent de tous côtés aux flancs des montagnes, dont chacune porte

(1) Les mines sont divisées en 128 parties, dont 32 appartiennent au fisc, 16 à la famille royale, et 80 à des particuliers.

une église à son sommet. Là s'arrêtent les montagnes de Zalathna. On voit au midi se déployer la plaine de Déva, et se balancer des nuages blancs au dessus desquels apparaît la cime des montagnes de Hunyad.

CHAPITRE XIII.

Les Valaques.

Les Valaques sont, en Transylvanie, les plus anciens habitants du sol. Ils occupaient le pays et y avaient fondé une principauté lorsque les Hongrois étendirent leur domination sur les montagnes de l'ancienne Dacie. Aux limites occidentales de cette province, entre la Theïss et la frontière de Transylvanie, régnaient encore d'autres chefs valaques, Mana Moarte, « la Main Morte », et Glad, « le Glaive ». Tous durent céder à la fortune des Hongrois, dont la puissance remplaça celle des Romans.

Les nouveaux-venus ne s'établirent pas dans une partie circonscrite du pays, comme cela est arrivé en Hongrie. Ils se disséminèrent et se répandirent dans toute la contrée, sans néanmoins se mêler aux premiers habitants. La cause de cette division, qui a subsisté jusqu'ici, est purement religieuse.

La religion chrétienne pénétra de bonne heure chez les colons romains de la Dacie. On trouve en Transylvanie des inscriptions datées de 274 qui sont surmontés de la croix. Il y avait en 325 un Théophile, « évêque des Goths », nom que l'on donnait abusivement aux

Daces. On cite encore en 390 un « évêque de Dacie », Nicolas. Soumis à l'influence de Bysance, les Valaques avaient adopté le culte grec, et les Magyars, à leur arrivée en Transylvanie, commencèrent à embrasser cette communion. L'histoire bysantine rapporte que le chef de ces guerriers, Gyula, vint recevoir le baptême à Constantinople : c'est au retour qu'il aurait fondé l'évêché de Fejérvár. Tandis que les Magyars de Transylvanie se convertissaient à la religion des vaincus, ceux de Hongrie arboraient la bannière du catholicisme. Le roi saint Etienne, en recevant de Rome la couronne sacrée, eut l'ordre d'arracher les guerriers transylvains à l'influence grecque, et sut y parvenir. Dès lors une scission s'opéra entre les Magyars et les Valaques. Les plus considérables de ceux-ci passèrent dans les rangs des nouveaux maîtres en abandonnant le schisme; mais le peuple ne renonça pas à sa foi, et il s'y attacha d'autant plus que ses prêtres étaient plus appauvris et plus persécutés.

En gardant sa religion, il a gardé ses mœurs et sa langue. C'est parce qu'ils se trouvaient en face d'un peuple rival qui avait son individualité, que les Valaques ont aussi précieusement conservé la leur. Encore aujourd'hui ils ont une langue toute romane, et on retrouve parmi eux d'antiques usages, qui, chez les autres peuples romans, se sont complétement perdus. Certains noms païens, comme *Florica*, Flore; *Daïna*, Diane,

Daïnitia, sont très répandus parmi les femmes. Le premier dimanche de mai les paysans valaques célèbrent encore par tradition la fête de Flore ; ils se rendent dans la prairie et la forêt voisines, se couronnent de fleurs et de feuillages, et reviennent danser au hameau. Aux approches de l'été ils plantent devant leurs chaumières une longue perche surmontée de branches d'arbres et de foin, qu'ils appellent *armindenu*. C'est là, assure-t-on, une coutume romaine ; les colons militaires consacraient l'ouverture de la saison des combats en élevant à leur porte ce qu'ils nommaient *arma Dei* ou *Martis*. Il y a moins de cinquante ans on voyait figurer aux funérailles des *præficæ*, des pleureuses, et les paysans ne manquaient jamais de mettre une pièce de monnaie dans la bouche des morts. L'empereur Joseph, qui s'était déclaré l'ennemi de toute superstition, parvint à faire tomber cette coutume ; toutefois un fils bien affectueux ne laisse pas ensevelir son père sans glisser quelques kreutzers dans la main du trépassé. Ajoutons que les Valaques ne tirent jamais de l'eau d'un puits sans répandre quelques gouttes sur le sol ; ils attachent à cette libation une idée superstitieuse.

Les danses valaques ont une origine romaine. Certaines figures et souvent la pose des personnages vous rappellent les descriptions de danses antiques. Leurs danses expriment toujours une idée, un fait ; elles ont un sens déterminé. La hatzeguienne, par exemple, qui est la plus répandue, paraît représenter l'enlèvement des Sabines. La danse des *caluser* est encore fort caractéristique. Les étymologistes prétendent qu'elle était exécutée dans le Colysée ; d'autres veulent qu'elle figure une danse de cavaliers, littéralement une « danse de cheval ». Une tradition attribue à cette danse une origine plus vénérable encore, et fait dériver le mot valaque de *collini salii*, par abréviation *colli salii*. Les danseurs saliens, dit Nieuport, possédaient un temple sur la colline quirinale. Aux ides d'avril ils exécutaient, en récitant des rapsodies qui étaient à peine intelligibles au temps d'Horace, des danses que menait un chef ou *vates*. Aujourd'hui les danseurs valaques portent, comme les Romains, deux courroies garnies de boutons en cuivre qui se croisent sur les épaules et dont l'une figure le baudrier ; ils commencent à la fin d'avril ou après la Pentecôte leur danse, que l'on regarde en quelque sorte comme sacrée, manient en guise d'épées de longs bâtons, et donnent à celui qui les dirige le nom de *vatof*.

Je me souviens d'une danse dont on ne sut pas me dire le nom, mais qui me frappa singulièrement. Après avoir fait, deux par deux, quelques pas en décrivant un cercle, les hommes et les femmes se séparaient. Celles-ci marchaient isolées autour des hommes et semblaient chercher avec inquiétude quelque objet chéri. Les cavaliers s'assemblaient, piétinaient en mesure comme des soldats qui marchent, puis, s'appuyant sur leurs longs bâtons, faisaient, en criant, des sauts irréguliers, de façon à représenter une mêlée. Les femmes erraient toujours, silencieuses et graves, pareilles à des ombres. A la fin les hommes s'élançaient vers elle avec des signes de joie, comme s'ils les retrouvaient après un danger, les ramenaient dans le cercle, où tous dansaient avec la plus vive gaîté. Voyez combien la tradition est puissante. C'est tout un poëme que cette danse-là. Qui sait de quelle invasion de barbares oubliée par l'histoire elle a consacré le souvenir?

Il y a certaines danses qui ont un caractère extrêmement sauvage. J'en ai vu plusieurs de ce genre à Lóna, près de Clausenbourg, un jour que le seigneur donnait une fête aux Valaques de son village. Au son d'une musique étrange dont il était impossible de rien saisir, les hommes, rangés en cercle, réunissaient leurs bâtons sur un point, sautaient en lançant leurs jambes, et poussaient de grands cris. D'ordinaire, au commencement de chaque danse, l'homme prend la femme par la main, fait deux pas en avant, un pas en arrière, en suivant le cercle, de façon que tous les groupes reviennent à leur place. Alors le cavalier lève le bras et fait passer au dessous la danseuse, en la poussant vivement et à plusieurs reprises. Quelquefois les hommes se réunissent au centre, claquent des doigts, font des bonds, puis, s'arrêtant tout à coup, contemplent leurs pieds, qui semblent tracer des figures sur la terre ; pendant ce temps les femmes tournent lentement autour d'eux en se donnant la main ; d'autres fois le cavalier saisit la danseuse, l'enlève, la fait lestement tourner, l'abandonne un moment pour faire des gestes ou prendre une attitude, et revient encore vers elle.

Ces danses s'exécutent toujours en mesure, bien que les airs soient souvent fort confus. Quelques refrains arrivent périodiquement, et les Valaques les accompagnent en frappant des mains, en récitant des vers, et en disant des galanteries à leurs danseuses, voire même aux spectateurs. A la fin, pour faire une gentillesse, le danseur applique vigoureusement sa main sur la fine épaule de sa partenaire, et lui imprime de la sorte un mouvement précipité ; cela veut dire qu'il la congédie et la remercie. En dansant les femmes ont constamment les yeux baissés ; elles marchent plutôt qu'elles ne sautent, avec beaucoup de réserve, tandis que les hommes s'abandonnent à une verve extraordinaire. Lorsqu'ils sont excités par le mouvement et le bruit, ils semblent oublier toute figure ; ils poussent des cris perçants en relevant leur visage animé, et en agitant leurs longs cheveux. A la fin, au milieu de la poussière qu'ils soulèvent, on n'aperçoit plus qu'une mêlée de pieds nus, de sandales, de bottes noires, de bottes jaunes, de bottes rouges, qui se confondent, se heurtent et frappent le sol.

Qu'on ne s'étonne pas si je parle en détail des danses

valaques; elles ont en effet beaucoup d'importance. La danse est le principal plaisir des paysans de Transylvanie. Tous les dimanches ils se rendent à l'auberge du village, et le pays entier saute au son des instruments bohémiens; encore faut-il connaître l'exercice auquel il se livre. Les bons danseurs jouissent d'une grande considération et sont facilement agréés comme fiancés, car les jeunes filles, en se mariant, ne renoncent pas au plaisir; elles comptent bien être menées à l'auberge chaque dimanche; aussi ont-elles soin de se choisir un mari qui soit pourvu de bonnes qualités. Dans ce cas le talent pour la danse compte presque entre les vertus domestiques.

Il existe quelquefois des danseurs de profession, c'est-à-dire des paysans, qui parcourent par bandes les villages et dansent avec frénésie. Ceux-là passent pour être possédés du diable, et les habitants, les femmes surtout, leur font des aumônes considérables. Un bon danseur voué aux flammes éternelles! n'y a-t-il pas là de quoi s'attendrir? J'ai vu, près d'un bourg appelé Tövis, sept danseurs possédés qui exploitaient les environs de Carlsbourg. Ils disaient tout haut que Satan en personne devait emporter l'un d'eux de son vivant, ce qui redoublait l'intérêt des spectateurs. Ils dansaient vraiment fort bien et regardaient d'un air de supériorité les bonnes gens qui semblaient les plaindre. Il est naturel que cette industrie ait ses partisans. Les possédés ne travaillent pas et ils reçoivent sur leur route bon nombre de sourires et de kreutzers. Il arrive assez ordinairement qu'après avoir attendu le diable pendant un temps déterminé, les danseurs finissent bonnement par se marier, et de leur premier état il ne leur reste qu'une réputation incontestable d'agilité et de grâce.

A peine sortis du servage, soumis à de pauvres prêtres ignorants, les Valaques ont toutes les superstitions des peuples demi-civilisés. Les hommes dont les sourcils se joignent au dessous du front leur sont suspects; ceux-là jettent le mauvais œil. Il y a certain jour de la semaine, le mardi par exemple, et le vendredi, où des fées malignes ont un pouvoir surnaturel. Quand vient le soir, c'est-à-dire le moment où elles vont perdre leur puissance d'un jour, elles redoublent de méchanceté contre les pauvres humains. Aussi dans quelques contrées évite-t-on de sortir après le coucher du soleil pour n'avoir rien à démêler avec la fée du « mardi soir ». La *mar sara* t'emporte! est une de ces phrases charitables que l'on adresse à ses ennemis. Quant aux sorcières, il est certain qu'elles ne vivent que pour faire le mal; heureusement elles peuvent être reconnues, car les sorcières portent une queue, tantôt sous le bras, tantôt là où le diable a, dit-on, la sienne.

On trouve dans les archives des comitats, sur les procès faits aux sorciers, des détails qui seraient fort curieux s'ils n'étaient horribles. C'étaient principalement les Valaques qui étaient accusés de maléfices. Lorsque, par exemple, les malheureux avaient sur le corps une marque ou une tache quelconque, il était fort difficile qu'ils ne fussent pas sorciers. On savait en effet que le diable ne sent aucune douleur aux endroits où la peau est recouverte d'un signe. En conséquence on ne manquait pas de faire de nombreuses expériences dans le but de constater l'insensibilité du patient. Le 23 juillet 1728 on brûla à Szegedin, en Hongrie, six sorciers, parmi lesquels se trouvait un vieillard de quatre-vingt-deux ans, qui avait été bailli de la ville. Le même jour on brûla sept sorciers sur les bords de la Theïss. Jusqu'en 1739 on jugeait les sorcières, aux environs d'Arad et de Gyula, d'après l'épreuve de l'eau. Quand elles flottaient on les mettait à mort, car il était admis que l'élément pur repousse le coupable. Ce que les accusés avaient de mieux à faire pour prouver leur innocence, c'était donc de se noyer. Ce ne fut qu'en 1758, sous Marie-Thérèse, que le gouvernement autrichien songea à arrêter ces exécutions. Il défendit aux juges d'intenter des procès aux sorciers sans l'autorisation de la chancellerie de cour.

Quelquefois les Valaques se persuadent que tel individu cause la sécheresse, que tel autre amène la pluie. Je sais un savant botaniste qui eut un jour maille à partir avec des paysans. Il herborisait sur une montagne, lorsqu'il fut aperçu par plusieurs hommes qui passaient sur la route. D'abord ils ne distinguèrent pas la forme de l'objet vivant qu'ils ne voyaient que de loin ; mais peu à peu, songeant aux contes qui couraient le village, ils se mirent en tête qu'ils avaient découvert un loup. Les voilà donc à la poursuite de l'animal, et quelle n'est pas leur surprise en remarquant que le loup se lève, prend le visage d'un homme et les regarde. Il n'y avait qu'un sorcier qui pût ainsi changer de forme. Aussi le pauvre botaniste, redescendu des hauteurs de la science, se vit-il fort maltraité. Par bonheur une voiture passa près de là, et il fut délivré très à propos. On m'a raconté que des paysans valaques, craignant qu'il n'existât des sorciers parmi eux, placèrent un soir dans l'église autant de pots remplis de lait qu'ils comptèrent de vaches dans le village. Ils étaient sûrs de découvrir les sorciers, car le lait de leurs vaches devait infailliblement tourner pendant la nuit. Parfois il arrive que ces actes sont mêlés de cruauté. On enterre les sorciers comme de simples mortels ; mais, s'ils s'avisent de reparaître dans le village sous la forme de quelque animal, on ouvre leur fosse et on les cloue en terre avec un pieu, afin qu'ils ne puissent plus sortir.

Les Valaques apportent dans leur religion les mêmes idées superstitieuses. Lorsque l'orage gronde, ils font sonner les cloches de l'église pour éloigner la foudre. C'est au pope à repousser les nuages chargés de grêle : s'il n'y parvient pas, on se hâte de l'accuser, à peu près comme les Napolitains accusent saint Janvier. On a vu chez les Valaques le zèle religieux dégénérer en fanatisme. Ce n'est jamais sans de grandes difficultés qu'on les amène à embrasser la communion catholique : lorsqu'un prêtre du culte uni est envoyé au hameau pour remplacer le pope grec, les habitants refusent souvent de se rendre à la paroisse. On cite des églises qui ont été fermées pendant trente ans : pour que la foi nouvelle triomphât dans le village, il fallait que les paysans fussent entraînés par la génération suivante.

La dévotion des Valaques se manifeste dans plusieurs pieuses coutumes. Ils vont aux champs, bannière et pope en tête, pour bénir le blé nouveau. Ils plantent sur les chemins de grandes croix rouges où sont représentés tous les instruments de la Passion ; quand ils les rencontrent, ils se découvrent et quelquefois s'agenouillent. La figure du Christ attaché sur la croix est presque toujours l'ouvrage de quelque artiste indigène. Il y a de ces sculpteurs de village qui, s'inspirant outre mesure de leur modèle, donnent à leur œuvre une couleur singulièrement locale, et je me souviens d'avoir vu un Christ qui, avec le menton rasé, portait de magnifiques moustaches et de superbes tresses de cheveux noirs.

Les églises valaques sont pittoresques. Elles sont fort basses et construites en bois; le toit, qui est très élevé, est formé de bardeaux découpés, auxquels la pluie donne un reflet argenté. Un clocher également de bois, terminé par une aiguille fort mince, surmonte régulièrement cet édifice primitif. A la longue la mousse s'infiltre entre les poutres et des plantes poussent sur le toit : cela est d'un effet mélancolique. Les murs sont couverts à l'extérieur de peintures naïves. Quelquefois une galerie en arcades flanque l'église, et une porte sculptée et découpée avec assez d'art ferme le champ qui l'entoure. Une planche est attachée à l'un des poteaux : à certaines époques de l'année on laisse reposer les cloches, et on appelle les fidèles à l'office en frappant sur cette planche. On rencontre en foule de charmantes églises de ce genre, et l'on se demande comment des hommes aussi simples, sans autre guide que leur inspiration, parviennent à ériger et à orner ces édifices.

L'église du village de Móts, dont nous donnons un dessin, a été élevée il y a deux cents ans. Suivant la coutume valaque, la porte, qui est percée sur le côté, est si basse, qu'on ne peut entrer sans courber la tête : peut-être, dans la pensée des architectes, y a-t-il là une intention marquée. Deux fenêtres fort petites répandent dans l'intérieur de l'église une clarté douteuse. A la faveur de ce demi-jour mystérieux on aperçoit d'éclatantes peintures qui ornent les murailles de bois. Ce sont des portraits de saints et des scènes allégoriques, avec le nom des personnages et l'explication

des sujets en lettres cyrilliennes. Ici l'on a ingénieusement représenté les péchés capitaux, et l'on voit le diable entraîner les pécheurs avec un rire terrible. Là, la mort emporte d'un même coup un roi, un prêtre et un villageois. Cette dernière scène se retrouve souvent dans les églises valaques. Les artistes paysans se consolaient de l'oppression en proclamant, sous l'égide de la religion, l'égalité des hommes. Dans un angle se trouvent des fourches qui servent à soutenir les vieillards pendant les heures de l'office, personne n'étant assis. Au fond de l'église est placé l'iconostase, la cloison qui sépare le prêtre de la foule. Elle est dorée et recouverte d'une multitude de bannières et de tableaux bénits. Les tableaux sont de toutes dimensions ; aussi les personnages sont-ils de toutes grandeurs. Faute d'espace, ils se recouvrent les uns les autres, si bien qu'une tête colossale de saint Nicolas repose sur le corps démesurément petit d'un saint Pierre placé au dessous. En jetant un coup d'œil rapide autour de soi, en voyant cette quantité de figures incroyables qui vous regardent, celles-ci en riant affreusement, celles-là en grinçant des dents, on se croit transporté dans un monde fantastique. L'obscurité augmente encore l'effet, car l'œil n'aperçoit pas de prime abord toutes ces chinoiseries, qui apparaissent peu à peu, et semblent se multiplier pour vous.

Si naïves que soient ces peintures, elles attestent chez la nation valaque un certain goût pour l'art.

Après tout ce sont des paysans qui les ont faites. Tel garçon qui jusque là a aidé son père dans le travail des champs se sent un jour disposé à peindre : *anch'io son' pittore!* et le voilà qui enlumine suivant sa fantaisie. C'est un artiste mis à la hauteur de la société au milieu de laquelle il vit. Mais que cette société s'élève et se rapproche de la nôtre, rien n'empêchera que ce paysan ne soit un peintre. Cette disposition des Valaques tient à leur origine italienne. Ce peuple est intelligent et spirituel : il aime la poésie, la musique. Il n'est pas rare d'entendre les villageois dire des vers : quelquefois même ils improvisent. Au printemps ils confectionnent des flûtes avec des baguettes de saule, et on les entend de tous côtés jouer des mélodies. C'est une églogue de Virgile en action. Il y a des joueurs de flûte qui ont un talent renommé. On en citait un aux environs de Clausenbourg auquel on donnait le sobriquet d'Œil de Poulet, et qui exécutait avec sentiment des morceaux entiers. J'eus un moment l'envie de me faire son élève. Mais Œil de Poulet, en artiste de génie, avait ses caprices : je crois qu'il ressentait un profond mépris pour les étrangers, et je n'eus pas l'honneur de recevoir ses leçons.

Les airs valaques n'ont pas la mâle mélancolie des mélodies hongroises : ils respirent la tristesse ; ils expriment l'abattement d'un peuple long-temps asservi. En traversant les campagnes, on est souvent arrêté par des chants lents et monotones qui partent de la prairie ou de la maison voisine, et laissent dans l'âme de celui qui écoute une impression pénible. Certaines mélodies, comme les airs de danse, ont au contraire une allure vive, enjouée, attaquante, qui rappelle la nature méridionale des Valaques : elles ont alors quelque chose de désordonné et de sauvage. Pendant la vendange, les paysans de corvée sont chargés d'écraser le raisin dans d'énormes cuves. Ils s'acquittent de ce travail, comme de tous les autres, avec une parfaite nonchalance. Mais qu'un Bohémien arrive avec son mauvais violon, ils piétineront pendant des heures entières au son de la musique, sans s'apercevoir de leur fatigue.

La paresse du Valaque est celle du lazzarone. Il a peu de besoins, et il les satisfait sans trop de peine. En outre, les habitudes d'ordre et de travail ne peuvent lui être familières : car il n'y a qu'un demi-siècle qu'il est émancipé, et dans le servage, quand d'autres tirent profit de ses peines, l'homme n'exerce guère son activité. Tandis que le Valaque s'abandonne à une prodigieuse insouciance, sa femme fait preuve d'un caractère laborieux. Elle sème avec lui, elle prépare la nourriture, elle tisse, elle file même en marchant. Dans les rares moments où les besoins de son ménage ne la réclament pas, elle brode ses élégantes chemises. Ce travail incessant la flétrit rapidement, et lui fait perdre trop tôt cette beauté qu'elle tient de son origine. Les paysannes valaques ont souvent ce type particulier que l'on rencontre chez les femmes de l'Italie. A les voir gravir les coteaux, en portant avec une grâce sévère leurs vases de forme étrusque, on se souvient des statues antiques. Seulement la chemise brodée, la pelisse et les bottes rouges, donnent à ces Romaines quelque chose d'oriental.

Le paysan valaque se marie de bonne heure; il se hâte de se procurer une compagne active, qui le dispense d'un travail incommode. Dès qu'il possède deux ou trois porcs, un bœuf, quelque chose enfin, il offre sa fortune à une beauté du village. Une noble dame remit un jour cinquante francs à un jeune garçon qui lui rapportait une montre perdue. Celui-ci n'eut pas plus tôt reçu la somme, qu'il courut acheter une vache et se chercher une femme. Un paysan accourait chez le seigneur de village, implorant sa pitié et demandant des secours. « Ma femme est malade, disait-il en sanglotant; si je la perds, je ne suis pas assez riche pour en demander une autre!... »

La dot de la femme se compose la plupart du temps de deux ou trois chemises brodées par elle, et d'un coffre de trois pieds de long où elle serre son avoir. Le nombre des chemises n'est pas indifférent, car ce sont les femmes les plus riches et les plus laborieuses qui en possèdent un plus grand nombre. Quand donc un jeune homme se cherche une fiancée, il va droit au coffre, et voit ce qu'il contient. Dans un village du comitat hongrois de Bihar, voisin de la Transylvanie, à Déda, les paysans valaques ont fort simplifié la cérémonie de la demande en mariage. Les mères, durant le carnaval, placent autour de la chambre, pendus à des perches, les chemises, les coussins et les essuie-mains brodés de leurs filles. Les garçons poussent la porte, regardent du seuil les richesses étalées, et, suivant leur inspiration, font leur choix ou rebroussent chemin. Un mariage valaque s'accomplit au milieu des fêtes. Les parents du fiancé vont chercher la promise dans une voiture attelée de quatre bœufs qui portent des fleurs à leurs cornes. Les Bohémiens du village précèdent le cortége en jouant du violon. Des paysans tirent des coups de fusil après avoir chargé l'arme jusqu'au bout. Le coffre de la mariée est placé dans la voiture, et l'un de ses parents porte la dot au bout d'un bâton.

J'ai assisté un soir à une veillée où quarante jeunes filles, assises autour d'une vieille salle voûtée, filaient en chantant. Quelques unes étaient fort belles; leurs mouvements étaient toujours gracieux, et leur chant avait quelque chose de plaintif. Un fiancé bien appris doit se tenir auprès de sa belle, et lui ramasser le fuseau autant de fois qu'il tombe. Il y a des contrées où les jeunes gens ne manquent jamais à ce devoir, dans les montagnes de Radna, par exemple. Là, les hommes ont des égards pour les femmes. J'ai vu, à Radna, un paysan enlever à une jeune fille un lourd fardeau, et le lui porter galamment jusqu'à sa chaumière. Les Valaques sont causeurs et familiers. Lorsque deux paysans se rencontrent, ils se saluent, se prennent la main, se demandent des nouvelles de leurs familles, et commencent un dialogue qui ne tarit point. Quand on traverse à la fin du jour un village valaque, on voit tous les paysans revenir de la campagne en devisant. Ils vous saluent en vous adressant le *sara buna*, le « bon soir » habituel. Les femmes, qui, en les attendant, filent devant leurs portes, se lèvent poliment quand vous passez, sans quitter leur quenouille. Elles ont la coutume, comme les hommes, de baiser la main en signe de respect. Cet usage, répandu dans tout l'Orient, n'a pas le caractère qu'on pourrait lui prêter dans nos contrées. Une joyeuse compagnie, s'arrêtant un jour au pied de la *Detonata*, y trouva une Valaque d'une si grande beauté, que chacun exprima son admiration. Oubliant toute idée aristocratique, les dames, au lieu de se laisser baiser la main, embrassèrent fraternellement la paysanne. Les nobles cavaliers ne pouvaient mieux faire que de suivre cet exemple. Ils s'avancèrent les bras ouverts vers la belle Valaque; mais celle-ci s'enfuit en éclatant de rire.

On nous amena un jour une jeune villageoise qui passait pour une très habile chanteuse. D'abord il n'y eut pas moyen de lui arracher un son. La petite sauvage toussait, rougissait, regardait ses bottes. On lui jeta un voile sur la tête. A demi-cachée sous les plis de l'étoffe, elle reprit courage, et commença un air lent et prolongé, qu'elle chantait avec de continuels tremolos ; parfois elle s'interrompait pour siffler, en manière de refrain, avec une grande habileté. Comme sa verve allait s'éteindre, on fit venir une de ses compagnes qui n'avait pas moins de réputation qu'elle. Toutes deux s'enhardirent mutuellement, et, se plaçant sous le voile, formèrent un groupe qui eût sans doute inspiré un peintre. Leurs têtes penchées l'une vers l'autre, elles tournaient peu à peu vers nous leurs yeux noirs pour s'accoutumer à notre présence, et, avec une charmante gaucherie, passaient leurs dix doigts dans les colliers de monnaies et de verroteries qui pendaient sur leurs poitrines. A la fin elles s'habituèrent si bien à nous voir, qu'elles chantèrent je ne sais combien de *hora*, « d'airs nationaux ». On eût dit qu'elles le faisaient pour leur propre plaisir, tellement elles y mettaient de zèle, et ce fut à nous de leur dire de ne pas épuiser tout leur répertoire en un jour.

Leur timidité avait disparu ; aussi commencèrent-elles à parler. Il fallut leur expliquer pourquoi on les avait fait venir. « Voici un étranger, leur disait-on, qui a voulu vous entendre. — Ne chante-t-on pas dans son pays » ? répondaient-elles. — On leur commanda des chemises brodées, des serviettes, que je voulais emporter. « Qu'a-t-il besoin de tous ces objets ? est-ce que tout cela ne se trouve pas chez lui ? » Puis venaient les questions les plus bizarres sur les hommes, sur es femmes, voire même sur le ciel de ma patrie. Leur curiosité était singulièrement excitée : elles voulaient aller « là-bas ». — Mais, reprenait-on, on y parle une langue que vous ne savez pas. — Et vous, comment faites-vous donc? — Nous la savons. — Eh bien, nous parlerons avec vous; d'ailleurs nous apprendrons cette langue-là. — Et puis il faut voyager pendant trois semaines. — Quoi ! le monde est-il donc si grand? demanda l'une. Mon frère a marché huit jours en vendant des tableaux : au bout de ce temps il a rencontré une montagne, où un soldat lui a dit qu'on ne pouvait plus avancer. Est-ce que la terre ne finissait pas là ? — C'est la Transylvanie qui finit là. Avec un passe-port ton frère eût pu marcher des années entières. »

C'est à l'aide du daguerréotype qu'ont été obtenus la plupart des dessins placés dans cet ouvrage. Quand les Valaques voyaient fonctionner l'instrument magique, ils ne doutaient pas qu'il n'y eût là quelque diablerie. Ils refusaient obstinément de poser : l'œil formidable de la machine ne pouvait-il pas jeter un sort? Lorsqu'à la fin ils se persuadaient qu'on pouvait s'exposer sans péril, ils consentaient à rester immobiles dans la pensée que leur portrait irait fort loin. Nous débutâmes par un attelage de buffles qui était venu stationner sous nos fenêtres. Le paysan qui les menait eut l'ordre de ne pas bouger, et il vit placer devant lui quelque chose que l'on braquait contre sa personne et contre ses buffles. Il était visiblement inquiet, et resta confondu en apercevant son attelage représenté sur la plaque. Une chose le mécontentait : c'était que ses buffles fussent aussi petits ; cela leur faisait du tort. Notre homme secoua la tête d'un air expressif, et, si un des animaux eût ressenti pendant la semaine la moindre maladie, nous aurions eu certainement l'avantage de compter entre les sorciers de l'endroit.

Rien de plus curieux que les conversations que l'on entame avec les paysans valaques. Un observateur écouterait quelquefois leurs remarques avec intérêt, car les questions sans nombre qu'ils vous adressent dénotent un certain mouvement d'esprit. Leur naïveté se montre encore dans une foule d'usages qui n'appartiennent qu'aux peuples primitifs. Ils s'improvisent des bains à la façon des Peaux-Rouges d'Amérique, en creusant un trou en terre, et en arrosant des pierres chauffées qu'ils y jettent. Quand un paysan fait avec son voisin un contrat, un arrangement quelconque, il ne manque pas de battre vigoureusement son enfant ; celui-ci grandit en se souvenant à la fois des soufflets paternels et de la date du contrat. Cette coutume existait chez les Gaulois. Souvent cette simplicité apparente cache quelque peu de malice. Un Valaque avait à demander conseil à un avocat de la petite ville de Nagy Bánya. Il arrive chez lui la bourse à la main, et, prenant un air ingénu ;

« Est-ce vous, lui dit-il, qui mentez pour de l'argent? »

Les Valaques sont fort hospitaliers. Si pauvres qu'ils soient, ils ne refusent jamais à un plus pauvre la moitié de leurs oignons ou de leur pain de maïs. Le plus grand plaisir qu'un seigneur puisse leur faire, après celui de leur parler valaque, c'est de goûter de leur *mammaliga*, véritable *polenta* italienne, qui est un mets national. Je me rappelle avoir parcouru les montagnes de Zalathna avec un guide valaque. En arrivant dans une petite auberge qui se trouvait sur la route, il se fit apporter du vin, tandis que je m'approchais d'une source fameuse que j'entendais murmurer derrière une haie. Mon Valaque se prit de pitié pour moi en me voyant boire de l'eau pure. Il accourut avec sa gourde, m'offrant la moitié de sa ration. Il y mettait tant d'instances, que je me voyais forcé d'en passer par où il voulait de peur qu'il ne se méprît sur la cause de mon refus, lorsque l'aubergiste lui fit comprendre que je paraissais obéir à un goût décidé en m'abreuvant à la source.

Cette hospitalité, les Valaques l'exercent même au profit de l'inconnu. Ce n'est pas seulement dans le district de Zalathna, c'est par toute la Transylvanie qu'ils ont la touchante coutume de déposer, sur le bord des routes, des vases remplis d'eau pour le voyageur qui peut passer. Ils en placent également le soir devant leurs portes pour celui qui viendra la nuit dans le village. Les plus riches mettent du pain. Ils donnent à cet usage le nom de *pomane*, « pour les mânes », car ils espèrent que ceux qu'ils ont perdus ne souffriront dans l'autre monde ni de la faim, ni de la soif, s'ils soulagent eux-mêmes les vivants. Aux foires, hommes et femmes se jettent, pour les baiser, sur les mains du pope qui vient, lui aussi, dans ses sandales de paysan, vendre ou acheter du bétail. Les jeunes filles se promènent avec leurs vases de terre, et offrent à boire à ceux qui sont altérés. Lorsqu'un homme meurt dans la chaumière, les siens préparent une quantité de pains qui seront donnés en *pomane* : ils les lui montrent pour lui prouver qu'il est aimé. Le mourant les voit à l'œuvre, et mesure leur affection à leur activité.

Certes il ne faut pas désespérer d'un tel peuple. Quel qu'ait été l'abaissement des Valaques, ils se relèveront indubitablement, car ils sont capables d'un développement rapide. Nul ne niera leurs défauts ni leurs vices. Leur paresse est proverbiale : ils s'enivreront le dimanche avec leur eau-de-vie de prunes tant qu'ils auront un kreutzer. Ils ont l'astuce, l'arme du faible, de l'esclave, et la rancune, qui accompagne toujours la ruse. Tandis que le Magyar exhale en un moment sa bouillante colère, le Valaque dissimule et dit entre ses dents : *Tine minte*(1), « Souviens-t'en ». L'occasion ve-

---

(1) *Tene mentem.*

nua, il ne manquera pas sa vengeance. « Garde-toi du *cineminte!* » est un proverbe hongrois. Si, au siècle dernier, la noblesse faisait peser sur eux un joug trop dur, ils prirent une cruelle revanche dans leur révolte de 1784, où ils n'épargnèrent ni l'âge ni le sexe.

Cette révolte fut entreprise par un paysan du comitat de Zárand nommé Hora. Il s'entendit avec un de ses compagnons appelé Closca, et tous deux réunirent leurs bandes sous un chêne séculaire qui se voit encore dans la forêt voisine de Kőrösbánya. Ils dressèrent leur plan de campagne en généraux habiles, et marchèrent droit aux châteaux, qu'ils brûlèrent. Le gouvernement négligea d'envoyer des troupes contre les rebelles, ce qui fit dire aux Transylvains que Joseph II, en haine des nobles, avait provoqué le mouvement; et l'insurrection gagnait du terrain quand les gentilshommes hongrois montèrent à cheval et l'étouffèrent. Les chefs de la révolte périrent de la mort des criminels. Dans les chaumières du comitat de Zárand, où les Valaques sont en grand nombre, on voit quelquefois le portrait de Hora cloué au mur. Il est richement vêtu : sa figure est empourprée, et il tient un vase d'or rempli de vin. Au dessous on lit ces deux vers :

> Hora be si hodineste,
> Tiara plange si plateste (1).

(1) Hora bibit et quiescit,
    Patria plangit et solvit.

Il y a eu à diverses époques des voleurs de grand chemin, qui, abandonnant leurs chaumières par paresse ou par vengeance, vivaient au compte des autres paysans. Il n'est pas rare de voir des Valaques entrer ainsi en lutte avec la société. Lorsque nous traversâmes les montagnes de Torotzkó, le guide nous raconta plusieurs traits cruels d'un brigand qui répandait la terreur dans les environs. On entendait dans l'éloignement des coups de feu que nous attribuâmes à des chasseurs : au retour, on nous apprit que les hussards du comitat, après avoir long-temps poursuivi le voleur à coups de carabine, s'étaient emparés de sa personne. Près de Nagy Bánya, on montre sur le versant d'une montagne un lieu que l'on appelle *Pintic Szőkése*, « Saut de Pintie », en souvenir d'un fameux brigand qui portait ce nom. Serré de près par les hussards du comitat hongrois de Marmoros, il fuyait sur la grande route, lorsqu'il rencontra les haiduques du district de Kővár, qui venaient droit à lui. Il se trouvait sur les limites de deux comitats, c'est pourquoi il était assailli par deux troupes à la fois. L'issue semblait impossible. La route, occupée par l'ennemi, serpentait au flanc d'une montagne. Ici s'élevait une côte rapide, que Pintie n'eût pas eu le temps de gravir ; là s'ouvrait un précipice profond. Un rapide examen des lieux lui dicta sa résolution. Il mit sa carabine en bandoulière, saisit une forte branche d'arbre, la plaça entre ses jambes, et se lança dans l'abyme en courant et en labourant le sol de la branche. Arrivé au pied de la montagne, il tomba percé de balles.

Le Valaque n'est pas naturellement belliqueux : cependant, une fois enrôlé, il sert en bon soldat. S'il n'a pas la *furia*, l'élan du Hongrois, il a plus que lui l'opiniâtreté de la résistance. *Dâ pe moarte*, « donne jusqu'à la mort », est un proverbe usité parmi les Valaques. Quelque chose de la valeur romaine est resté en eux, et, en se comparant aux Saxons, dont l'ardeur pacifique ne s'exerce guère que dans le commerce, ils disent : *La un Român dece Sassi*, « à dix Saxons un Valaque ».

Dans l'origine, les Valaques formèrent en Transylvanie la race vaincue, c'est-à-dire la classe des serfs. Mais sous le gouvernement des princes un certain nombre d'entre eux furent anoblis pour prix du service militaire, et participèrent à tous les droits des nobles hongrois. Leurs descendants continuent pour la plupart à vivre en paysans, ou remplissent divers emplois dans les comitats. Quelquefois ils conservent le sentiment national, et, lorsque l'occasion se présente, s'efforcent de faire rejaillir leur importance sur leurs compatriotes. Pendant mon séjour en Transylvanie, un noble valaque mourut à peu de distance du lieu que j'habitais. Sa veuve lui fit des funérailles dignes d'un prince. Des tables chargées de vivres furent dressées durant une semaine entière, où tous ceux qui se présentaient étaient accueillis. Trois cents gentilshommes valaques et plus de mille paysans s'assirent à ces banquets homériques, qui se renouvelèrent douze fois dans l'année. Le jour de l'enterrement, les cloches de douze villages lancèrent leurs volées, et un cortége de vingt-cinq popes accompagna le mort. Le convoi s'arrêta vingt-cinq fois, et chaque prêtre dit la messe à son tour. La journée finit par un repas somptueux, où la place de chaque pope était marquée par un pot de miel recouvert d'un gâteau dans lequel était planté un cierge.

Les paysans valaques ont un costume pittoresque. Leurs gibecières et leurs vestes de peau blanche sont ornées de fleurs et de dessins en cuir de toute couleur. Qu'ils aient le large caleçon de toile ou le pantalon étroit de drap blanc, ils portent régulièrement leurs sandales. Leurs chemises mêmes sont brodées : aussi les haies du village sont-elles ordinairement couvertes de chemises et de serviettes, aux broderies rouges ou bleues, qui sèchent au soleil. J'ai vu des jeunes gens d'une élégance recherchée. Il y en a qui se frisent les cheveux en faisant tourner leurs longues mèches autour d'un fuseau chauffé. Quelquefois ils changent leurs modes. Je me souviens avoir entendu un berger refuser une *guba* noire que lui offrait son maître, sous prétexte que dans le moment tout le monde s'en achetait de blanches : il voulait obéir au goût du jour. Dans quelques contrées, au lieu de la *guba*, épais pardessus de laine à longs poils, on laisse pendre sur le dos une grosse veste de drap gris. A Bistritz il y a un chapelier qui connaît parfaitement les modes des paysans du voisinage. Quand un Valaque entre dans la boutique, il dit le nom de son village, et le marchand lui apporte un chapeau de la forme préférée dans la localité.

Le costume des femmes varie également suivant les contrées. Il est d'usage que les jeunes filles se tressent une seule natte de cheveux au bout de laquelle elles attachent un ruban ou une pièce d'argent. Elles mêlent à leurs cheveux des fleurs, des monnaies, des plumes de paon. Quelquefois elles se placent sur le front un diadéme garni de verroteries et de perles soufflées. Le mouchoir dont les femmes mariées se couvrent la tête a dans le midi la forme d'un turban; ailleurs il figure un voile; partout il est gracieusement mis. Près de Radna elles se coiffent d'abord d'un mouchoir rouge placé de côté, et par dessus en mettent un blanc qui est attaché à l'autre par une grosse épingle. Le *catrinza* ou tablier de laine, que les Valaques portent fort coquettement, est orné de raies de couleurs. Rien ne sied mieux que leurs chemises brodées. Au lieu des bottes, rouges ou jaunes, qui sont une chaussure un peu lourde, elles portent dans beaucoup de villages les sandales de cuir, lesquelles maintiennent autour de la jambe une pièce de drap blanc. Ces femmes laborieuses et actives se prennent parfois d'une gaîté d'enfant; leur besogne faite, elles oublient le travail et secouent leurs fatigues. J'ai traversé un jour la Szamos avec une troupe de paysannes valaques que j'avais trouvées dans le bac. Elles revenaient des champs et portaient sur leurs épaules de lourds instruments dont la vue seule aurait dû leur inspirer de tristes réflexions ; d'une rive à l'autre elles rirent à gorge déployée. Les hommes ont d'ordinaire plus de gravité, et il y a souvent dans leurs gestes et dans leur attitude je ne sais quoi de mélancolique qui est assez bien rendu dans la gravure que nous donnons ici.

Les chaumières des paysans valaques sont entourées de haies qu'ils savent quelquefois artistement tresser. Près de l'entrée se trouve une bûche enfoncée dans le sol et qui leur sert de marche-pied pour escalader la haie ; cela leur coûte moins de peine que d'ouvrir la porte. Aux angles de ces chaumières, dont le toit de chaume est fort élevé, ressortent les poutres rondes qui soutiennent la maçonnerie. Ces petites habitations n'ont pas de fondements, et, en plaçant sur des troncs d'arbres les solives qui leur servent de base, on les transporte, tirées par des buffles. Dans l'intérieur de la chaumière se trouve un foyer exhaussé qui occupe le quart de la chambre ; des enfants nus se chauffent à la flamme, pour aller glisser tout à l'heure sur la glace du ruisseau. Des portraits de saints sur lesquels pendent des cierges bénits ornent les murs, mêlés à des assiettes de faïence et à des serviettes brodées disposées en draperies. Un lit très haut et garni de coussins couverts de broderies forme, avec une table et quelques siéges de bois, l'ameublement de la chaumière. Le bois de lit est peint de toutes couleurs ; les fleurs les plus éclatantes, les oiseaux les plus brillants, y sont représentés. Le coffre indispensable que la femme apporte en se mariant est également décoré de peintures. Les Valaques peignent même le bois de leur selle, et jusqu'au joug de leurs buffles. Ils aiment de préférence les couleurs vives et les assemblent sans trop d'harmonie. Aussi le Hongrois parle-t-il sans révérence de ce qu'il nomme « le goût valaque ».

Les paysans valaques ont communément le type méridional. On en voit beaucoup dont le profil rappelle les bustes qui nous restent de l'antiquité. Quelques uns ont les cheveux blonds, les yeux bleus, et trahissent une origine étrangère à l'Italie. Il faut se souvenir, en effet, que les colons de Trajan se mêlèrent aux Daces subjugués qui peuplaient le pays. Le nombre des vaincus était d'abord peu considérable, car ils avaient en foule abandonné la Dacie ; mais ils revinrent successivement lorsque cette province eut reconquis la paix sous l'administration impériale. On reconnaît chez les Valaques de notre époque les Daces et les Romains du 2e siècle. Le costume de toile qu'ils portent encore aujourd'hui est celui des Daces dans les bas-reliefs de la colonne trajane. D'autre part leur langue n'est pas autre chose qu'un dialecte italien. Ils s'appellent eux-mêmes Româns; le nom de Valaques, par lequel nous les désignons, paraît être d'origine slavonne. Les Slaves l'appliquent aux peuples originaires de l'Italie. On donne encore le nom de Vlachi à d'autres peuplades romaines qui sont fixées en Grèce et dans la Turquie d'Europe, telles, par exemple, que les pasteurs des montagnes de Maïna, que la tradition fait descendre des légionnaires de Pharsale.

La langue valaque contient quelques mots grecs et un plus grand nombre de mots slavons. Cette dernière circonstance semble établir que les Daces appartenaient à la race slave, outre qu'Ovide, en disant :

... didici getice sarmaticeque loqui,

nous apprend que le sarmate et le gète, c'est-à-dire le dace, étaient deux dialectes d'une même langue. Quelques expressions slavonnes ont été introduites dans l'idiôme valaque lors de la conversion des Româns au christianisme, car la langue slave fut la langue des offices; mais une foule d'autres mots qui ne rentrent pas dans l'ordre religieux ont été empruntés par le valaque au slavon, et attestent la fusion des Slaves et des Romains de Trajan. Toutefois l'élément romain était dominant; aussi la langue valaque est-elle avant tout italienne. Nous citons au hasard quelques mots dont on reconnaîtra l'origine latine. *Omu*, homme; *capu*, tête; *degetu*, doigt; *umeru*, épaule; *casa*, maison; *aer*, air; *frumoso*, beau; *acoperire*, couvrir; *focu*, feu; *amaru*, amer; *sanatate*, santé; *albu*, blanc; *arbore*, arbre; *frate*, frère; *venatoriu*, chasseur; *urlare*, crier; *argentu*, argent; *auru*, or; *arma*, armes; *bracciu*, bras; *caldu*, chaud; *camara*, chambre; *dinte*, dent; *cane*, chien; *erba*, herbe; *feru*, fer; *farina*, farine; *lacrema*, larme; *lumine*, lumière; *lana*, laine; *juramentu*, serment; *luna*, lune; *munte*, montagne; *nume*, nom; *numeru*, nombre; *ora*, heure; *ospetu*, hôte; *muer*, femme; *pace*, paix; *plopu*, peuple; *saltare*, sauter; *sange*, sang; *soarte*, sort; *umbra*, ombre, etc.

Plusieurs mots valaques, comme *radacine*, racine; *hacu*, hache; *sabie*, sabre; *bataje*, qui a le sens et la prononciation de bataille, etc., se rapprochent du français. D'autres, tels que *hablescu*, parler, etc., ont quelque rapport avec l'espagnol. D'autres enfin ont plutôt une consonnance italienne. Par exemple : *verde*, vert; *chiamare*, appeler; *spurcare*, salir; *comparare*, acheter; *scapare*, échapper; *jucare*, jouer; *ruggine*, rouille; *fontane*, fontaine; *colò*, là; *cercare*, chercher; *binchè*, bien que; *anche*, aussi; *apoi*, ensuite; *curte*, cour; *cocieru*, cocher, etc.

Plaute a parlé d'une *lingua plebeja*, d'une langue vulgaire, qu'il distingue de la *lingua nobilis* des poëtes, des administrateurs et des gens du monde. On ne peut nier que cette langue vulgaire, mêlée aux idiômes barbares, ne soit entrée pour beaucoup dans la formation des diverses langues parlées aujourd'hui par les peuples d'origine romaine. On reconnaît dans toutes un certain nombre de mots semblables, qui n'appartenaient pas au langage de Virgile, mais qui, par cela même qu'ils sont universels, ont dû dériver de la source commune.

Les Valaques de Transylvanie commencent à abandonner les caractères cyrilliens et à se servir des lettres latines. L'orthographe italienne, qu'ils ont naturellement adoptée, est insuffisante pour exprimer certains sons particuliers à leur langue; ils les rendent au moyen de cédilles. Le ş a le son du français *ch*; et ç, ţ, se prononcent *tz*. En Transylvanie l'idiôme valaque renferme un certain nombre de mots hongrois. En Servie, en Bulgarie, il s'est accru de qelques mots turcs et albanais, et paraît d'ailleurs avoir conservé plus purement la formation latine. Entre autres particularités de la langue valaque, il faut remarquer que l'article se met après le mot : *omu 'l*, « l'homme ».

Les Valaques cultivent leur langue avec succès. Les poëtes écrivent des vers qui sont aussitôt appris par les paysans. Presque tous les numéros de *la Gazetta di Transsilvania*, qui se publie à Cronstadt, contiennent des poésies nouvelles. M. Papp, de Balásfalva, nous a communiqué quelques chansons que nous nous empressons de reproduire à cause du mérite incontestable de la poésie, et parce qu'elles ont un caractère national. On sent dans les unes cette vague tristesse que l'on éprouve lorsqu'on écoute, au bord des prairies, le chant lent et prolongé des paysans valaques. Dans les autres éclate cette fierté qu'inspire au Român le souvenir de son origine. Aussi ces chansons sont-elles adoptées et redites par le peuple. La première a paru dans *la Gazetta di Transsilvania*. La seconde a été composée par M. Rosetti, employé du gouvernement de Valachie, et traducteur de plusieurs œuvres de Voltaire et de Lamartine. Les deux autres, où respirent le sentiment patriotique et la haine des Turcs oppresseurs, sont dues à un poëte distingué, M. Negruzzi, boyard de Moldavie.

I.

Tourterelle, oublie tes désirs! Pourquoi pleurer dans le désert? Ne sais-tu pas, oiseau, que l'amour est un papillon?

De ce plangi cu ne incetare... Pourquoi pleures-tu sans cesse sur le temps qui n'est plus? La tristesse te vient-elle parce que l'espérance t'a abandonnée?

Pourquoi troubles-tu l'onde paisible, le ruisseau limpide et clair? Pourquoi dis-tu : « Je suis étrangère », et soupires-tu sans cesse?

Pourquoi dans la sécheresse te retires-tu dans les lieux ombragés? Pourquoi ton chant plaintif a-t-il perdu sa vivacité?

Dis-moi, pauvre oiseau, pourquoi tu ne cesses de pleurer! Ne sais-tu pas que le temps détruit tout ce qui plaît au mortel?

Ne sais-tu pas que toutes les choses de ce monde passent,

périssent, se perdent dans l'oubli ? qu'il ne reste pas même le nom de ce qui est passé ?

Que la trompeuse espérance nous fuit en nous trompant toujours...

Que ce désir qui te brise soit oublié demain, et tu vivras, et tu ne diras plus : « Je veux pleurer, je veux aimer, je veux mourir. »

.... « *Voiu plange, voiu iubi, si voiu muri.* »

II.

Tu me disais un jour que jusqu'à la mort
Tu me conserverais tout ton amour...
Mais tu m'as oublié, tu as tout oublié.
Ainsi va le monde, ce n'est pas ta faute.

Tu mi diceai odate : Ah ! al meu iubite,
Partea mea din ceriuri tie o voiu da.
Tu me disais un jour : O mon bien-aimé,
Je veux te donner ma part de ciel.
Toate sont uitate,
Tout est oublié.
  Toate sont perdute,
  Tout est perdu.
Asfel este veacul, nu e vina ta.
Ainsi va le siècle, ce n'est pas ta faute.

Scii quand versai lacremi (1)...

(1) Ces mots sont littéralement italiens : *sai quando versavi lagrime.*

Tu sais quelles larmes tu versais quand, à mes yeux,
Tu disais : « O mon chéri, je ne t'oublierai pas! »
Tu m'as oublié, je suis mort pour toi.
Le temps brise tout, ce n'est pas ta faute.

Te stringeam in brate (1)...
Je te serrais dans mes bras, et ta lèvre
Versait sur ma bouche une rosée céleste.
Mais bientôt elle a laissé échapper un venin...
Asfel ți este secsul...
Ainsi est fait ton sexe, ce n'est pas ta faute.

Cinste și virtute amor și credinza,
Eri am giurai mie...
Honneur, vertu, amour et foi,
Tu me jurais hier... : aujourd'hui au premier venu.
Tu ne sais pas aimer, tu ne connais pas le repentir.
Ainsi est fait ton sexe, ce n'est pas ta faute.

L'or, la vanité, ont banni l'amour de ton cœur.
Și ti vedui credinza che in aer sburra.
Tu as vu ta foi s'envoler.
Ta blessure est guérie, tes désirs sont éteints.
Ainsi est fait ton sexe, ce n'est pas ta faute.

Pourtant, malgré ton infidélité,
Inima mea
Mon âme (mon cœur)

(1) En italien : *ti stringeva in braccia...*, ou plus correctement *fra le braccia*.

ami batè ori quandu te oi vedea.
  Battra chaque fois que je te verrai.
Ingeriu esti in occhimi din...
Tu es à mes yeux un ange, un être divin,
Ainsi est fait l'amour, ce n'est pas ma faute.

III.

Marsul lui Dragos,
  Marche de Dragos,
Prince conquérant de la Moldavie vers 1290.

  Aujourd'hui avec joie
  Accourez, Romàns :
  Dragos à notre camp
   S'est réuni.
  Fourbissez vos armes,
  Courons avec ardeur.
  De nos contrées
  Chassons les barbares.

  Diane, Dianette,
  Blonde Nymphe,
  Sois avec nous,
  Assemble
  Et anime

Tes fils.
Ils tuent quatre-vingts agneaux.
Qu'ils placent sur des broches.
Des sons de la trompe
Les bois retentissent.

Les jeunes gens s'asseient
Près d'un grand feu,
Dragos leur hôte
Est avec eux.
Diane, etc.

Tous sont prêts,
Tous se préparent à la vengeance,
S'apprêtent à expulser les brigands,
Et à gagner du butin.
Dragos marche en avant,
Il monte un cheval à la course rapide,
Et sur ses vêtements
Il porte une peau d'ours.
Poarte o pele de ursu.
 Daina, Dainiția..., etc.

Les voilà, ils sont partis en souriant,
Les braves jeunes gens!
Ils se rangent semblables à une chaîne
Sur le sommet des collines.
Les tristes épouses
Les regardent en pleurant;
Elles les entendent, dans les vallées,
Qui chantent en marchant :
 Daina, Dainiția.
 Zina plaviția
 Cu noi se fii
 Tu insoceste

Si insufleţeste
Pe ai tei fii.

IV.

Ostasul pastoriu.
Le guerrier pasteur.

Beau, superbe Danube, qui entoures comme un collier la patrie riche en fruits du grand Aurélien,

Quand au dessus de tes rivages ma trompe résonnera-t-elle? Quand dans ton onde pourrai-je me réchauffer?

Hélas! aujourd'hui tes vallées fraîches et fleuries sont habitées par les barbares... Tes fils ne s'y promènent plus!

Ils errent dans les forêts pleines de brouillard des sauvages Carpathes. Ils pleurent, ces dignes Romains, leur belle patrie.

Quand le soleil resplendit de ses feux du matin, quand ses rayons dissipent les noirs brouillards de la montagne,

Je sens que l'amour de la terre natale enflamme mon cœur, et qu'une tristesse qui pèse sur mon âme s'empare de moi.

Je regarde avec douleur mon yatagan négligé, jeté près de mon arc rouillé.

Aussitôt je saisis ma troupe; je monte sur le faîte des montagnes, et là, au milieu de l'épaisse verdure, sous l'ombre du sapin,

Contemplant les vallées, je chante le Danube et le deuil du Danube. Je fixe mes regards sur ses rives.

Mais quand la triste nuit laisse sur les collines voisines son manteau sombre,

Je retourne, plein d'affection, vers ma maison humiliée, et je demande au Seigneur le salut de ma patrie.

Seigneur, souviens-toi de mon malheureux pays... Prends-le en pitié ! chasse ces étrangers.

Nous avons assez supporté leur froide atmosphère ; nous les avons assez nourris et abreuvés de notre sueur et de notre sang.

De ta main divine éloigne-les de nous, afin qu'ils ne foulent plus la poussière de nos vieux héros !

CHAPITRE XIV.

Vallée de la Maros. — Veczel (*Sergidava*). — Déva.
Les Bulgares. — Vajda Hunyad.

La Maros, en quittant la Transylvanie, arrose de fort belles vallées. Elle s'étend d'abord paresseusement dans des prairies ombragées d'arbres et des champs dorés par le maïs, que bordent des collines vertes et rondes. D'élégants châteaux se montrent par intervalles, dont les jardins descendent jusqu'au bord de l'eau. Des montagnes éloignées forment le fond du paysage. Rien n'inspire davantage le calme et la tranquillité. Peu à peu la nature devient plus sévère, le fleuve se rétrécit ; puis soudain il se réveille, gronde et court entre deux murs de montagnes couvertes de forêts séculaires, et qui portent des rochers de carniole et de marbre.

Un intérêt historique s'attache encore à ces rives. Le premier village que l'on rencontre, Veczel, est situé près d'une colonie romaine. On voit, sur le bord du fleuve, un carré d'assez grande étendue, formé par l'exhaussement du sol, et qui indique la place d'une ville. On y a trouvé toutes sortes de monnaies, des armes, des statues. Chaque année les laboureurs découvrent quelques antiquités. Au dire de plusieurs auteurs, le nom de Veczel ne serait autre que celui de Décébale corrompu. Il est permis d'avancer avec plus de fondement que la ville romaine était appelée *Sergidava*. Personne ne doute qu'il ait existé une colonie de ce nom. Or, s'il elle a existé, il faut la placer nécessairement près d'une rivière, et d'une rivière assez importante pour que les Romains aient pris la peine d'y bâtir un pont, comme le prouve l'inscription suivante (1): *Aulus Crispus e Tribu Volteia, Præfectus Legionis XIII. Geminæ, Pontem bellorum injuria et Amnis violentia diruptum, Populo Plebique Sergidavensi restituit.* La position des ruines situées sur la rive même de la Maros suffirait déjà pour faire croire que là était placée *Sergidava*. Cette opinion, qui est celle de Benkő, acquiert encore plus de force si on considère que c'est à Veczel même que fut trouvée l'inscription romaine.

Après Veczel viennent Braniska, où les Turcs furent battus sous Sigismond Báthori ; Illye, où naquit le prince Bethlen. A Dobra, les Turcs avaient élevé un château ; leur souvenir est présent partout ; le Banat que la Maros longe, au sortir de la vallée, en se dirigeant vers la Theïss, a été témoin de cent combats.

C'est à l'entrée de cette vallée qu'est situé Déva. Le bourg est dominé par une montagne isolée et conique,

---

(1) Joan. Seivert, *Inscriptiones monumentorum romanorum in Dacia mediterranea.*

qui semble destinée par la nature à recevoir une citadelle. Aussi le château qui la couronne est-il d'une époque très reculée. Les paysans racontent qu'il date « du temps des fées », et les érudits, s'appuyant sur cette hypothèse que *dav* en langue dace signifiait « montagne », prétendent que Décébale s'y était établi. Il était le siége de la libre baronnie de Déva, et a été possédé tour à tour par des maîtres illustres. Pendant la révolte des Valaques conduits par Hora, les Hongrois s'y enfermèrent; puis, quand les rebelles se furent abreuvés de vin, ils les culbutèrent dans la Maros.

Le comte Bethlen en fit au 17e siècle une description détaillée. « Le château de Déva, dit-il, est la plus grande et la meilleure forteresse de toute la Transylvanie, je pourrais même dire qu'elle était la meilleure forteresse de l'Europe avant l'invention des bombes, si préjudiciables à la sûreté des plus fortes places.

» On y arrive par une pente assez douce, qui conduit au premier corps de garde, lequel est bâti en forme de tour, et peut contenir environ cent hommes de garnison. Quand on l'a franchi, on trouve un pont de pierre, ou plutôt de roche, qui traverse un fossé creusé dans le roc, ayant près de cinquante toises de profondeur, et environ soixante toises de large. Lorsqu'on a passé ce pont, on trouve un corps de garde pareil au premier, et l'on entre dans la cour du château par dessous une voûte d'environ vingt toises. Au milieu de cette cour, qui est en cercle parfait, et a bien cent toises de largeur en tout sens, se trouve une très grande mare, qui sert à abreuver les chevaux et les bestiaux. Elle se remplit des eaux de pluie et de la fonte des neiges; mais, quand elles ne suffisent point, il y a deux puits à droite et à gauche, dont on tire l'eau par le moyen d'une grande roue que des bœufs font aller, et qui y suppléent. Ces puits sont fort profonds, et l'eau en est excellente à boire. Outre cela, il y a dans la profondeur de cette cour une espèce de vivier, où l'on conserve une grande quantité de petites truites de montagne; et à côté, dans une manière d'auge faite exprès, il y a toujours une très grande quantité d'écrevisses, qui s'attachent dessous de gros fagots faits pour cela, de sorte que pour en avoir il ne faut que lever un de ces fagots, où l'on en trouve des centaines. Qui plus est, elles s'y nourrissent des boyaux et des vidanges des poules et autres volailles, et c'est un secret pour n'en point manquer. Il est vrai qu'il faut leur changer l'eau, et nettoyer leur auge presque tous les jours. Tout le pourtour de ce château est en souterrains, et au dessus sont de vastes magasins et des étables, où l'on met toutes sortes de provisions, et où l'on renferme les chevaux et les bestiaux. Aux quatre coins de cette cour on a placé quatre escaliers dont les marches vont en tournant, et par lesquels on monte aux appartements qui entourent cette cour, et aux terrasses qui règnent au dessus. Le tout a été si solidement bâti de pierre de roche, que l'on n'y voit point la moindre fente ni la moindre ouverture. La terrasse qui sert de couverture à ce vaste bâtiment est aussi entière et aussi ferme que si l'on venait de la bâtir, quoique ce château ait été construit depuis un temps immémorial. La plus commune opinion est qu'il a été bâti par l'ordre de l'empereur Trajan, qui le premier fit la conquête de la Transylvanie, appelée en ce temps-là Dacie, comme les historiens le remarquent (1). »

Malheureusement le château de Déva fut démantelé au commencement de ce siècle. On m'a raconté que les gentilshommes du lieu, pour faire honneur au comte Ladislas Bethlen, nommé alors Suprême de Hunyad, s'étant habillés à neuf, le commandant des troupes autrichiennes imagina que cette abondance de dolmans et de pelisses « cachait » une révolution, et mit le château hors d'état de servir aux rebelles. On le répare depuis quelques années, mais d'une manière affreuse ; le bruit court qu'il sera converti en prison d'état. Il est gardé par quelques Valaques du régiment-frontière. Trois murs d'enceinte appuyés sur le roc fortifiaient la citadelle, qui correspondait, dit-on, par un chemin souterrain, à un vieux bâtiment voûté situé au bas de la montagne, où sont logés des soldats. Le château même con-

(1) Mémoires du comte *Bethlen Miklós*. V. t. II, chap. 27.

siste aujourd'hui en un édifice carré, oblong et lourd.

Malgré les changements qu'il a subis, il est encore assez beau vu de la ville, grâce à sa triple ceinture de murailles et à son heureuse position. On y monte par un chemin qui fait le tour de la montagne, et que les voitures peuvent gravir facilement. Du haut des murs, la vue s'étend sur une grande plaine bornée au nord par les montagnes de Zalathna, aux flancs desquelles est suspendu Nagy Ag; la Maros serpente entre les moissons, coule sous des peupliers, et disparaît dans la charmante vallée de Dobra; en face sont des coteaux chargés de vignes; au dessous de vous Déva étale les mille vergers qui séparent les maisons, et lui donnent l'air d'un jardin.

Une portion de la ville fut donnée jadis avec certains droits à des colons bulgares par Gabriel Bethlen. On sait en effet que ce prince attirait dans le pays les artisans étrangers. Le nombre de ces colons a beaucoup diminué, car aujourd'hui on n'en compte plus que trois; mais d'après leurs priviléges le faubourg doit appartenir aux Bulgares tant qu'il en restera un. Ils ont un juge particulier et correspondent directement avec le gouvernement. Leur église, surchargée de colifichets, est attenante à un couvent où habitent six moines.

On trouve aux environs de Déva beaucoup d'antiquités. J'ai déjà cité Veczel. Sans aucun doute les recherches seront fort intéressantes quand on prendra la peine d'en faire. Plusieurs magnats ont dernièrement manifesté l'intention de se constituer en société pour fouiller le sol ; il est inconcevable que ce projet n'ait pas été réalisé plus tôt. Lorsque je me trouvai à Déva, un villageois creusant un fossé autour de sa vigne avait heurté récemment un vase rempli de bijoux romains, de l'or le plus pur, et mis en ordre avec beaucoup de soin. Quelques semaines avant le hasard avait fait découvrir tout un costume hongrois enfoui dans la terre depuis plusieurs siècles. Le corps avait disparu, mais on trouva le suaire de moire blanche, le corsage, la ceinture d'argent qui l'attachait, ainsi que des bagues et les aiguilles d'or du *párta* ou diadème.

En face du château de Déva, à l'autre extrémité de la plaine, est une montagne également isolée qu'on appelle « Or », *Arany*. Elle était surmontée d'une forteresse qui appartenait aux seigneurs de Kapi, et qui n'existe plus. Peu de contrées offriraient autant de ruines que la Transylvanie, si les Turcs ne l'avaient sans cesse ravagée. Après eux les empereurs d'Autriche rasèrent, par prudence, les châteaux qui subsistaient encore.

Le plus remarquable de tous ceux qu'on a laissés debout est situé non loin de Déva. C'est le château de Hunyad, et il excite un double intérêt, puisqu'il a été bâti et habité par le vayvode, père de Mathias Corvin. Dans ces vallées, en effet, Jean Hunyade a grandi pour le désespoir des Turcs et le salut de la chrétienté. Le lieu de sa naissance est ignoré ; son extraction même est incertaine. Mais la tradition nationale a suppléé à tout, et l'histoire suivante est regardée comme authentique.

En 1392, le roi Sigismond, conduisant son armée en Valachie et campant sur les bords du Sztrigy, y rencontra la fille d'un boyard, nommée Élisabeth Morsinai, qui était d'une rare beauté, et pour laquelle il s'éprit d'amour. Le triomphe fut facile au monarque, puis il passa en Valachie, où ses armes furent victorieuses. Au retour la belle Morsinai parut devant sa tente et lui demanda ce qu'il ferait pour son enfant. Sigismond, charmé, promit de le combler d'honneurs, et, remettant à la future mère une bague d'or : « Présentez-vous à moi, dit-il, et montrez cet anneau. » Quelques mois après le départ du roi Élisabeth épousa un boyard nommé Voik Buthi, qui l'emmena en Valachie, et dans le même même temps elle mit au monde un fils qu'elle appela Jean. Sigismond parut une seconde fois à la tête d'une armée hongroise. Dès qu'Elisabeth l'eut appris, elle se présenta devant le roi et lui montra l'anneau. Sigismond le reconnut, caressa l'enfant, renouvela les promesses qu'il avait faites à la mère, et lui dit de venir à Bude. Son mari étant mort, elle pria son frère de l'accompagner. Celui-ci, qui ignorait le but du voyage, s'y refusa d'abord ; mais à la fin, vaincu par les prières de sa sœur, il promit de la suivre. Un jour qu'elle était occupée à laver, et que l'enfant, assis près d'elle, jouait avec l'anneau royal, un corbeau prit en volant la bague dans son bec et vint se percher sur un arbre. L'enfant pleura. La mère accourut, appela son frère et s'écria que les promesses du roi étaient perdues s'il ne pouvait recouvrer l'anneau. Le soldat saisit son arc ; dans sa précipitation il manqua le but, mais d'une seconde flèche il abattit l'oiseau.

Alors ils partirent pour la Hongrie dans le dessein d'aller trouver le roi. Sigismond reconnut encore la bague ; il fut joyeux de voir son fils, qui était devenu très beau, le combla de présents, et établit sa mère à Pesth. Tous les jours il le faisait venir au palais, et prenait grand plaisir à jouer avec lui. Enfin il le dota du domaine de Hunyad, avec soixante villages, et voulut qu'il prît pour armes un corbeau portant dans le bec un anneau d'or. Il lui fit encore de riches présents, ainsi qu'à sa mère, puis il les envoya en Transylvanie, où l'enfant devait être élevé. Le fils de Sigismond tira son nom de la ville qu'il avait reçue en apanage, et il fut appelé *Hunyadi János* (1), d'après la coutume hongroise de mettre le nom propre après celui de la famille, c'est-à-dire Jean de Hunyad. Sa mère épousa un autre boyard valaque dont elle eut plusieurs enfants. Jean Hunyade leur don-

(1) La voyelle *i* qui termine le nom hongrois correspond à notre particule *de*.

na, avec de grands priviléges, un des villages qui lui appartenaient. Ce village, appelé Csolnakos, possède aujourd'hui encore des droits particuliers (1). Il n'est pas soumis à l'administration du comitat et ne paie point d'impôts. La famille Csolnakosi, issue de ce nouveau mariage, a les mêmes armes que les Corvins, et jouit également de certaines prérogatives. Les restes d'Elisabeth Morsinai sont déposés dans un autre village du domaine de Hunyad, à Telek.

Lorsqu'il fut revêtu de la dignité de vayvode, et dans un de ces rares moments de repos que lui laissaient les Turcs, Jean Hunyade éleva un château près de la ville dont il portait le nom. C'était sans doute une habitation de plaisance plutôt qu'une forteresse, à en juger par ce qui reste du monument primitif, mais ses successeurs l'agrandirent, en firent une place de guerre, et élevèrent tant de bastions et de remparts, qu'il est difficile aujourd'hui de reconnaître de loin un édifice dans cet assemblage désordonné de tours inégales et de toits confusément pressés.

Le château de Vajda Hunyad (2) est situé sur un ro-

(1) ... *Pagus nulli in Transsilvania quoad prærogativa primas cedens et quasi regniculum in regno...* Benkö.

(2) *Vajda*, en hongrois, signifie « vayvode » : on l'appelle ainsi à cause de la dignité dont Jean Hunyade était revêtu. Voyez le chap. III.

cher entouré de deux torrents qui se joignent au dessous des murs. Il domine la ville. On y arrive par deux ponts de bois nouveaux que soutiennent de vieux et longs piliers couverts de mousse. Si on s'arrête au moment de franchir le pont du nord, qui mène à la porte principale, et si on regarde, je ne dis pas la façade, mais le devant de l'édifice, l'œil, embrassant un espace moins étendu, n'est plus choqué par un ensemble lourd et confus de constructions diverses, et le château se montre fier et imposant. A l'ouest une galerie gothique formée de quatre tourelles délicatement sculptées et réunies par de gracieuses ogives donne à l'édifice quelque chose de svelte et d'élégant; elle est de Jean Hunyade. Plus loin, on voit au midi une grande tour carrée placée au delà du fossé d'enceinte, et qui servait d'ouvrage avancé. Cette tour est jointe au château par une galerie à l'extrémité de laquelle est un pont-levis. Ni la tour ni la galerie n'étaient couvertes. Les murs qui soutiennent les toits modernes sont hauts et épais; ils pouvaient garantir un homme, et sont percés de meurtrières. Aux angles on voit les trous par où s'échappait l'eau de pluie. La tour du sud porte le nom slavon de *Neboï sa*, « ne crains pas ». A travers les meurtrières on aperçoit, à une portée de flèche, les ruines d'un fort occupé par les templiers et détruit en 1310. De l'autre côté de la tour, à l'est, est un gros vieux bastion encore peint de carreaux rouges et blancs, qui fait corps avec le château; le bastion et les peintures sont du 15ᵉ siècle. Puis viennent des tours construites par le prince Gabriel Bethlen en 1619 et 1624. C'est de ce côté qu'est située la chapelle ; c'est aussi là que se trouve le second pont, bâti vers ce temps par Paul Bethlen. On arrive ensuite aux murs élevés par le roi Mathias en 1480. Enfin l'on retrouve le pont principal, dont l'entrée est défendue par une grosse tour peinte récemment, car tout le château de Hunyad a eu à souffrir des réparations générales en 1825.

La cour intérieure est irrégulière et montante. Le roc sert de pavé. Çà et là sont des fenêtres gothiques percées de balles. Au dessus des portes sont sculptés divers écussons, entre lesquels on distingue le corbeau portant dans le bec un anneau d'or. La chapelle est petite et sans autre ornement qu'un balcon sculpté. Une meurtrière de huit pieds d'épaisseur éclaire la sacristie. L'âme de Jean Hunyade respire dans cette petite église simple et modeste à l'intérieur, formidable au dehors comme une redoute. Capistran y a prêché la croisade.

C'est dans la partie occidentale du château qu'on retrouve le plus de traces de l'architecture primitive. Au niveau de la cour est une grande salle voûtée, divisée d'un bout à l'autre par un rang de colonnes qui soutiennent les ogives du plafond. Sur l'une d'elles on lit cette inscription sculptée dans la pierre en lettres du 15ᵉ siècle : *Hoc opus fecit fieri magnificus Joannes Hu-*

nyades, regni Hungariæ Gubernator. A° D¹ 1452. A l'extrémité de la salle, qui donnait issue sur des oubliettes, se trouve une porte derrière laquelle on a découvert une quantité d'ossements. La tradition rapporte que dans cette enceinte Jean Hunyade assembla la Diète, et prépara ses victoires sur les infidèles. On y met aujourd'hui des lingots de fer apportés des mines voisines : le sol en est encombré, et c'est à peine si on peut lire l'inscription (1).

Une porte artistement sculptée s'ouvrait sur un escalier de pierre étroit et tournant, dont les premières marches sont détruites. Cet escalier conduisait aux étages supérieurs. Ici les tourelles gothiques de Jean Hunyade s'offrent les premières: elles sont éclairées par de petites fenêtres en ogive, et pavées en marbre rouge de Bude ; les plafonds portent des armoiries. Dans l'une de ces tourelles naquit l'infortuné Ladislas Corvin. A côté se trouvait une autre grande salle également voûtée que l'on a malheureusement coupée dans tous les sens. Elle était plus élevée que la salle inférieure ; on l'a séparée dans toute sa longueur par un nouveau plafond. Le

---

(1) Il y a aux environs de Vajda Hunyad des mines de fer fort bien exploitées, qui donnent annuellement neuf mille quintaux métriques de métal. Le fer en est excellent. Vers 1660 elles rapportaient un revenu de dix mille ducats. (*Mémoires du comte Bethlen Miklós.*)

haut est devenu un grenier, et le bas, divisé par une multitude de murs, sert de logement à l'administrateur des mines et du domaine de Hunyad. Les nervures des voûtes gothiques se voient encore sur les murs du grenier, qui est occupé par une nuée de chauves-souris. Au dessous des ogives, et tout autour de la salle, étaient peints les portraits des rois de Hongrie depuis Almos jusqu'à Mathias. On a dernièrement essayé de les reproduire.

De cette salle, qui, je crois, servait plutôt que la précédente aux assemblées publiques, on pouvait gagner le pont-levis et la galerie de la tour *Neboï sa*. Un corridor conduit à présent dans la partie du château bâtie au 17e siècle, et qui est tout aussi ravagée que l'aile de Jean Hunyade. Les tours servent de chambres à coucher, et les salles à épaisses murailles ont été partagées et transformées en bureaux. Les constructions de Mathias Corvin sont méconnaissables. On voit seulement de tous côtés des ogives à demi cachées dans les cloisons, des voûtes coupées par des murs nouveaux, et des fenêtres gothiques bourgeoisement agrandies. On ne peut parcourir ce château sans maudire la parcimonie du gouvernement autrichien, qui n'a pas quelques mille florins à donner pour construire ses bureaux ailleurs. Encore ne retire-t-il pas un grand avantage de ce vandalisme. Les chambres modernes, formées d'après je ne sais quelle combinaison, sont pour la plupart obscures et incommodes; elles n'ont pas même la misérable régularité des bâtisses administratives. Gâtez donc pour si peu un monument national !

Mais il était écrit que Vajda Hunyad tomberait aux mains du fisc. Après la mort de Mathias, il fut possédé par son fils Jean Corvin, dont la veuve, Béatrix Frangipani, le vendit à la famille de Török. En 1605, Etienne Török ayant été fait prisonnier par les Turcs et conduit à Constantinople, sa femme le vendit à son tour pour douze mille écus. Il échut alors aux Bethlen, qui le réparèrent, et vers le milieu du 17ᵉ siècle il appartenait à deux femmes de cette maison, qui épousèrent l'une le comte Etienne Tököli, l'autre le comte David Zolyomi. Le château fut partagé entre ces deux possesseurs, qui se livrèrent dans la cour plusieurs combats : on voit encore près des fenêtres les trous des balles de leurs mousquets. Déjà en 1599 il avait été en partie brûlé par les Valaques du vayvode Michel. Quand Emeric Tököli encourut la « note d'infidélité », c'est-à-dire fut déclaré traître et privé de ses biens, ainsi que Nicolas Zolyomi, fils du précédent, qui s'était réfugié en Turquie, Hunyad revint au prince de Transylvanie Michel Apaffi, puis à son successeur Léopold. Depuis ce temps il appartient aux empereurs d'Autriche. Ceux-là ne s'inquiètent guère des gloires de la Hongrie. Ils ont laissé le fisc détruire les salles antiques où a tonné la voix de Jean Hunyade, et établir des employés dans les fiers bastions du roi

Mathias et du prince Bethlen. C'est en leur nom qu'on a osé porter la main sur ces nobles murs qui ont abrité les Corvins.

CHAPITRE XV.

Vallée de Háczeg. — Demsus. — Várhely (*Sarmiz œgethusa*). Mosaïques. — Costumes.

Après avoir quitté Hunyad et ses souvenirs, nous prîmes une superbe route d'où l'on découvrait d'un côté les plus riantes vallées, de l'autre des flots de montagnes qui s'étendaient à perte de vue. Nous suivions le chemin à pied pour mieux voir le pays, quand tout à coup, après avoir atteint le haut d'une côte, nous vîmes se dresser au loin devant nous les montagnes de la Valachie, et se déployer à nos pieds une belle et grande plaine, fermée de tous côtés par une série continuelle de montagnes, comme si la nature eût voulu séparer du monde cet heureux coin de la terre. C'était la vallée de Háczeg. Arrosée par le Sztrigy, auquel viennent se mêler une foule de ruisseaux, la plaine s'offrait à nous riche et variée, parée de cette beauté que la terre revêt en automne, et parsemée de jolis villages que signalaient de blanches maisons et des bouquets d'arbres. Nous avions heureusement un beau jour d'octobre. Le soleil, qui brillait à l'horizon, ajoutait à la magnificence du tableau, et produisait d'admirables contrastes. Toute la plaine était inondée de lumière, tandis que les premières collines restaient dans l'ombre; puis derrière apparaissaient les montagnes de la Valachie, dont les cimes neigeuses et éclatantes se confondaient avec les nuages.

Cette délicieuse vallée était chère aux Romains, et avant eux déjà les Daces se plaisaient à l'habiter. On y rencontre à chaque pas les traces des anciens maîtres du pays. La plupart des villages occupent l'emplacement ou portent des noms de colonies. Ici est Petrosz, l'antique *Petrosa* ; là Balomir, qui porte le nom d'un roi dace. Ailleurs se trouve Klopotiva, autre ville romaine. Plus loin un village valaque est appelé « Vallée des Daces », *Valea Dilsii*. Près de Boldog Falva on a trouvé l'inscription suivante :

ΑϹΚΛΗΠΙΩ ΚΑΙ ΑΓΙΕΙΑ
ΘΕΟΙϹ ΦΙΛΑΝΘΡΩΠΟΙϹ
ΑΞΙΟϹ ΑΙΛΙΑΝΟ ΝΕΩΤΕΡΟϹΕΥ
ΧΑΡΙϹΤΗΡΙΟΝ
ΙΟΝΙΟϹ

C'est à Demsus que se voit le seul monument romain qui subsiste en Transylvanie. Les Valaques ont aujourd'hui pour église un édifice carré, de quelques mètres de haut, surmonté d'une tour à demi ruinée, et percée de quatre ouvertures. A droite de la façade il est flanqué d'une voûte qui se réunit derrière l'église à un mur circulaire fort endommagé. Une grande partie des pierres qui formaient ce mur sont tombées, ce qui fait qu'on peut l'escalader sans trop de peine. En montant ainsi l'espèce d'escalier qui s'est formé entre les assises, on arrive à la petite tour qui couronne l'édifice, et dans laquelle est pratiquée une galerie obscure haute de trois pieds. A l'angle du mur circulaire est un chapiteau colossal ; près de là sont couchés des lions de pierre. Du côté opposé à la voûte le mur est formé de moellons et de blocs de marbre entre lesquels se montrent deux colonnes.

On pénètre dans l'église par une petite porte dont le dessus est décoré de peintures valaques. L'intérieur de l'édifice est supporté par quatre piliers gros et courts, très rapprochés l'un de l'autre, et sur lesquels on lit des inscriptions romaines. La lumière entre par les ouvertures de la tour, qui est située précisément au dessus de l'espace compris entre les quatre piliers. Au fond se trouve l'iconostase, et au delà l'hémicycle formé par le mur de derrière, où le prêtre dit l'office. Les vieilles murailles de l'église sont couvertes aujourd'hui de peintures : ce sont des portraits de saints et quelques tableaux expressifs qui montrent à chacun comment ceux qui se livrent aux plaisirs défendus deviennent la proie du diable. Les peintures sont d'une naïveté telle, qu'il faut être un pécheur bien endurci pour ne pas quitter sur l'heure la voie de perdition.

Pendant que j'examinais chaque pierre de ce curieux

monument, je vis s'avancer un Valaque à longue barbe, enveloppé dans sa *guba*, et portant des sandales de paysan. Cet homme s'arrêta un instant derrière moi, puis demanda en latin si le seigneur étranger était content de ce qu'il voyait. C'était le pope de Demsus, qui, dans l'espoir d'une aubaine, venait me dire tout ce qu'il savait sur son église. Il s'offrit à me servir de cicérone, et je commençai avec lui une nouvelle inspection. A l'entendre, cet édifice était un temple romain ; il montrait sous la voûte extérieure une place où on avait vu long-temps l'anneau de fer qui servait à attacher les victimes ; puis il me conduisait dans l'église et m'expliquait que le sacrifice était offert entre les quatre piliers, tandis que la fumée, dont on voit la trace, s'échappait par les ouvertures. Nous pénétrions ensuite dans l'hémicycle, et il me faisait voir une pierre antique, qui sert aujourd'hui d'autel, sur laquelle était placée la statue du dieu ; un trou encore visible dans le mur servait au prêtre pour faire connaître la réponse de la divinité, que la foule attendait au dehors. Comme je présumai que mon cicérone reproduisait les traditions du pays ou l'opinion des voyageurs qui avaient visité Demsus, je me gardai bien de l'interrompre. Puis, quand il m'eut assuré qu'il n'en savait pas davantage, je le récompensai de sa peine et continuai mon examen.

A tout ce que m'avait dit le pope il y avait une objection solide : c'est que les temples n'étaient pas bâtis de cette sorte. La dissemblance augmentait encore si je me représentais le monument tel qu'il était dans l'origine. Car, s'il faut attribuer aux Romains l'église de Demsus, qui, sans être un chef-d'œuvre, n'a pu être élevée par leurs successeurs, il n'en est pas de même de la voûte extérieure, non plus que d'une construction informe qui se voit en avant de l'édifice, et qui était jointe à la façade, sur laquelle on voit encore les trous des agrafes. Ces murs sont couverts de blocs de marbre, de figures, de colonnes placées sans ordre, de pierres tumulaires renversées, qui indiquent qu'ils ont été construits après coup, et avec les matériaux qu'on avait sous la main. En abattant par la pensée ces murailles, et en se figurant l'édifice régulier et tel qu'il était, on trouve que l'église de Demsus n'a pas la forme d'un temple, mais bien celle d'un mausolée. On est confirmé dans cette pensée si l'on examine les inscriptions qui se lisent sur les piliers de l'intérieur et qui toutes sont précédées de ces deux lettres funéraires : D. M. — Diis Manibus.

Il est impossible, à la seule inspection du mausolée, de dire pour qui il fut élevé. Les inscriptions ne fournissent que des renseignements incomplets ; seulement on remarque que plusieurs portent le nom de *Flavius*. La figure du cheval reproduite plusieurs fois semble dire qu'il fut dressé aux mânes d'un guerrier. Vraisemblablement, avant d'être occupé par les chrétiens, ce monument fut consacré par les barbares au culte de quelque divinité. C'est à cette époque sans doute que se rapportent les différentes particularités que la tradition a consacrées, et qu'on fait à tort remonter jusqu'aux Romains.

Je ne savais à qui faire honneur du mausolée de Demsus, quand la fortune me fit rencontrer dans la suite un homme excellent et fort instruit, M. Hegedűs, prêtre réformé, à Szászvaros. Lorsque je lui exposai mon embarras, il me donna son opinion, que je reproduis ici. Le monument a pu être élevé à la mémoire de Longinus, tribun militaire que Trajan affectionnait beaucoup et qui mourut captif des Daces. Fait prisonnier par les barbares, Longinus n'eut pas à subir les durs traitements réservés aux ennemis, parce qu'on connaissait son importance. Décébale voulait le faire servir à ses desseins, et offrit de le rendre à Trajan moyennant la paix; il cédait en outre tout le pays jusqu'au Danube et s'engageait à payer les frais de la guerre. La réponse évasive de l'empereur, qui ne laissait pas deviner s'il attachait un grand prix à la liberté de Longinus, embarrassa Décébale. Il engagea son prisonnier à conseiller la paix, et celui-ci, pour ne pas exciter de soupçons, écrivit à Trajan. Longinus s'était déjà fait apporter du poison par un affranchi. Pour se soustraire à la vengeance des ennemis, il remit sa lettre à ce fidèle serviteur et l'envoya au camp romain. La nuit venue, il s'empoisonna. Il échappait par là aux tortures que lui réservait sans doute Décébale, et il rendait à l'empereur toute liberté d'agir. Le roi dace réclama l'affranchi et promit en échange le corps de Longinus avec dix prisonniers. Un centurion partit pour hâter l'arrangement. Trajan garda le centurion et l'affranchi, pensant qu'il était de son devoir de les sauver (1).

Il n'est pas invraisemblable que Trajan ait voulu perpétuer la mémoire du personnage le plus important qui périt dans la guerre des Daces. S'il lui a érigé un mausolée, il a dû le placer sur le lieu même ou non loin de la prison qui vit mourir Longinus, c'est-à-dire près de la résidence de Décébale, car le roi barbare gardait son prisonnier à ses côtés. Or Demsus est à peu de distance de l'ancienne *Sarmizægethusa*.

C'est en effet dans la vallée de Háczeg qu'était située la capitale de la Dacie. Elle fut fondée par le roi Sarmis, qui lui donna son nom, celui-là même qui fut battu par Alexandre le Grand. Plus tard les colons venus de la Grèce l'appelèrent Æthusa ou Ægethusa, en souvenir de Bysance, et, quand Trajan pénétra en Dacie, cette ville portait les deux noms réunis (2). Sarmizægethusa était située près de la Porte de Fer. Non loin de ses murs commença la furieuse bataille qui valut aux Romains la

(1) V. Dion Cassius, liv. 68.
(2) Quelques érudits veulent que ce nom ait signifié en langue dace *résidence de Sarmis*.

conquête de la Dacie. Trajan poussa Décébale en combattant depuis Sarmizægethusa jusqu'à Thorda, où il tailla son armée en pièces, puis enfin jusqu'à Clausenbourg. Là le roi barbare, désespérant de sa fortune, se perça de son épée. Si l'on en croit la tradition transmise par les Valaques, il expira au lieu où s'élève aujourd'hui la Tour du Pont.

Trajan embellit Sarmizægethusa ; il la peupla de colons romains, l'orna de temples, d'édifices publics, de bains et d'aqueducs. De nouvelles murailles s'élevèrent autour de la capitale. Un chemin, dont on croit reconnaître les restes, et que les Valaques appellent *drumu Trajan*, conduisit d'un côté à la Porte de Fer, de l'autre vers le nord de la Dacie. Cette ville devint le siége de l'administration romaine ; elle était la résidence du propréteur et l'une des garnisons des légions impériales. Elle fut appelée *Ulpia Trajana* par son second fondateur ; cependant peu à peu le vieux nom dace reparut, et il est gravé sur presque toutes les pierres trouvées autour de la ville antique. Voici une inscription qui se lit dans le mausolée de Demsus et où il est reproduit :

VALERIA CARA
VIX. AN. XXIX
T. FLAVIVS APER
SCRIBA COL.
SARM. CONIVGI
RARISSIMAE.

Sur quelques pierres on a vu écrit conjointement Ulpia

Trajana Sarmizægethusa. C'est par son nom dace que cette ville est désignée dans les Pandectes.

On voit encore l'emplacement de la capitale romaine. Le sol est couvert, dans un espace de douze cents pas au moins, de murs à fleur de terre, de débris de colonnes et de pierres sculptées. De là le nom du village qui s'est élevé sur ces ruines, *Várhely*, c'est-à-dire « lieu du fort ». La ville était d'une médiocre étendue, comme le montre une arène d'assez petite dimension qui ne subsiste plus, mais dont on reconnaît parfaitement l'ovale et les quatre portes. En parcourant cette terre jonchée de débris, je vis un chapiteau richement sculpté qu'on avait déterré peu de jours avant; à côté le sol s'était fendu et avait mis à nu une voûte. Plus loin un villageois avait trouvé dans son champ trois marbres chargés d'inscriptions; il était en train de les briser pour en faire de la chaux; les éclats de marbre dont il était entouré prouvaient que depuis long-temps il se livrait à cette déplorable spéculation. Au milieu de son champ, dont les limites étaient marquées par des fondations de murs romains, était un grand trou, où se montraient encore plusieurs pierres à demi enfoncées dans le sol, et dont il comptait faire un grand profit. Un jour on découvrit un sarcophage en cuivre; personne ne se trouvant là pour le sauver, on le porta à une fabrique voisine, où il fut pesé, payé et fondu.

Cependant de pareils faits deviennent rares. Les scigneurs commencent maintenant à rechercher les antiquités pour en orner leurs parcs. C'est ainsi que non loin de là, à Farkadin, le comte suprême de Hunyad a réuni dans la cour de son habitation plusieurs objets curieux. Il serait bon que cette mode se propageât ; elle sauverait les derniers vestiges de la domination romaine, qui sont devenus rares dans le pays. C'est ici sans doute que les recherches seront les plus fructueuses, mais jusqu'à ce jour rien n'a été fait. Lors du voyage de l'empereur François en Transylvanie le gouvernement ordonna des fouilles à Várhely. Un grand nombre d'habitants se prévalurent de leurs droits de gentilshommes, et s'y opposèrent, à tel point qu'il fallut leur céder. Du reste les ruines qu'ils ont sous les yeux ont donné aux Valaques de Várhely quelques idées plus précises des temps passés, et ont perpétué parmi eux des traditions certaines. Comme je m'arrêtais à l'endroit où Trajan établit la treizième légion, un enfant qui nous suivait s'écria : « Voilà la caserne. »

Le village moderne recouvre une partie de la ville antique, dont les débris reparaissent entre les chaumières. A la porte d'une étable était couché le chapiteau d'une colonne qui supportait jadis une statue colossale en bronze ; un pied était encore soudé à la pierre. Dans la cour d'un paysan se trouvaient plusieurs statues mutilées, et quelques pierres tumulaires : il les avait vendues à un jeune Hongrois qui voyageait en

Transylvanie, et dont je retrouvai les traces partout où je passai. L'auberge du village était décorée de statues sans tête, et des colonnes antiques soutenaient les haies qui bordent les rues de Várhely.

Il y a, pour le voyageur, un grand intérêt à se promener au milieu de ces ruines encore debout. Elles retracent à son esprit la grandeur des Romains, qui, en moins de deux cents ans, implantèrent, à l'extrémité de l'empire, dans un pays ennemi, leur civilisation et leur langue, et y fondèrent un peuple qui, après dix-sept siècles, se glorifie de porter leur nom. Malheureusement les générations modernes ne professent pas toujours pour le passé ce respect filial dont nous nous honorons, et l'on a vu récemment s'abîmer sans remède l'un des plus curieux souvenirs de l'époque romaine. Je veux parler des précieuses mosaïques de Várhely.

Dans l'année 1823, au milieu du village, en jetant les fondements d'une auberge, on découvrit à trois pieds sous terre les restes d'un édifice antique. On suivit la trace des constructions, et on trouva plusieurs chambres dont les murs avaient un pied et demi de hauteur. Parmi ces chambres, il s'en rencontra deux qui avaient un pavé de mosaïque. On les déblaya avec soin, et on reconnut qu'elles étaient dans un état de conservation inespérée. Les deux planchers s'étaient, il est vrai, affaissés vers le milieu ; et une grande tache noire, produite par le fumier qui l'avait long-temps recouverte, cachait la partie inférieure de l'une des mosaïques. Mais c'étaient là les seules dégradations qu'on eût à regretter. Au reste, ces ouvrages n'étaient pas d'un travail parfait, comme le montrait dès l'abord la dimension des pierres, lesquelles avaient $0^m,0197$ de longueur, et étaient épaisses de $0^m,0065$. Le dessin était mal exécuté ; les contours, également incorrects, étaient indiqués par de petites pierres noires. Toutefois ces mosaïques étaient précieuses comme monument du 2e siècle, et les arabesques des bordures, qui avaient mieux réussi à l'artiste que tout le reste, faisaient paraître l'ensemble moins grossier.

L'une des deux chambres avait $6^m,004$ de large, et $6^m,320$ de long. Le tableau placé au milieu avait $1^m,422$ carrés. Il était entouré d'un premier cadre d'arabesques, de trois raies de carrés en couleur, et d'une dernière bordure formée de pierres blanches. Le sujet de ce tableau est évidemment la scène de l'Iliade où Priam demande à Achille le corps d'Hector : l'attitude et les noms des personnages ne laissent aucun doute à cet égard, quoique Mercure, dont le nom n'a pas été écrit parce que ses attributs le font reconnaître, ne figure pas dans le magnifique récit d'Homère. Ce tableau était le moins bon des deux, et dans certains endroits on reconnaissait difficilement les couleurs.

La seconde chambre avait à peu près les dimensions de la première. Le tableau avait $1^m,896$ de longueur et

1^m,580 de large. Il était encadré par un rang de triangles alternés, blanc et rouge, trois raies de carrés obliquement posés, et formées de jolies arabesques, et une bordure composée de petites pierres blanches, comme dans l'autre mosaïque. La partie inférieure du tableau a été endommagée par le fumier, si bien qu'il a été impossible de représenter le bas des figures. Le vague que cette tache jette sur le tableau favorisa d'abord les conjectures de ceux qui en cherchaient le sujet. Mais on ne peut douter que l'artiste n'ait voulu rappeler le moment où Pâris donne à Vénus la pomme d'or. On reconnaît facilement Pâris dans le jeune homme au bonnet phrygien qui tient une houlette sous le bras, et les trois déesses dans les figures qui sont debout devant lui. Cette mosaïque était d'un travail supérieur à la précédente, et il paraissait impossible de croire qu'un même artiste eût exécuté les deux ouvrages. Les couleurs étaient aussi plus déterminées, quoique le Mercure qui figure encore dans ce tableau ait été si peu visible, que plusieurs antiquaires l'ont pris pour un dieu des forêts (1).

Il m'en coûte d'ajouter que ces mosaïques n'existent plus. L'incurie du propriétaire a laissé complétement

(1) V. *Abbildung von zwei alten Mosaiken welche im Zahre* 1823, *zu Várhely, im Hunyader Comitate, entdeckt worden.* Hermannstadt, 1825.

dégrader ces restes précieux, à tel point qu'il n'est plus possible de rien distinguer. On dit que les porcs et tous les animaux de basse-cour s'étaient installés sous le toit qui protégea un instant les mosaïques. Les prières, les soins des voyageurs, furent inutiles; rien n'a été conservé. D'abord les mosaïques s'affaissèrent de plus en plus au milieu; puis peu à peu quelques pierres furent détachées. Plusieurs touristes, encouragés par la négligence inqualifiable du propriétaire, qui d'ailleurs refusait obstinément de les vendre, enlevèrent plusieurs pièces du bord; d'autres vinrent ensuite qui attaquèrent les figures, les paysans en ramassèrent pour les étrangers, de sorte qu'à cette heure tout a disparu. Il ne reste absolument rien des figures, et la terre n'est plus recouverte que dans quelques endroits du contour. Heureusement Mme la baronne Josika avait eu soin de faire prendre une copie exacte des mosaïques : c'est cette copie que nous avons essayé de reproduire.

Quand j'arrivais à Várhely, j'ignorais qu'elles fussent dans cet état. Je me fis aussitôt conduire là où j'espérais les trouver : on me montra, à ma grande surprise, deux cours sur lesquelles se trouvaient quelques petites pierres grisâtres; quelques-unes adhéraient encore au ciment; la plus grande partie était détachée. Lorsque je demandai si c'étaient bien là les mosaïques de Várhely, un paysan sauta sans façon sur les restes du pavé antique, et s'amusa à faire rouler les pierres qui s'y trouvaient encore. J'eus beaucoup de peine à le faire sortir de là. Les mosaïques sont situées au milieu du village, entre deux cabanes, et les habitants, qui ne se font aucun scrupule de les fouler tous les jours, en auront bientôt fait disparaître les dernières traces.

Várhely est situé à l'extrémité de la vallée de Háczeg, près de la Porte de Fer, qui servait de passage aux Romains et aux Turcs, et au pied des montagnes des frontières, dont la plus haute, remarquable par sa forme, est appelée en valaque *Reticsat*, « la Rasée » (1). La petite ville de Háczeg, qui donne son nom au pays, est bâtie à l'autre extrémité de la vallée, et n'aurait rien de notable si ses environs ne produisaient un vin excellent. Je m'y arrêtai cependant pour voir les différents costumes des paysans qui s'étaient rendus au marché. Nous atteignîmes en chemin une foule de Valaques qui portaient des fruits et de la laine, ou qui menaient leurs bestiaux. Un moment nous fûmes dépassés par un groupe de chiens qui se dirigeaient vers Háczeg, et trottaient magistralement, sans dévier de leur route, comme des gens qui vont à une affaire sérieuse. Il paraît que la quantité de bœufs et de moutons tués les jours de foire les a accoutumés à venir régulièrement en ville. Dès que le vent leur a apporté la nouvelle que les affaires ont commencé,

---

(1) La tondue, la coupée; c'est le mot italien *tosato*, *ritosato*.

ils se mettent en route. Aussi, quand je demandai à notre cocher valaque où courait cette société de quadrupèdes, me répondit-il le plus sérieusement du monde : « Ils vont à la foire. »

Les Valaques portaient de très hauts bonnets de laine, aux poils longs et frisés, et qui retombaient en manière de bonnets phrygiens. Leur chemise descendait jusqu'aux genoux comme une tunique; et ils avaient autour du corps une ceinture de cuir large d'un pied. Ils étaient de plus enveloppés dans de grandes capotes de drap blanc, bordées de soutaches noires. Le costume des femmes est encore plus gracieux et plus élégant que dans le reste de la Transylvanie. Elles roulent autour de la tête un mouchoir blanc, négligemment noué, et dont les bouts flottent sur le dos. La chemise brodée s'attache sur la poitrine. De longues franges pendent au bout du *catrintza* bariolé et voltigent autour d'elles. Leur taille est prise dans un surtout blanc, serré par une ceinture bleue ou rouge. Quelquefois elles saisissent une quenouille, placent sur leur tête leur enfant couché dans un *tekenyő*, enfourchent des chevaux à tous crins et vont à la ville.

Háczeg offrait un coup d'œil pittoresque et animé par la multitude de paysans qui s'y trouvaient réunis. Les Valaques étaient étendus sur l'herbe ou se promenaient à pas lents sur le champ de foire. Les uns achetaient, les autres vendaient, tous criaient à tue-tête.

Plusieurs mangeaient un pain rond encore chaud, au milieu duquel était un trou rempli d'huile. D'autres enfin dansaient avec une ardeur sans égale. Les Valaques du pays de Háczeg sont renommés comme danseurs, et ils méritent leur réputation par l'agilité qu'ils savent déployer. Au sortir de la ville, on trouve une colline qui ferme la vallée du côté de Háczeg, et du haut de laquelle nous saluâmes une dernière fois la plus belle contrée de la Transylvanie.

CHAPITRE XVI.

Les Hongrois.

Il est impossible qu'un petit pays soumis à l'influence politique d'un grand état voisin n'adopte pas quelque chose de ses coutumes et de ses mœurs. La Transylvanie, qui fut pendant deux siècles tributaire de la Porte, reçut le reflet de la Turquie. Ce fut moins la présence des janissaires et des cavaliers ottomans qui tenaient garnison dans la province que les continuels rapports des Transylvains avec Constantinople qui amenèrent cette influence dans les usages.

Les seigneurs, qui, au temps de Jean Hunyade, portaient les cheveux flottants sur les épaules, comme les chevaliers du moyen âge, se rasèrent plus tard la tête et laissèrent croître leur barbe suivant la coutume turque. Cette mode, qui avait son côté sérieux, puisqu'elle résultait d'un nouvel état de choses, dura jusqu'à l'époque où les Transylvains se rapprochèrent de l'Autriche. Alors, dit un écrivain du temps, nos cavaliers reprirent un visage chrétien. Dès 1660 les barbes longues étaient discréditées, et aux noces du prince Bartsay, qui se célébrèrent cette année, tous les gentilshommes, hormis quelques vieillards, parurent le visage rasé. Le comte Nicolas Bethlen, qui, dans ses *Mémoires*, rend compte des fêtes données à cette occasion, parle des danses qui y furent exécutées. « Le prince commença, la plupart l'imitèrent, et, ajoute-t-il avec l'impertinent laisser-aller d'un jeune élégant, il n'y eut pas jusqu'aux barbons qui ne s'en voulussent mêler, en dépit de la gravité de leurs longues barbes, qu'ils conservent fort précieusement. »

Le même personnage raconte qu'au moment de quitter la Transylvanie, l'envoyé de Louis XIV, l'abbé Révérend, reçut divers présents des personnages considérables du pays. « Il prit congé du prince, qui lui fit don de deux des plus beaux chevaux de ses écuries. Son ministre Teleki lui en fit présent d'un autre ; et mon oncle Wolfgang Bethlen, chez qui il passa en s'en retournant en Pologne, lui en donna un quatrième. Mais ce qui surprit le plus nos Transylvains, ce fut une galanterie, que la princesse lui fit avant son départ, de six mouchoirs de gaze brodés à la turque ; honneur qu'elle n'avait encore fait à aucun des envoyés qui étaient venus avant lui à la cour de Transylvanie. Ces sortes d'ouvrages sont les seuls qui occupent nos dames dans leurs retraites. »

Il paraît même qu'à cette époque la disposition intérieure des châteaux rappelait celle des habitations turques. Le comte Bethlen écrit ailleurs, en parlant de la mort du comte Zolyomi, que l'héritage de sa veuve consista « en quelques pierreries, quelques bijoux et beaucoup d'habits : car pour les meubles, dit-il, et jusqu'aux princes eux-mêmes, nos seigneurs n'en ont qu'une très petite quantité, qui se réduit à quelques tapis de Turquie, dont ils tendent leurs appartements et les salles à manger, au lieu de tapisseries, leurs lits mêmes étant sans housses ni rideaux ; en quoi ils imitent plutôt les Turcs qu'aucune autre nation de l'Europe ».

Un usage qui rappelle les habitudes contemplatives des Ottomans a subsisté long-temps en Transylvanie. Dans les villes, toutes les maisons étaient garnies d'auvents fort en saillie à l'ombre desquels se rangeaient les habitants, assis sur des bancs de bois fixés au mur. A certaines heures on se plaçait ainsi les uns vis-à-vis des autres, et on se regardait, la plupart du temps sans mot dire. Ces séances avaient lieu régulièrement après les ablutions qui suivaient les repas ; aussi disait-on communément qu'on y faisait « sécher sa barbe ». C'était surtout dans la capitale qu'on observait cette coutume, et les citadins ne manquaient jamais de placer le long de leurs habitations le banc de bois obligé, le « sèche-barbe », *szakál szarászto*, comme on l'appelait. Aujourd'hui il ne se trouve plus à Clausenbourg qu'une seule maison qui ait conservé son auvent et son banc.

C'était là, d'ailleurs, une coutume qui ne doit point étonner chez un peuple venu de l'Asie, et qui a gardé quelque chose des mœurs orientales. Quand on traverse les steppes de la Hongrie, on voit, de distance en distance, de nombreux troupeaux de chevaux, de moutons et de bœufs, dont le berger, immobile, assis gravement sur ses talons, le regard perdu dans l'immensité des plaines, mène sans regrets la vie contemplative par excellence. Observez le paysan hongrois quand il fume devant sa porte : il rêve, et croirait perdre de sa dignité s'il parlait fréquemment ; il n'ouvre la bouche qu'à de longs intervalles, lorsqu'il a quelque chose d'indispensable à dire à son voisin.

Il semble que les Hongrois obéissent encore à cet instinct des peuples nomades qui fait prendre toute habitation en haine. Le paysan donne à sa chaumière la forme d'une tente, comme pour se conserver une illusion. Encore n'y reste-t-il qu'à regret ; on dirait que ces petits murs blancs lui pèsent. L'été venu, il tire son lit dehors, et le voilà qui couche sous le ciel jusqu'aux froids. C'est pour satisfaire à ce besoin de vivre en plein air qu'il garnit sa maison, du côté du soleil, d'une légère galerie de bois. Dans la maison seigneuriale dont le maître tient à conserver les traditions de son pays, cette galerie se change en arcades de pierre.

On sait que long-temps encore après l'établissement de la monarchie les Hongrois vivaient sous des tentes. Une famille de Nuremberg qui vint s'établir au moyen âge en Transylvanie, les comtes Haller, introduisit parmi les nobles l'usage de construire des châteaux. Ces édifices consistaient d'ordinaire en un bâtiment carré, flanqué de tourelles aux quatre angles, et entouré d'un énorme fossé. Mais les ouvriers étaient rares, l'argent plus rare encore; les châteaux ne s'élevèrent pas d'abord en grand nombre. D'ailleurs les seigneurs ne fortifiaient que leurs principales résidences. Pendant longtemps bon nombre d'entre eux demeurèrent dans de petites maisons basses, semblables, à peu de chose près, aux chaumières des paysans. J'ai pu voir encore une de ces habitations. Rien ne l'aurait distingué des constructions voisines si elle n'eût été couverte en bois au lieu de chaume, et si une couronne de comte n'eût été marquée avec un fer chaud sur les portes et les solives. Ce signe aristocratique se voyait aussi sur les bancs du dehors, et sur les chaises de bois blanc qui meublaient seules de petites chambres éclairées par des fenêtres d'un demi-mètre de haut.

C'était par nécessité qu'on se contentait de pareilles demeures. Le pays était continuellement exposé aux incursions des Turcs et des Tartares. Il fallait attendre l'ennemi derrière de bonnes murailles ou lui céder la place. Dans ce dernier cas on se dirigeait vers la ville forte la plus proche ou vers le château voisin, et on abandonnait aux flammes des Turcs la maison et tout ce qu'elle contenait. Les richesses du seigneur consistaient en chevaux, vaisselle et pierreries, que l'on emmenait avec soi. Pendant cinq siècles tout un peuple vécut entre le souvenir du pillage de la veille et la crainte de l'incendie du lendemain. Il n'y a pas bien long-temps que ces cruelles émotions ont cessé, et plus d'une femme eut occasion de déployer un courage viril à l'époque où écrivait en France Mme de Sévigné. Ces assauts continuels, ces dangers incessants, répandaient sur la vie intérieure quelque chose de grave, donnaient à la femme un sérieux qui se retrouve toujours dans les vieux portraits qui subsistent aujourd'hui. L'expression sévère des traits et du regard s'est conservée dans les familles, et c'est à cette cause peut-être autant qu'à l'origine orientale qu'il faut attribuer le genre de beauté qui caractérise les femmes de la Hongrie.

Aujourd'hui l'aspect du village respire la tranquillité; et bien que les enfants entendent souvent, en manière de menace, la chanson traditionnelle

Jönek a' Tatárok...
Les Tatars viennent...,

on n'y craint plus d'incendie ni de pillage. Aussi voyez comme la maison seigneuriale s'est épanouie. Des peupliers l'ombragent, qui, en d'autres temps eussent attiré les pas des envahisseurs. La voilà solidement bâtie, formée de murs épais, et surmontée d'un toit de la forme de ceux qu'on élevait sous Louis XIV, et qu'on appelle dans le pays «toits français». Si l'édifice date de quelques siècles, il se composera nécessairement d'un donjon et de quatre tourelles. S'il est plus moderne, il aura la physionomie d'un hôtel du dernier siècle, ou bien il consistera en une maison basse, à un étage, ordinairement régulière et ornée d'un côté ou d'un autre d'une rangée de colonnes. Les appartements sont chauffés par de hauts poêles qui s'allument du dehors, et qui ont remplacé, depuis la domination autrichienne, les cheminées françaises autour desquelles s'asseyaient les fumeurs. — A droite et à gauche de l'édifice s'étendent les bâtiments de service. Des domestiques vont et viennent, traversent la cour, et allument leurs pipes au feu de la cuisine, devant lequel on ferait rôtir un bœuf entier.

Entre les bâtiments qui entourent la maison on distingue les écuries, qui ordinairement sont vastes et tenues avec un soin parfait. On peut citer celles de Zsibó et de Bontzida, que tous les connaisseurs sauront apprécier. Souvent aussi les caves sont construites avec une remarquable élégance. J'en ai vu une à Krakkó qui était formée d'une longue et belle galerie. On l'illumina au moment où nous entrâmes, et sans les gigantesques tonneaux qui cachaient les murs on se serait cru dans une salle de bal. Ceci me rappelle que dans une des campagnes de la grande armée une châtelaine hongroise qui résidait près de la frontière d'Autriche fit danser dans sa cave les officiers d'un régiment français.

Non loin de l'habitation du magnat se groupent au hasard un certain nombre de chaumières petites, au toit de chaume fort élevé, et entourées d'un jardin où s'épanouissent les fleurs du tabac. C'est le village. A l'un des deux bouts sont relégués les Bohémiens et leurs chiens, qui tous ensemble habitent sous des tentes, et dans des huttes de terre élevées de quelques pieds. La maison du prêtre et celle de l'intendant, plus spacieuses et mieux bâties que les autres, se distinguent entre toutes. On remarque encore l'école, dont la cloche appelle chaque jour les enfants, et l'auberge, qui arbore une branche de pin fixée dans le mur.

C'est par un reste d'habitude que s'emploie ici le mot d'auberge. Il n'est pas même question de ces hôtelleries comme on en rencontre dans les villages reculés de l'Allemagne, où l'on peut, avec l'aide de la patience dont doit s'armer tout voyageur au delà du Rhin, trouver à la rigueur le nécessaire. L'auberge, en Transylvanie, se compose d'une ou deux chambres de quelques pieds carrés, garnies de deux bois de lit fort étroits, d'une table, d'un banc et quelquefois de deux escabeaux. Un grand poêle formé de briques vertes vernies est placé dans un coin. Les murs sont blanchis à la chaux, le plancher est formé de terre bien battue. A votre arrivée l'aubergiste enlève le foin qui garnissait le lit, et y met du foin nouveau; puis il balaie, époussette, vous salue, et se retire : sa besogne est faite. Encore faut-il dire que je prends les choses au mieux. Je suppose que l'hôtelier est Arménien ou juif : celui-là se mettra en mouvement pour vous toucher, sachant bien que votre sensibilité se traduira en espèces sonores. Si par hasard, ce qui est fort rare du reste, l'aubergiste est de race hongroise, il vous accueille avec dignité, ouvre avec un geste plein de noblesse la porte de la chambre, et, cela fait, retrousse sa moustache, bourre sa pipe et va fumer au soleil. Il ne lui reste plus qu'à s'écrier avec Bertram : L'or est une chimère!

Pour comprendre cette nouvelle espèce d'aubergiste, il faut savoir que ces sortes d'auberges n'appartiennent pas à ceux qui les tiennent. Elles sont la propriété du seigneur. Lui seul a le droit d'en élever dans le village. Il y place un paysan, lequel a pour fonction principale de verser à boire aux habitants. C'est là que les villageois dansent le dimanche : or la danse anime, et dessèche le gosier. Il en résulte que le vin du seigneur trouve un débouché sûr. Les voyageurs sont traités comme accessoire. Ce n'est pas pour eux que l'auberge a été construite, et on leur donne des chambres par condescendance, comme sur les paquebots du commerce. Aussi ne comptez jamais y trouver autre chose que du foin.... A la demande de rigueur : « Qu'avez-vous ? » l'aubergiste répond par cette question : « Qu'avez-vez-vous apporté ? » J'oubliais cependant de dire que dans les montagnes où se trouvent les sources minérales on dépose sur la table une bouteille d'eau sulfureuse, ce qui ne laisse pas que d'être fort restaurant. J'oubliais aussi de parler du *kakas*. Le kakas, il est vrai, se trouve souvent dans les auberges ; seulement il faut s'y accoutumer. On appelle ainsi des grains de maïs qu'on fait éclater sur le feu. On voit que le plat est fort simple. C'est là un vrai régal pour les villageois de l'endroit; mais, pour adopter ce mets primitif, il est indispensable de séjourner dans le pays beaucoup plus long-temps que je ne l'ai fait. Autrement, après une multitude d'expériences, on arrive à trouver que le kakas est sans goût, et, de plus, fort dur.

La nécessité veut donc qu'on ne se mette jamais en route sans les provisions de rigueur. Les domestiques, qui connaissent leur besogne, déballent le classique dindon et dressent la table. Pendant ce temps vous voyez arriver les poules de la maison qui viennent s'enquérir de la cause de tout ce bruit, puis le fils de l'aubergiste, petit bonhomme joufflu qui fait sonner ses éperons, et vient ingénument vous contempler en face. Vous regardez ensuite les petits tableaux cloués aux murs rustiques de la chambre, et achetés à un juif de passage. C'est quelquefois *les Quatre Saisons* ou *Vénus sortant de l'onde*. Un jour je trouvai *l'innocence de Geneviève reconnue*, avec la légende en français. Cette rencontre, je dois le dire, me charma tellement, que je m'empressai de lire à haute et intelligible voix les quatre lignes du texte, pour le plus grand étonnement du cabaretier, qui n'admettait pas jusque-là que ces lignes appartinssent à une langue quelconque. Si on s'arrête à l'auberge un dimanche, on se voit entouré de tous les habitants du village. Ainsi que nous venons de le dire, c'est là que l'on cause, que l'on boit et que l'on danse. Comme l'habillement pittoresque des hommes et des femmes est formé presque entièrement de toile, et se lave chaque semaine, les groupes, grâce à la propreté des costumes, ont un air de fête qui fait plaisir à voir.

Il est également prudent d'emporter des lits de voyage, c'est-à-dire des draps et des couvertures que l'on puisse étendre sur le foin généreusement fourni par l'aubergiste. On les roule dans des malles en peau de buffle, spécialement destinées à cet usage. Pour peu qu'on ait des goûts plus sauvages, on s'enveloppe dans une peau d'ours ou simplement dans sa pelisse. Si la famille est nombreuse, tous ces bagages ne peuvent trouver place derrière la calèche. On se fait accompagner alors d'un nombre de fourgons proportionné aux besoins des voyageurs. On voit quelquefois sur les chemins trois ou quatre voitures qui se suivent, chacune attelée de quatre ou six chevaux. En avant trottent les chevaux de selle que l'on monte de temps à autre pour rompre la monotonie de la route. Les serviteurs sautent à bas du siége pour se pendre à l'un des côtés de la voiture, et faire contre-poids lorsque survient une ornière profonde. Il faut dire qu'ils se livrent presque continuellement à cet exercice, ce qui fait l'éloge de leur agilité. Lors donc que la caravane s'arrête, c'est un véritable camp qui s'établit : la petite auberge ne peut suffire à contenir tout ce monde. Les gens bivouaquent au dehors, et les chevaux sont attachés aux haies vives.

Les choses en resteront long-temps là dans ce pays, grâce à l'hospitalité qui est en usage parmi les habitants. Quand je dis qu'on campe tant bien que mal dans les auberges de village, je prends là l'exception pour la règle. Le plus souvent on s'arrête chez le seigneur, et ce n'est qu'en son absence qu'on demande un abri à ces hôtelleries primitives réservées aux buveurs du hameau et aux colporteurs juifs. Il est entendu qu'en voyage on se présente à tous les châteaux situés sur sa route, et l'on y trouve toujours bonne réception. Les maîtres du logis voient entrer une voiture dans la cour : ils descendent à votre rencontre, vous conduisent aux « chambres d'hôtes », *vendég szobák*, qui sont toujours prêtes, tandis que vos chevaux sont menés à l'écurie. Tout cela se fait le plus naturellement du monde et sans compliment aucun. Il m'est arrivé, dans mes excursions, de passer deux jours à Sáromberke chez un magnat dont la maison était remplie de voyageurs. Tous ces hôtes n'avaient pas moins de quatre-vingt-dix-huit chevaux. Lorsque notre attelage eut trouvé place dans l'écurie, le nombre des chevaux étrangers dépassa la centaine. Il est rare, en effet, qu'on voyage avec peu de chevaux. Le paysan hongrois lui-même en attelle quatre à la plus légère voiture, pour galoper à son aise ; et avant que les modes anglaises s'introduisissent dans le pays, toute calèche était nécessairement traînée par six étalons à longue queue.

On pourrait croire que la nécessité seule produit cette hospitalité. Tel accueille aujourd'hui un hôte chez lequel, à son tour, il sera accueilli demain. Ce sont là des échanges de bons procédés fort naturels dans un pays où tout le monde se connaît, et où l'on vit dans l'abondance de tout. Mais ces habitudes ne sont pas uniquement le résultat de la situation : elles sont innées dans le peuple hongrois, qui est peut-être de tous les peuples du monde le plus hospitalier. Ce n'est pas seulement dans les châteaux qu'on vous remercie d'être venu, c'est encore dans la chaumière du laboureur, où le pauvre ne frappe jamais inutilement. Lorsque je parcourus pour la première fois la Transylvanie, je fus un jour surpris par un orage dans un bourg qui ne m'offrait nulle ressource. Dans mon ignorance des mœurs nationales, je fis part de mes inquiétudes au guide, qui ne tarda pas à me rassurer. Il me conduisit effectivement chez un jeune homme dont nous rencontrâmes en chemin la maison. Celui-ci se déclara tout d'abord fort honoré de notre visite, et, recommandant à sa femme de nous recevoir de son mieux, il courut chercher ceux des habitants dont les réponses et les remarques pouvaient intéresser un voyageur. Pendant ce temps sa mère tirait d'une armoire séculaire ses plus belles serviettes, mettait le couvert, et improvisait un interminable dîner.

Pour qui tout ce mouvement et toute cette fatigue ? Pour un étranger dont ils ignoraient jusqu'au nom, qu'ils ne devaient plus revoir, et qui savait à peine parler leur langue.

En témoignant une bienveillance extrême à l'étranger et au pauvre, le gentilhomme hongrois semble dire qu'il traite d'autant mieux son hôte qu'il a moins à en attendre. Beaucoup de réfugiés polonais ont trouvé dans les châteaux de Transylvanie un asyle sûr. Je me suis arrêté un jour à Kerlés, chez un magnat qui, bien qu'ayant éprouvé de grands revers de fortune, avait chez lui six de ces exilés. La générosité est une des qualités du caractère hongrois. On m'a montré une jeune femme qui, assistant à un dîner splendide, vit apparaître à la fenêtre un mendiant vieux et amaigri. Vivement émue à ce spectacle inattendu, elle détacha son collier de perles et le jeta au vieillard.

Du reste, qu'il se trouve ou non des étrangers au château, on est toujours sûr, aux heures des repas, d'y rencontrer nombreuse compagnie. Le seigneur ne dîne pas seul. Il admet à sa table l'intendant, l'économe, tous ceux que l'on appelle les officiers de la cour : car le gentilhomme hongrois donne à sa résidence le nom de cour, *udvar*, absolument comme le roi ; ajoutons qu'il n'est pas moins indépendant que lui. Tous s'asseyent à une longue table dont le haut bout est occupé par le magnat et les siens ; les autres y figurent à des places déterminées par l'importance de leurs fonctions. Après le dîner, tout ce monde se salue, passe dans le salon et va respectueusement baiser la main de la châtelaine : les fils d'abord, quel que soit leur âge, puis les employés, dans l'ordre où ils sont rangés à la table. Ceux-ci, après le baise-main, s'inclinent profondément et se retirent. Si la personne qui est l'objet de cet hommage les reçoit avec bonté et adresse à chacun une parole d'intérêt, cette sorte de cérémonie perd son caractère banal et devient comme le symbole du lien de famille qui rattache le clan à la personne du chef. Il faut dire que cette habitude patriarchale s'en va. Les jeunes gens à la mode préfèrent dîner seuls et rompent la tradition. Dans ce cas la table ronde figure le progrès, si progrès il y a.

Parmi les habitants du village reçus à la table longue il faut nommer le prêtre. Il est à la fois desservant de la commune et chapelain du château. Malheureusement il ne se distingue pas assez de la foule des invités. Les prêtres, en Transylvanie, sont loin d'avoir l'instruction et la dignité qu'exige le sacerdoce. Ils occupent une position très secondaire, et cela parce qu'ils n'en savent pas conquérir une supérieure. Jusqu'à la fin du 18e siècle les prêtres eurent la permission d'étudier aux universités étrangères. Ils en revenaient instruits et capables. L'empereur François, dont la haine contre les idées libérales dépassait toute mesure, interdit aux prêtres la faculté de voyager, de peur que la contagion ne vînt les atteindre. Dès lors, abandonné à lui-même et privé des exemples qu'il pouvait se proposer, le clergé de ce pays dégénéra rapidement. D'ordinaire, lorsque des cultes différents sont en présence, les prêtres de chaque religion s'attachent, par la dignité de leur caractère, à mériter la considération de leurs rivaux. On dirait qu'ici ils cherchent le but contraire. Il est inutile d'entrer dans plus de détails à ce sujet; nous nous contenterons de signaler, une fois pour toutes, un fait fort regrettable.

Les magnats passent généralement la plus grande partie de l'année dans leurs terres. Si l'hiver ils se rendent à la capitale, c'est pour en repartir aussitôt le printemps venu. On conçoit que cette vie retirée et indépendante permette à chaque originalité de se développer à son aise. Là, les hommes ne semblent pas jetés tous dans un même moule, comme nos Parisiens; et un observateur attentif pourrait y exercer toutes ses facultés. C'est l'esprit français, c'est la vivacité française, se manifestant sous une foule de formes différentes.

Mais disons aussi que ces mêmes hommes sont exposés à certaines épreuves, à certaines tristesses, qui peut-être nous sont inconnues. Il est rare que le jeune gentilhomme reçoive une éducation digne de sa position. Elevé d'abord sous le toit paternel par un instituteur particulier, il entre ensuite au collége d'Enyed, le meilleur qui soit dans le pays ; puis, comme dernière ressource, il va à l'université de Berlin. Sans doute il peut acquérir par là une instruction qui suffirait à d'autres ; mais il lui manque ce que l'on peut appeler l'éducation politique, nécessaire à l'homme qui doit exercer un jour les fonctions de législateur. Dans nos pays on se familiarise de bonne heure avec les affaires, qui se traitent au grand jour, sous nos yeux ; et si la moindre aptitude nous y porte, mille chemins nous sont ouverts pour suivre notre inclination. Là, au contraire, pour arriver au même but, il faut surmonter mille obstacles, car la pensée ne se tourne pas facilement vers des matières auxquelles nulle étude ne vous a préparés. Aussi arrive-t-il trop souvent que, malgré nombre d'années d'études sérieuses, le jeune magnat ignore entièrement ce qu'il eût été indispensable pour lui d'apprendre. Enfin il siége à la diète, où il apporte toujours les meilleures intentions, et souvent une intelligence remarquable ; mais il n'apporte pas autre chose. Certes, pour un homme de cœur et animé du désir d'agir pour le bien, il est douloureux de se voir arrêté par une sorte d'impuissance fatale.

En outre, il faut compter avec un gouvernement hostile et fort, un gouvernement qu'on peut appeler étranger, et qui semble reculer devant toute idée généreuse. Lorsqu'il se rencontre un homme admirablement doué, capable de suffire aux devoirs qu'il s'impose, il lui faut lutter contre l'administration la plus inerte qui soit au monde. Pour peu qu'il ait déposé dans ses projets toutes ses espérances, et qu'il ait entrepris sa tâche avec âme, il souffrira cruellement au contact de cette barre de fer. Alors il se raidira, comme a fait Wesselényi, et, dans son impatience, se consumera en efforts qui n'amèneront que sa ruine. Autrement il perdra courage, et, se regardant comme contraint à l'inaction, ira vivre dans l'isolement. Durant le séjour que nous avons fait en Transylvanie, nous-même nous avons eu constamment un de ces exemples sous les yeux. Si on sait ce que pourrait faire un seul individu dans un pays semblable, où les hommes manquent et ont par conséquent une valeur double, on regrette vivement que tant de talents naturels soient pour ainsi dire réduits à s'oublier eux-mêmes.

Ceux qui aiment les consolations faciles, à défaut d'activité intellectuelle, peuvent se livrer à ces exercices qui faisaient autrefois la principale occupation de notre noblesse de province. Il y a de par le monde des gens qui s'intitulent chasseurs et qui ont constamment le fusil à la main. Je leur conseillerais d'habiter la Transylvanie, ils pourraient à leur aise y satisfaire leurs goûts. Les exercices de corps sont familiers au gentilhomme hongrois. D'abord il est excellent cavalier; c'est par goût souvent autant que par spéculation qu'il possède un haras. Lorsqu'il reçoit une visite, il fait parader dans la cour ses plus beaux chevaux ; c'est là un très vif plaisir pour lui et son hôte. Il y a quelques années l'Angleterre a applaudi un magnat dont l'adresse et l'agilité brillèrent à toutes les chasses. Tout ce qu'un cavalier peut faire, il le fit ; et de nombreuses gravures représentant ses principales prouesses perpétuent le souvenir de son passage dans ce pays excentrique, où se commettent tant de froides folies.

Dignes épouses de ces cavaliers intrépides, on vit, sous Marie-Thérèse, des Hongroises suivre l'armée et braver les périls de la guerre. Le peuple avait pris noblement en main la cause d'une reine qui s'était abandonnée à lui. Les circonstances enfantèrent des actions. Aujourd'hui les filles de ces héroïnes manient un cheval aussi habilement qu'elles dansent une mazourke. En Transylvanie ces plaisirs, loin de s'exclure, se combinent. On m'a raconté qu'un magnat dont la terre était peu éloignée de Clausenbourg invitait les habitants de la ville à de brillantes soirées. Les femmes arrivaient en traîneaux, et les seigneurs, une torche à la main, galopaient de chaque côté de la route. Combien de nos élégantes reculeraient devant un plaisir acheté par la moindre fatigue ! Disons-le en passant, le bal est fort en faveur dans ce pays. Durant l'hiver Clausenbourg est en fêtes continuelles ; les réunions se succèdent presque sans interruption, et elles offrent toujours un agréable coup-d'œil.

Ce qui caractérise la beauté des femmes, c'est la régularité des traits, et surtout l'éclat et la transparence du teint, qui contrastent fortement avec la couleur noire des cheveux. L'empereur Alexandre, assistant un jour à un bal qui lui fut donné en Hongrie, s'écria qu'il croyait voir une assemblée de reines. Dans la bouche des souverains, qui n'admettent pas qu'une reine puisse être autrement que parfaitement belle, de tels compliments sont fort significatifs.

Ainsi que nous le disions, un plaisir fort goûté en Transylvanie est celui de la chasse : non l'expédition isolée et discrète du campagnard qui chausse un beau matin ses guêtres, et va, en compagnie de son chien, éveiller les perdrix ; mais la chasse animée et bruyante, exécutée par quelques centaines d'hommes. Tous les habitants des environs sont convoqués dans tel château ; ils s'y rendent la veille du jour convenu. On part le matin au point du jour et on se transporte au lieu désigné pour la chasse. Un grand nombre de paysans que leur tour appelait ce jour là au travail de corvée suivent les chasseurs. Arrivée au but, la bande se divise. Un homme part, suivi de distance en distance par quelques paysans échelonnés et armés de bâtons. L'un après l'autre les chasseurs se mettent en route, en marchant sur les traces de ceux qui les ont devancés, et en décrivant un cercle, de façon que celui qui les a précédés tous revient presque au point d'où il est parti. Quand le cercle est formé (et il peut être immense parce que les paysans, comblant les vides qui séparent les tireurs, permettent à ceux-ci de se tenir à une portée de fusil les uns des autres), des batteurs placés au milieu se mettent en mouvement en poussant de grands cris. Après qu'on a tiraillé quelque temps on marche vers le centre du cercle. A l'approche des chasseurs le gibier prend la fuite dans la direction contraire, s'arrête tout à coup, revient sur ses pas, s'arrête encore, jusqu'à ce qu'il tente, mais trop tard, une sortie désespérée. Lorsqu'on se trouve dans une plaine on voit tout le cercle se dessiner par de petits nuages de fumée ; et après les mille ruses du renard qui se rapetisse et se donne les airs les plus intéressants pour surprendre la bonhomie du chasseur, il n'y a rien de plus amusant que les cris et les trépignements des paysans, lesquels accablent d'injures le lièvre qui a eu le bonheur de franchir la ligne.

Cela s'exécute à grands renforts d'hommes, sur une grande échelle, car tout se fait ainsi en Hongrie. Un jour que je traversais une forêt de chênes, j'aperçus près de la route de gigantesques troncs à demi consumés et encore fumants. Rencontrant non loin de là quelques paysans, je leur demandai naïvement qui avait tenté de mettre le feu à la forêt. Personne, répondirent-ils ; il y a eu hier une chasse, et les seigneurs se sont chauffés.

La chasse à l'ours a lieu en automne, lorsque l'animal quitte ses montagnes et vient manger le maïs dans les vallées. Elle est la plus dramatique de toutes, parce qu'on a affaire à un adversaire terrible quand il est blessé. Loin d'attaquer l'homme et d'avoir soif de son sang, l'ours se nourrit de mûres, de maïs, de fruits, de choses fort délicates, pour lesquelles il semble inconvenant qu'un personnage gros et laid ait un faible aussi prononcé. Aussi, dans les contes merveilleux, l'ours renferme-t-il toujours l'âme d'un beau prince qu'une fée méchante a métamorphosé ; on suppose qu'un animal si distingué dans ses goûts n'est pas une bête ordinaire. Mais lorsqu'il se précipite par vengeance sur l'homme qui l'a blessé, lorsqu'il le met en pièces et sent la chair palpiter sous sa gueule, alors sa nature carnassière se révèle, et il se jettera sur tout être vivant qu'il rencontrera désormais. On s'efforce donc, dans les chasses, de tuer l'animal d'un seul coup, en visant de près, à l'épaule. Blessé, il peut s'élancer furieux, et, à demi caché par les arbres et les accidents du sol, tomber sur un chasseur qui ne l'attend pas. Il n'y a pas long-temps qu'un jeune homme pris ainsi à l'improviste a tué un ours dans un combat corps à corps : avec moins d'adresse et de courage il eût succombé. Après tout, on ne peut suivre sans intérêt la marche de l'ours lorsque, la tête haute, l'œil fixe, il s'avance à pas comptés vers un groupe d'adroits tireurs : la mort est avec lui.

Nous avons parlé tout à l'heure des paysans de corvée. Il faut donner le sens de cette expression féodale, qui fait souvenir du servage, et dissiper les erreurs qui pourraient s'élever à ce seul mot.

En Hongrie, comme dans le reste de l'Europe, le servage fut le résultat immédiat de la conquête. Imposé aux nations vaincues, il fut institué au profit des soldats de l'armée victorieuse, lesquels formèrent la noblesse. Dans l'origine donc le mot *noble* avait le sens de « Hongrois ». Celui de *serf* signifiait « Slave » ou « Valaque ». Dans la suite ces expressions changèrent de sens. Il y eut des hommes de la race vaincue qui furent anoblis; ceux, par exemple, qui firent à la guerre des actions d'éclat. Il y eut, en échange, des Hongrois qui perdirent la noblesse, c'est-à-dire la liberté : ceux qui refusaient de paraître sous les drapeaux, dans les appels aux armes, ou qui encouraient une peine infamante. Il est facile de comprendre que la noblesse doit être fort répandue dans le pays. En Transylvanie, où l'élément hongrois est peu nombreux, on compte un noble sur douze habitants. La noblesse n'appartient pas à une caste, mais indistinctement à des gens de toute condition et de toute fortune. Souvent le cocher qui vous mène ou le domestique qui vous sert est aussi bon gentilhomme que le roi.

On ne peut douter qu'au moyen âge les souverains de Hongrie n'aient étendu leur protection sur les serfs. Une foule de décrets recommandent la modération aux magnats, et accordent aux paysans des moyens de résistance. Aussi voit-on le servage, qui s'était établi fort tard dans cette partie de l'Europe, se transformer peu à peu. Il avait subi d'importantes modifications lorsque survint la révolte de 1514. Vaincus par les troupes royales, les paysans de Transylvanie furent placés de nouveau sous la dépendance immédiate du seigneur.

Le sort des serfs s'améliora peu sous l'administration des princes nationaux. Les calamités qui accablèrent continuellement le pays arrêtèrent tout progrès. Cependant il faut signaler un fait qui eut d'heureux résultats. Aux époques d'invasion les princes accordaient la noblesse aux Valaques qui prenaient les armes ; ceux qui voulaient devenaient libres. Les princes de la maison d'Autriche, moins peut-être par générosité que par calcul, se préoccupèrent de la situation des paysans. Ce fut sous Charles VI, en 1714, pour alléger le poids des malheurs supportés par le peuple pendant l'insurrection rakotzienne, qu'on fixa pour la première fois les rapports du seigneur et du paysan. Les redevances de celui-ci furent déterminées. Il fut décidé qu'il donnerait au magnat tant de journées de travail par semaine. En 1769 Marie-Thérèse arrêta mieux encore ces redevances dans des *puncta regulativa* que la Diète adopta en 1790 comme loi intérimaire jusqu'à la promulgation d'un code urbarial. Cette même Diète nomma, pour rédiger ce Code, une commission qui présenta son travail en 1811. Mais la guerre occupait alors tous les esprits ; le projet de loi fut ajourné et l'œuvre entreprise n'est pas encore achevée. Remarquons ici un fait grave : le servage fut définitivement aboli en 1790, un an après la prise de la Bastille.

Le paysan est simplement fermier du magnat. Il reçoit de lui une maison, un terrain labourable, et un terrain pour le pâturage. Il paie son fermage, suivant son choix, en argent ou en journées de travail. Il ne peut être retenu ni chassé arbitrairement. Il prévient le seigneur à la Saint-Michel et part à la Saint-Georges. De son côté le magnat ne peut lui diminuer son champ ni le dépouiller de sa maison. Il ne peut le renvoyer sans l'autorisation du comitat, à moins que le paysan n'ait provoqué par sa conduite cette mesure rigoureuse. Les dépenses faites par le paysan pour l'amélioration de la maison lui sont remboursées quand il la quitte. On n'a pas encore accordé aux Bohémiens qui vivent sous des tentes la faculté de changer à leur gré de résidence. En les attachant au sol on a eu pour but de les discipliner.

Dans les lois hongroises, on appelle *sessio* la quantité de terrain concédée par le magnat au paysan. De là vient qu'on appelle *unius sessionis nobilis* le noble qui ne possède pas assez de terrain pour en affermer et qui n'a que le champ qu'il cultive.

Les redevances des paysans sont de deux sortes : il

doit au gouvernement comme sujet, et il doit au magnat comme fermier. Au gouvernement il donne une contribution en argent et un impôt en nature, c'est-à-dire le logement, le pain, le bois et l'avoine, qu'il est tenu de vendre à très bas prix aux troupes. L'administration l'emploie encore aux travaux des routes et au service de la poste (*vorspann*). Au seigneur, d'après les *puncta regulativa*, il doit, suivant les comitats, deux ou trois jours de travail par semaine, en amenant un attelage de quatre bœufs. S'il n'a reçu que le terrain qui entoure sa maison (*telek*), il ne doit qu'une journée de corvée. Lorsque le paysan arrive d'un village voisin, le temps qu'il emploie pour venir et s'en retourner est compté dans les heures de travail. S'il part d'un lieu éloigné, il reçoit la nourriture nécessaire pour lui et ses bœufs. En outre le paysan doit la dîme prélevée sur ses denrées. Dans quelques contrées il donne chaque année une poule et dix œufs. Quelquefois sa femme vient filer au château ou remplit telle fonction déterminée. Tout cela se fait d'après les conditions acceptées de part et d'autre, car le magnat ne peut de lui-même augmenter la corvée. Ces coutumes qui nous reportent à un temps déjà loin de nous, donnent lieu à des scènes caractéristiques. Je vis un jour transporter dans la cour d'un riche propriétaire des charretées de jambons que l'intendant avait placés quelques mois auparavant dans les cheminées des villageois. Le seigneur remarqua en souriant que la fumée des chaumières avait le privilége de diminuer singulièrement le volume des jambons.

D'après ce qu'on vient de lire on voit que le magnat n'a aucun droit sur le paysan. Ses rapports sont ceux du propriétaire avec son fermier. Il est seulement possesseur du sol, et c'est à ce titre qu'il le loue : car la terre ne peut pas appartenir à celui qui n'est pas noble. C'est aux employés du comitat à intervenir quand s'élève un différend entre le fermier et le propriétaire : c'est à eux encore qu'est confiée la protection du paysan.

Cette loi qui remettait la terre entre les mains des seuls nobles pouvait se justifier à l'époque où elle fut établie. En effet on ne confiait le sol qu'à des citoyens capables de le défendre, et on n'osait l'abandonner aux serfs, c'est-à-dire aux vaincus, que l'on considérait comme des ennemis. Aussi le droit de possession était-il le privilége exclusif du vainqueur. Aujourd'hui ces distinctions s'effacent : le temps a comblé le gouffre qui séparait les diverses classes de la société. Les lois du moyen âge disparaissent. Déjà la Diète de Hongrie a décidé que le paysan aurait désormais la faculté d'acheter, en qualité de propriétaire, le sol qu'il recevait jusqu'ici comme fermier. Il est hors de doute que la prochaine Diète de Clausenbourg accordera le même droit aux paysans transylvains.

C'est parce que celui qui occupait la terre était chargé de la défendre que les femmes n'eurent pas la faculté de posséder. De nos jours encore les biens du magnat se partagent également entre ses fils, à l'exclusion des filles. Celles-ci héritent des biens meubles, ainsi que de la dot de leur mère. Il y eut, dès l'origine, deux sortes de possession. Souvent les rois faisaient don d'un domaine à un magnat. Mais quelquefois ils le lui concédaient pour un temps déterminé, moyennant une somme stipulée. En remboursant la somme à l'époque convenue, il pouvait reprendre la terre.

Cette coutume a amené entre la couronne et les magnats de vives contestations. A l'époque où les conventions de ce genre étaient passées entre les rois et les nobles, les sommes d'argent se comptaient presque toujours par florins. Depuis cette époque les empereurs, dans des jours désastreux, ont créé ce qu'on appelle vulgairement le mauvais florin, lequel a une valeur fort inférieure au florin allemand. Or, en remboursant aujourd'hui les sommes versées autrefois par les magnats, le gouvernement autrichien n'entend accorder que des florins nouveaux, sous prétexte que la qualité du florin n'est pas spécifiée dans les contrats. Les magnats protestent contre cette interprétation de la lettre, et l'on voit de nos jours plusieurs familles intenter à ce sujet des procès au roi.

Celui qui possédait le sol, c'est-à-dire le noble,

ne payait aucun impôt en argent. Il ne devait que le service militaire. Quand la guerre était proclamée, le petit noble s'armait et accourait à cheval sous les bannières royales. Le magnat amenait au camp vingt fantassins pour un cavalier : celui-ci, dont l'équipement coûtait autant que celui des vingt hommes de pied, était appelé *huszár* (1). Le magnat était forcé d'entrete-

(1) De *husz*, « vingt », et *ár*, « prix », littéralement « prix de vingt, qui vaut vingt » : les Hongrois prononcent *houssar*. Dans la suite, quand le mode de recruter par vingt eut disparu, on continua à appeler ainsi les cavaliers levés en Hongrie. Aujourd'hui les régiments de hussards au service d'Autriche sont exclusivement formés des Hongrois désignés pour le service de la cavalerie. Leur uniforme, qui n'est autre que le costume national, fut imité chez les nations voisines. Il y eut dans chaque armée européenne des cavaliers qui reçurent le nom et l'habit des *huszár*. Ce mot, pour nous, n'a pas de sens ; mais il sonne bien. Les mots *colback*, *dolman*, *shako*, *soutache*, qui désignent différentes parties de l'uniforme, sont encore des mots hongrois plus ou moins altérés. Les deux premiers viennent du turc. Nous avons conservé ces expressions avec d'autant plus de fidélité historique, que les premiers hussards qui parurent en France, sous Louis XIV, étaient Hongrois. Les régiments créés par les comtes Eszterházy et Bersényi ne perdirent le nom de leurs fondateurs qu'en 1792 ; et encore après cette époque on vit des hussards français porter des tresses, c'est-à-dire la coiffure adoptée par les paysans hongrois jusqu'au siècle dernier.

nir sa troupe quand on guerroyait dans l'intérieur du pays. C'était au roi à supporter les frais si l'armée passait la frontière. La levée en masse de tous les nobles, c'est-à-dire de toute la nation, a le nom d'« insurrection » dans les lois du pays. La dernière insurrection eut lieu en 1809, et occasionna la bataille de Raab.

Aujourd'hui, bien que le gentilhomme soit toujours considéré comme exempt de contributions, il est soumis à une foule d'impôts indirects. Il paie le sel fort cher, bien qu'il ne soit légalement tenu que de rembourser les frais du travail au roi, qui exploite les mines. Lorsqu'un paysan a occupé un champ et acquitté la contribution, ce champ est désormais sujet à l'impôt, que le noble le concède ou non à un nouveau fermier. Les charges les plus lourdes qui pèsent sur le magnat sont volontaires. Ce sont les dons faits aux colléges, aux hospices, qui s'élèvent toujours sans le concours du gouvernement autrichien, et qui ne sont soutenus que par la générosité des seigneurs. Ce sont les écoles de village qu'ils fondent, les théâtres qu'ils créent dans le but de populariser la langue nationale. Ils sentent qu'ils doivent compte au pays de la fortune qu'ils ont en dépôt.

En accordant aux paysans le droit de posséder le sol, les magnats transylvains devront également abolir les prérogatives qui appartiennent aux membres de l'aristocratie. Nous avons dit plus haut que le seigneur avait seul le droit, dans le village, de bâtir l'auberge ; seul aussi il a la faculté d'ériger un moulin, et d'établir un bac sur la rivière voisine. Ce sont là des prérogatives qui étaient fort recherchées des possesseurs féodaux.

Entre les habitudes que le moyen âge a introduites et que la loi respecte encore, il en est une assez particulière et qu'il faut faire connaître. Lorsque, par suite d'empiétements successifs, un propriétaire envahit le territoire de son voisin, celui-ci doit protester contre cette usurpation, s'il ne veut faire l'abandon des champs occupés. Il a, pour protester, deux moyens différents. S'il est doué d'une patience évangélique, il intente un procès à l'envahisseur, et attend tout de la justice ; sinon il peut recourir à une voie plus sûre. Il assemble un matin les paysans de corvée, les mène sur le territoire en litige, et fait couper le blé que le voisin a eu l'imprudence d'y semer. Lui-même, à la tête des gens de sa maison en armes, protége les travailleurs. Voilà qui sent son quatorzième siècle. Ainsi composée, cette petite troupe rappelle les armées féodales. Les faucheurs représentent le ban et l'arrière-ban, tandis que les domestiques qui suivent leur maître à cheval figurent la noblesse qui combattait aux côtés du roi. Pour un Français de notre époque, il eût été assez curieux de prendre part à une de ces expéditions. Mais le monde se gâte de jour en jour, comme me le disait un vieux gentilhomme hongrois, et je n'ai pas ouï dire, durant mon séjour en Transylvanie, qu'une campagne de ce genre ait été entreprise.

Les seigneurs transylvains ne possèdent pas de revenus proportionnés à l'étendue et à la fertilité de leurs terres. Ce fait est déterminé par certaines causes fort graves. Sous le rapport commercial, la Hongrie et la Transylvanie sont traitées par la cour de Vienne comme des pays étrangers, pis encore. Les produits de ces contrées sont frappés à la frontière autrichienne, c'est-à-dire à l'ouest et au nord, d'un droit exorbitant. Au midi et au sud sont situées des provinces qui regorgent de denrées similaires, et avec lesquelles les échanges ne peuvent être considérables. La consommation est donc purement locale ; et comme chacun possède, il en résulte que personne n'achète. Enfin, et c'est là le plus grand obstacle, le mauvais état des routes rend les communications difficiles. Il existe quelques bonnes chaussées qui suivent le bassin des fleuves, comme on peut le voir sur la carte ; mais la plupart des chemins sont à faire. Quant aux rivières, elles ne sont guère navigables. La Szamos, qui le fut un moment par les soins de Marie-Thérèse, ne l'est plus aujourd'hui ; et la Maros, qui pourrait être une excellente voie fluviale, ne porte pour ainsi dire que des radeaux. Aussi est-il impossible que les denrées s'écoulent. Les granges sont remplies d'immenses meules de blé, les caves contiennent quinze ou vingt mille mesures de vin, et rien ne se vend. On a de tout en abondance, moins de l'argent.

Frappé de la prospérité apparente de l'Angleterre, quelques membres de l'aristocratie hongroise rêvent pour leur patrie je ne sais quel avenir industriel, et y appellent le règne des machines. Ils oublient que par leurs idées ils devancent de quelques siècles la foule de leurs compatriotes. Par l'état de civilisation de ses habitants, par sa position géographique, par la fertilité de son sol, la Hongrie est destinée à être, et pour long-temps encore, un pays agricole. Il serait dangereux d'imiter l'Angleterre dans un pays peu préparé à l'industrie. Au contraire, en y développant l'agriculture, on peut créer en Hongrie une ère de prospérité nouvelle. Que les Hongrois établissent des voies de communication, et Marseille ira chercher au port de Fiume le blé qu'elle fait venir d'Odessa, la laine qu'elle va prendre en Egypte; l'Angleterre et l'Amérique y achèteront les vins de Bude et de Tokay.

Nous insistons sur les améliorations qu'il s'agit d'apporter à l'agriculture, parce qu'elle est fort arriérée en Hongrie. On comprend en effet que les immenses terrains qui appartiennent au seigneur ne peuvent être labourés, comme en Angleterre, par des ouvriers. Le propriétaire s'engagerait par là dans des dépenses excessives. Les travaux des champs sont confiés aux paysans de corvée, c'est-à-dire à de détestables manœuvres, qui n'ont à leur disposition que de mauvais instruments et s'acquittent fort mal de leur besogne. Rangés en une longue file qui figure dans le paysage une ligne blanche, ces travailleurs se transportent d'un champ dans un autre pour y labourer avec d'autant plus d'insouciance qu'ils n'ont aucun bénéfice à retirer de leurs fatigues. Est-il possible qu'avec de telles conditions l'agriculture fasse des progrès, et, avant d'improviser des fabriques qui ne répondent à aucun besoin pressant, n'est-il pas raisonnable de changer un tel état de choses?

Ce que nous disons ici s'applique surtout aux paysans valaques. Les Hongrois mettent dans leurs travaux une certaine ardeur; mais les Valaques, et' le plus grand nombre des paysans transylvains appartient à cette nation, font preuve de la plus intrépide paresse, alors même qu'ils travaillent pour leur propre compte. L'homme prospère en raison de la somme d'activité qu'il dépense. Cela est si vrai, que la seule vue d'un village indique quelle race d'hommes l'habite. Les villages hongrois ont un air de bien-être qui contraste avec l'aspect misérable des hameaux valaques, bien que les paysans des deux localités cultivent une quantité égale d'un même sol. Les Valaques n'ont guère de besoins. Ils portent des vêtements de toile tissés par leurs femmes, et ils mangent peu, outre que leurs pratiques religieuses les obligent à des jeûnes fréquents. Ces circonstances encouragent leur paresse naturelle, et quoiqu'un petit nombre d'entre eux emploient leurs économies à affermer de nouvelles terres, on peut dire que généralement les paysans vont boire au cabaret l'argent qu'ils ont gagné.

Supposez que des routes soient créées, car c'est toujours par là qu'il faut commencer, que les denrées s'écoulent, que l'argent circule dans le pays, le seigneur se servira de laboureurs à gages qui travailleront d'autant mieux qu'ils viendront s'offrir d'eux-mêmes. De son côté, le paysan acquerra une certaine prospérité qui lui permettra de devenir à son tour propriétaire. Alors il perdra ces habitudes d'insouciance et de paresse qu'il a contractées en travaillant trop longtemps pour d'autres. Et l'on ne verra pas seulement la richesse d'un pays se développer, mais une classe d'hommes immobile jusqu'ici au point de vue de la civilisation marcher vers un avenir meilleur.

On a déjà pris en Hongrie quelques mesures favorables au développement de l'agriculture. Jusqu'à ce jour, au lieu de recevoir les deux terrains de rigueur, le paysan n'avait qu'un champ de labour avec la faculté de faire paître ses bestiaux dans la plaine où se promène le bétail du seigneur. Cette coutume donnait au paysan un certain avantage, car il pouvait posséder un nombre indéterminé de vaches, que sa propre prairie, si elle lui eût été une fois concédée, n'aurait pas suffi à nourrir. Mais il arrivait que ce seigneur devait abandonner au village le tiers et quelquefois même la moitié de ses terres, tandis que d'autre part le paysan, qui comptait sur ses bestiaux, négligeait la culture de son champ. Pour parer à ce double inconvénient, on a décidé que le propriétaire serait forcé de distribuer deux terrains au fermier. Ajoutons que celui-ci a le droit de les choisir, et il s'entend qu'il prend la meilleure partie du sol. On a remarqué, dans les comitats où cette mesure a été mise à exécution, qu'elle a produit d'heureux effets. Quelquefois les paysans convertissent en terres labourables les deux champs qui leur ont été accordés. Hors d'état d'ailleurs d'entretenir ce nombreux bétail qui trouvait sa subsistance sur le territoire du grand propriétaire, ils songent à travailler la terre et deviennent bons laboureurs.

C'est la noblesse hongroise qui a la gloire de prendre l'initiative dans toutes ces lois nouvelles. Sous les yeux d'un gouvernement rétrograde, elle accomplit une tâche devant laquelle ont reculé les aristocraties de tous les pays. Elle prépare le règne de l'égalité, sans que le peuple, pour le bien duquel elle travaille, ait encore songé à élever la voix. Nous avons dit que les paysans, délivrés peu à peu du servage, sont aujourd'hui devenus citoyens, puisque, d'après les dernières décisions, ils ont la faculté de posséder le sol. Ajoutons que les nobles ont résolu de subvenir à la moitié des dépenses du comitat, que les paysans supportaient seuls jusqu'à ce jour. Non seulement cette aristocratie accorde des droits étendus aux classes inférieures, mais encore elle se dépouille des priviléges qu'elle possédait depuis dix siècles; elle offre spontanément de payer les impôts auxquels elle n'avait jamais été soumise, et brise d'elle-même la dernière barrière qui la sépare du peuple. Sanctionnées en Hongrie, ces lois seront immédiatement adoptées en Transylvanie. Nous regrettons que l'Europe ne soit pas plus attentive à ces nobles efforts. C'est là une œuvre qui mérite l'ardente sympathie des pays libres ; et il appartenait à un peuple aussi généreux que le peuple hongrois de donner ce spectacle au monde.

NOTE.

TURCICÆ LITANIÆ

Quas magnus vezirius Kara Mustapha Bassa in avernali moschea in honorem Fratris sui Regis Galliarum in dies orare solet, ex turcico in germanicum, nunc in latinum translatæ (1).

Pater innumerabilium spuriorum filiorum,
Fili Mazarini,
Spiritus Mahometis,
Rex sine Deo,
Rex sine fide,
Occidentalis Turca,
Amator affabilium virginum,
Contemptor virginitatis.

} Libera nos Turcas.

Auctor regii sanguinis,
Artificiose mage,
Obcæcator Germanorum,
Persecutor Italorum,
Extirpator Hispanorum,
Hostis Electorum Principum,
Destructor urbium,
Devastator provinciarum,
Suppressor omnium hominum,
Eradicator Hugenottarum,
Amice Turcarum,
Vicine Dæmonum,
Possessor multorum aliorum bonorum,
Turbator pacis et quietis,

} Veni nobis in auxilium vel nobis opitulare.

(1) Voyez p. 141.

Qui monachum genitorem habuisti,
Qui tredecim mensibus in utero matris hæsisti,
Qui cum dentibus natus es,
Qui multis annis cum Madama de Montespan ut vir cohabitasti, et tamen gallicum morbum nunquam accepisti.

} Libera nos Turcas.

Qui cunctas damas gallicas benigne protegis,
Qui ille vir es, cui ante paucos annos una die quatuordecim spurii filii baptizati sunt,
Qui tuos cavalleros gallicos cornibus artificiose coronas,
Qui filii tui Delphini vices in præstando debito multoties agis,
Qui multa promittis, et pauca servas,
Qui pecunia et non Marte hostes tuos vincis,
Qui cum Hollandis fraudulenter bellum geris,
Qui Polonos per Bethunium seducere tentas,
Qui Germaniæ Principes pecunia obcæcas,
Qui Rebelles in Hungaria, in malo eorum, proposito confortas, pecuniam eis submittendo,
Qui Tökölio gratiam Cæsarem dissuades,
Qui imperium Romanorum extreme oppugnare et tibi subjugare quæris,
Qui domum austriacam eradicare jurasti,
Qui vitæ Imperatoris Romani insidiaris,
Qui summum Pontificem omni modo excæcare niteris,
Qui magiis Freiburgum occupasti,
Qui fraude Argentoratum adeptus es,
Qui contra jus ducem Lotharingiæ suis provinciis spoliasti,
Qui septentrionales coronas ad inquietem concitas,

} Libera nos Turcas.

Qui in omnibus aulis nequissimos tuos spiones alis,
Qui cælesti Regno jam pridem renunciasti,
Qui pacta cum Porta ottomanica constanter servas,
Qui aliquando in æternum noster concivis futurus es,

} *Libera nos Turcas.*

Lupe qui tollis provincias et gentes,
Lupe qui tollis proximo uxorem suam,
Lupe qui tollis opes et bona,

} *Miserere nobis.*

Oremus.

Potentissime et invictissime frater Ludovice, qui per totam vitam tuam proximi bona petiisti et semper bonus amicus Turcarum fuisti, et per servitia dilectissimæ tuæ Madamæ de Montespan, nobis miseris Turcis tuis armis opitulare, ducemque Lotharingiæ cum copiis christianis ex Hungaria fuga, ut per auxilium tuum gaudio afficiamur, tuumque nomen in avernali moschea æternum laudemus et deprædicemus. Amen.

FIN DU TOME PREMIER.

TABLE DES MATIÈRES.

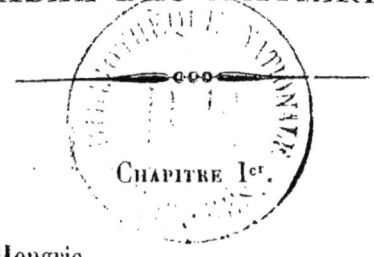

Chapitre Ier.

| | Pages |
| A travers la Hongrie. . . . . | 1 |

Chap. II.

La Transylvanie. 33

Chap. III.

Le mont du Roi. — Bánffi Hunyad. — Gyalu. — Zsibó.
Le baron N. Wesselényi. 59

Chap. IV.

Clausenbourg. 79

Chap. V.

La Transylvanie sous le gouvernement des Princes.
Influence française. — Diplôme de Léopold. — Administration des comitats. — Diète. 105

Chap. VI.

Thorda. — Souvenirs des Romains. — Pratul lui Trajan. — Crevasse. — Buvó Patak. — Toroczkó.
Mines de fer. — Costumes. — Paysans. — Mines
de sel de Maros Ujvár. — Griefs des Hongrois. . 161

Chap. VII.

L'Aranyos. — Récolte de l'or. — *Les Bohémiens*. . 179

Chap. VIII.

Pages
Enyed. — Balásfalva. 197

Chap. IX.

Ketskekő. — Carlsbourg (Apulensis Colonia). — Inauguration d'un prince de Transylvanie. — Cathédrale. Tombeau de Jean Hunyade. — Bibliothèque. — Alvincz. 227

Chap. X.

Guerres des Turcs. — Les Corvins. — Szent Imre. Le Champ du Pain. 247

Chap. XI.

Zalathna. — Traces romaines. — Vulkoj. — Les mineurs. 273

Chap. XII.

Detonata. — Veres Patak. — Riche paysan valaque. Cetate. — Exploitation des mines sous les Daces et sous les Romains. — Oláhpián. — Nagy Ág. . . . 289

Chap. XIII.

Les Valaques. 309

Chap. XIV.

Vallée de la Maros. — Veczel (Sergidava). — Déva. *Les Bulgares.* — Vadja Hunyad. 349

Chap. XV.

Vallée de Háczeg. — Demsus. — Várhely (Sarmiz- ægethusa). — Mosaïques. — Costumes. 365

Chap. XVI.

Les Hongrois. 383

Note.

Pamphlet autrichien contre Louis XIV (1686). . . 421

FIN DE LA TABLE DES MATIÈRES.

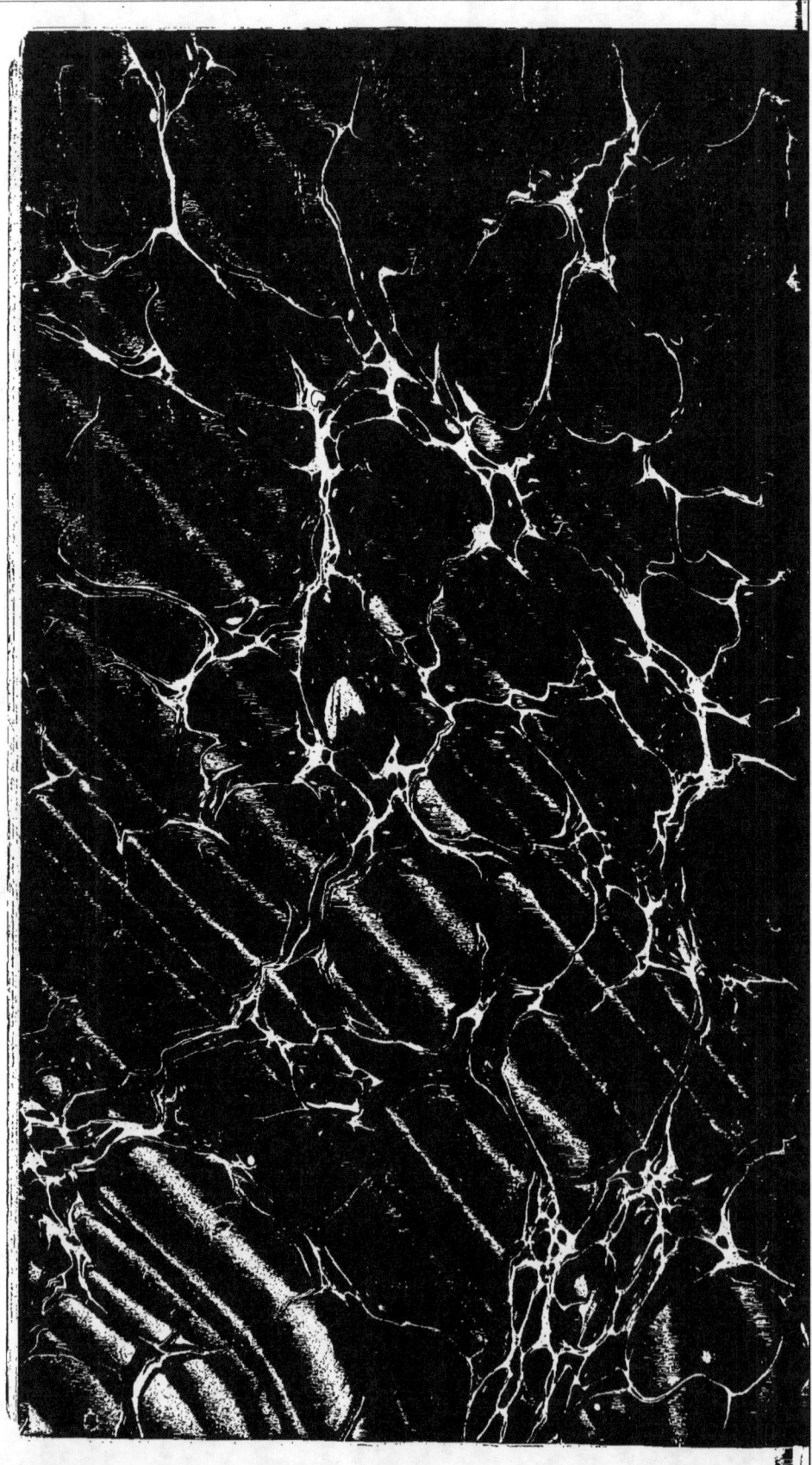

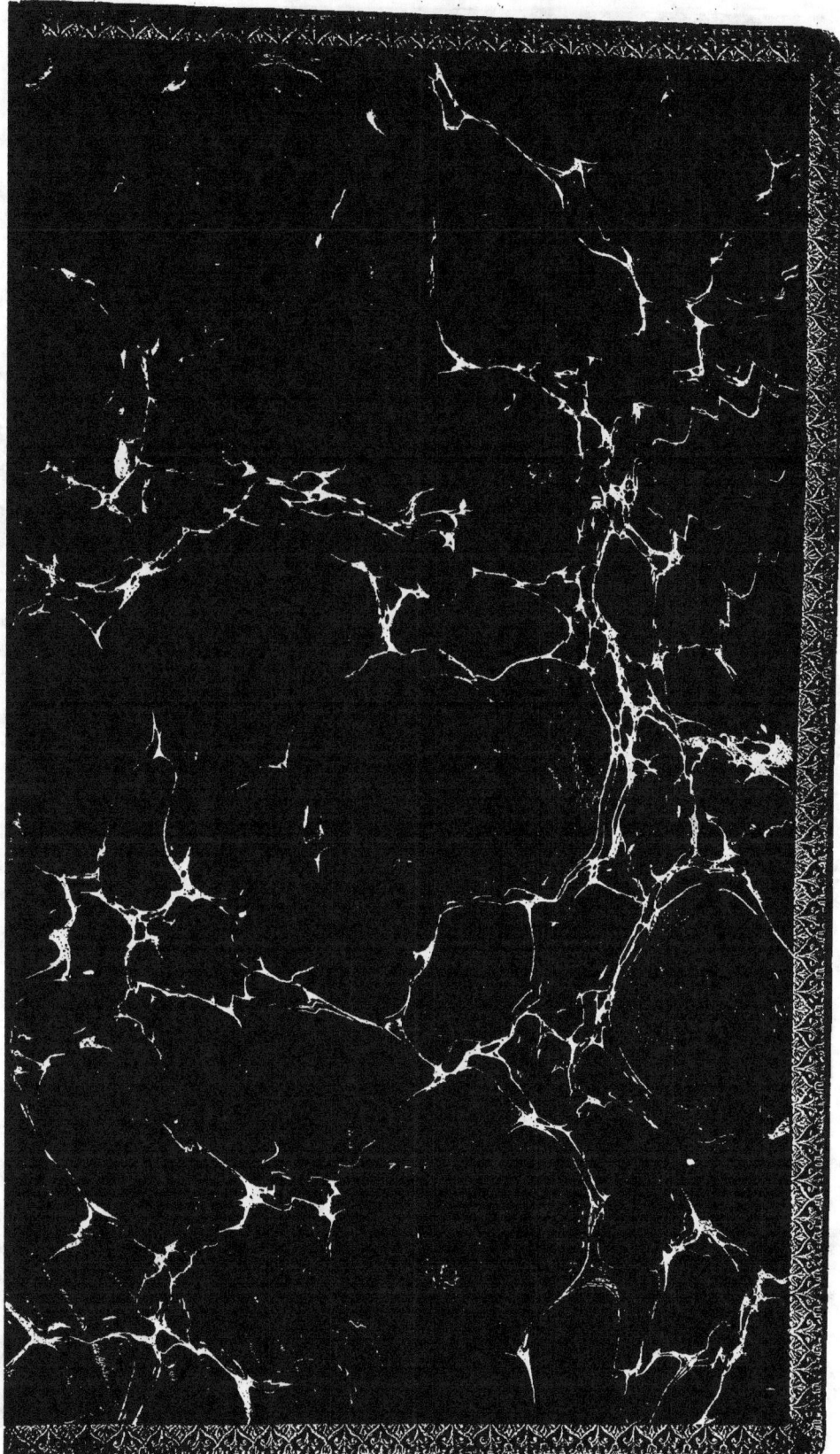

www.ingramcontent.com/pod-product-compliance
Lightning Source LLC
Chambersburg PA
CBHW070528230426
43665CB00014B/1613